U0066846

生命教育概論——華人應用哲學取向

Introduction to Life Education : Chinese Applied Philosophical Approach

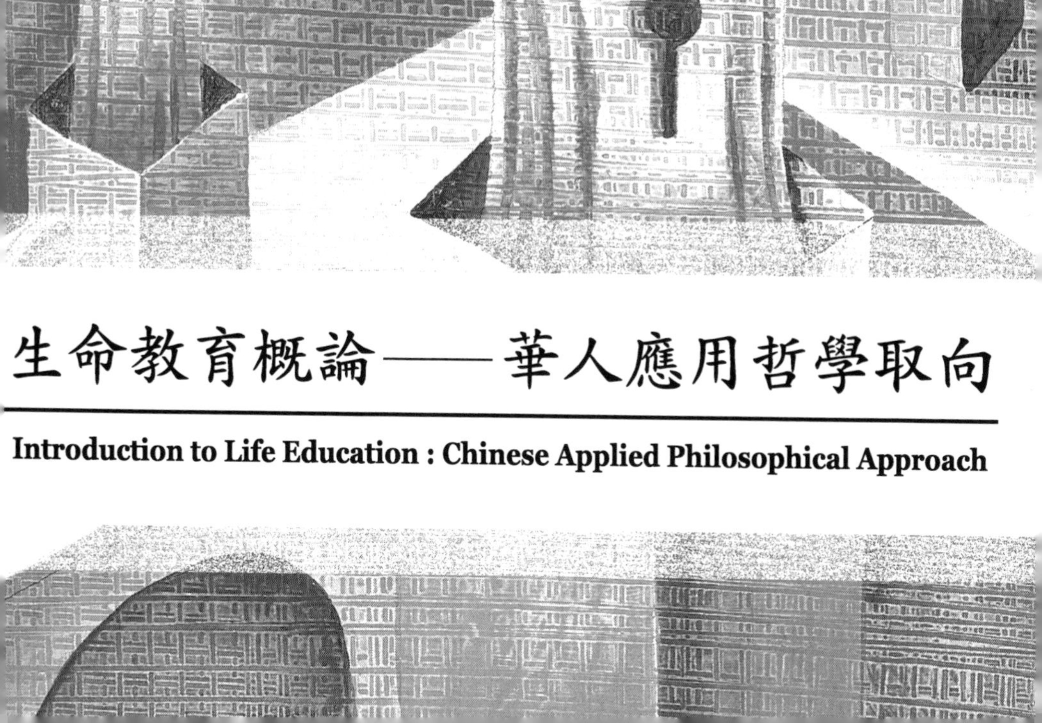

序

《生命教育概論——華人應用哲學取向》一書，是針對預定於2006年正式實施的普通高級中學「生命教育類」選修課程師資培育而撰寫。由於課程共分爲八門科目，其中做爲基礎課程的「生命教育概論」之內容，即涵蓋其餘七門進階課程最精要的部分。因此本書主要以2004年8月教育部所公布的八科〈課程綱要〉，再加上2001年7月函頒的〈推動生命教育中程計畫〉爲考察文本，對之進行「華人應用哲學」取向的反思與批判，目的是希望未來的生命教育教師，具有更爲寬廣的視野和開闊的心胸。自從2003年9月起，我已連續撰寫了三部以「華人應用哲學」爲取向的專書，分別涉及教育哲學、醫學倫理學，以及生命教育等三個領域；接下去還有關於生死學、教育學和殯葬學的專書，將在同一觀點的基礎上陸續完成。

「華人應用哲學」取向是我在去歲年過半百後，心路歷程的重大翻轉，可視爲個人學問生命的辯證揚昇。年輕時選擇念哲學，嚮往的是西方人生哲學，未料日後竟走上西方科學哲學的道路，並在無意間接觸到關懷生命的護理學，得以重拾我對人生哲學的嚮往，只是近年它是以民族文化的面貌和精神讓我感動。在我看來，「華人應用哲學」所體現出來的，主要即是中國人生哲學的精神；它的活水源頭乃是先秦古典儒道二家思想，我有意將其轉化為具有「後科學、非宗教、安生死」特質的「後現代儒道家」一體思想。新興思想的轉化是一系「大破」的努力和「自立」的工夫。生命教育理念的破與立，並非知識的對立，而是學問的互補。唯有在民族文化的脈絡中，靈明自覺地進行「生命情調的抉擇」（劉述先語），才算是真正彰顯「生命的學問」（牟宗三語）。願以此一哲思，與所有關心生命教育的華人教師及讀者朋友共勉。

最後我要感激揚智文化事業股份有限公司的總經理葉忠賢先生、總編輯林新倫先生、副總編輯閻富萍小姐、主編黃美雯小姐、編輯姚奉綺小姐對本書的持續關注，同時也對銘傳大學教育研究所碩士專班第一屆全體在職教師，在文書處理方面的協助致上最大謝意。謝謝大家讓一個文字工作者的「自我」得以「實現」。

鈕則誠

2004年10月14日　五十有一

目錄

第一章　生命教育的回顧

引　言

自1997年起，生命教育在臺灣已經推行了七年；從非正式課程逐漸發展爲正式課程，從學校教育大幅擴充爲全民教育，一路走來並非平順坦途，而是充滿荊棘。理由無他，在智育當道的時代與社會中，希望將德育、體育、群育、美育融會貫通於一體的生命教育，仍不免流於被邊緣化的命運。然而有幸的是——更好說是不幸——由於層出不窮的學生以及社會人士自殺事件，使得生命教育仍得以保持一定的正當性，甚至是「政治正確性」。就以兩份官方文件開宗明義的敘述爲例：

> 處在科技高度發達的今天，E世代的學生受到科技的影響，對於生命的價值、人生的意義、人我關係、人與大自然的關係，以及生死問題，常無法眞正瞭解，而衍生出許多不尊重他人生命與自我傷害的事件。

> 人生觀的膚淺與道德的沈淪是生命教育興起的背景。在這個背景下，……下焉者既無能力追求名利，也無更寬廣之視野來追求超乎名利之人生價值，於是生命變得空洞而沒有方向，以致自傷傷人，時有所聞。

上述引文前者來自2001年7月所頒布〈教育部推動生命教育中程計畫〉的「前言」部分第一段，後者來自2004年8月公布〈普通高級中學選修科目「生命教育概論」課程綱要〉中教材綱要的「說明」部分第一條；而這兩份文件及其他七門「生命教育類」選修科目課程綱要（以下簡稱〈計畫〉、〈綱要〉及〈本科綱要〉），以及於2004年1月先行出爐的各科綱要草案，正是本書撰寫的根本依據。本書主要用於生命教育師資培育的學理學程（didactic programs）之參考，至於體驗學程（experiential programs）的眞義則盡可能融入其中，以期彰顯生命教育作爲全人教育、人文教育、情意教育、通識教育，以及素質教育的人本精神與人道關懷。

概念分析

「生命教育」的說法雖然也曾出現在西方國家，但它無疑是一個臺灣在地化的（localize）概念。唯近年通過港澳地區的傳播，它已逐漸向大陸擴散（吳庶深、胥嘉芳，2003），因此我們寄望它能發展成爲華人本土化的（indigenize）重要教育策略。臺灣的生命教育於1997年開其端，次年由省政府教育廳正式在中等學校逐步推動，並委託臺中市曉明女中爲總推動學校（林思伶，2001）。曉明是一所由天主教會創辦的績優私校（屬於國中、高中部齊備的完全中學），在接手推動全省各國中、高中職生命教育之前，即已推行了二十餘年的倫理教育，且是由宗教教育轉化而來（錢永鎮，2000）。1997年，省教育廳在曉明女中設立「倫理教育推廣中心」，其後更名爲「生命教育推廣中心」，曾出版國一至高三共六年十二單元的學習參考資料、教師手冊，以及體驗活動手冊（陳英豪，2001）。

由此可見，臺灣的生命教育是由一所天主教女子中學的宗教教育，通過倫理教育轉化蛻變而來。省教育廳印製的《臺灣省國民中學八十七學年度生命教育教師手冊》第一部分，即載有由徐錦堯神父所撰寫的〈倫理教育須知〉。他在第九點「應用本教師手冊應注意事項」中，有兩項注意事項值得一提：

> 倫理教育的首要目標是培養學生的倫理性格，協助他們獲得正確的價值觀念和倫理取向。（第一項）
>
> 使學生直接感受到中國文化的優美和豐富，……培養他們對自己文化的認同感，使他們能對自己的國家、民族、文化產生感情。而這本身即是一種很強大的「倫理力量」。（第六項）（徐錦堯，1998：10）

這說明了生命教育從一開始推廣，即蘊涵了有待開發的倫理價值觀念和中華文化內涵。本書認同這種人文取向及文化胸懷，因此將對此充分著力。

中學生命教育由倫理教育轉化而來，徐錦堯（1998）指出，倫理學即是道德哲學，倫理教育以倫理學或道德哲學爲基礎，其主要目的是爲塑造學生的「倫理性格」，以及培養學生的道德習慣。構成倫理性格或道德品質的基本要素包括知、情、意、行四者，倫理教育的過程，即是由知到行，由行到習慣的過程。如此說來，「倫理教育」相當類似於國民中小學九年一貫課程實施以前，具有正式課程地位的「道德教育」，又何必另立名目加以推廣呢？事實上，把倫理教育轉化爲生命教育，正意味著一種極廣泛的擴充。以教改以前的國中正式課程爲例，〈中程計畫〉把公民與道德、輔導活動、健康教育、音樂、美術、體育等科目，皆納入生命教育的內涵之中，足見生命教育是德育、體育、群育、美育兼容並蓄的。

不過生命教育的核心部分，仍然是接近德育的倫理教育。依據目前在臺灣主導生命教育規劃與發展的哲學學者孫效智（2001）分析，倫理教育的理論可分爲德育理論和倫理學兩部分，後者探討何謂倫理與道德；前者則根據教育原理，將倫理學探討適齡適性地傳達給學生，以啓發其倫理思維。換言之，德育或道德教育偏重於教育實踐，倫理教育則在教育實踐之外，更強化倫理學或道德哲學的理論探討；生命教育由是更接近哲學教育。這種教育理論的擴充，一度引來研究德育的教育學者質疑，但昭偉即認爲生命教育的哲學思想：

> 綜合了西方的亞里士多德的倫理觀、自由主義（或個人主義）對人的設定、儒家的價值體系和一點佛家的生死觀。……對什麼是理想的、有意義的人生採取一個相當高、相當羅曼蒂克的想法，那麼如此生命教育的推行，是會有實務上的問題的。（但昭偉，2002a：169）

但昭偉一方面質疑生命教育的可行性，一方面也重新闡釋道德教育的內涵：

> 所謂道德教育其實就是一個作爲生物體的人去學習扮演各種社會角色的活動。……在基本上大略有：在認知上能瞭解社會生活規範的基本內容或要求；在行動上能遵守社會生活規範；在情意上，能接受或不排斥社會生活規範的要求。（但昭偉，2002b：33－34）

至於他爲「在臺灣的中國人」所歸納的社會生活規範內容，大致包括民主、個人主義價值觀、中國傳統的生活觀等三項，此乃根據常識觀點而來。哲學學者面對教育學者的質疑，表現出有容乃大的審慎態度：

> 他所懷疑憂慮的，卻是生命教育推動者所應該警惕注意的：不論生命教育如何被理解，都該避免

「迂闊高遠」或「只反映特定價值體系」。（孫效智，2002a：48）。

批判思考

生命教育的推動，避免走向「迂闊高遠」及「只反映特定價值體系」，可說是起碼的要求。但是自1997年至2004年這七年間，它在推動過程中眞正的困難卻是無從著力、使不上勁。因爲教育改革下的國民中小學九年一貫課程綱要並未將之納入正式課程，甚至連「重大議題」都沾不上邊。平心而論，在臺灣的各種政策性教育活動中，有一項活動與「生命教育」同樣具有當下脈絡的「政治正確性」，那便是列入「重大議題」的「兩性教育」；教育部早在1997年3月即成立「兩性平等教育委員會」，近年則更名爲「性別平等教育委員會」。相形之下，原本屬於臺灣省政府教育廳所推動的生命教育，在1999年精省後並未立即受到教育部青睞，直到一位對生命教育懷抱理想的心理學者曾志朗出任部長，才在2001年8月成立「推動生命教育委員會」，近年則改稱「推動生命教育諮詢委員會」。

性別教育與生命教育在媒體對於性騷擾、性侵害以及自殺、他殺等議題的持續關注下，多少具有一定的新聞性質和政治價值。例如在2004年6月促成「性別平等教育法」的通過，以及在同一時期讓衛生署編列大筆預算以成立自殺防治中心等，即反映出教育活動與主流價值相輔相成的可能。2004年8月，具有正式課程地位的普通高中生命教育類各科〈課程綱要〉正式公布，共涵蓋八門科目，預定自2006年起列入高中選修課程。這是生命教育在臺灣推動以來，內涵最明確的一套教育綱領。由於使用對象初期爲高中生，未來將擴充至高職及五專前三年等所有十五至十八歲青年學生，因此師資培育已成爲刻不容緩的問題。本書即屬於生命教育師資培育參考用書，但是希望將讀者對象涵蓋所有高中職教師，以及專科及大學通識教育課程教師，甚至海峽對岸的大專文化素質教育教師。

高中「生命教育類」選修課程預定開授八門科目，每科均爲一學期兩學分的課程，其中「生命教育概論」爲基礎課程，其餘七科爲進階課程，分屬三個向度——「哲學與人生」、「宗教與人生」、「生死關懷」等三科，歸爲「終極關懷與實踐」向度；「道德思考與抉擇」、「性愛與婚姻倫理」、「生命與科技倫理」等三科，納入「倫理思考與反省」向度；至於「人格統整與靈性發展」一科，則充分體現「統整知情意行」向度。2006年以後，臺灣所有高中、高職以及五專前三年的學生，均有可能在三年學習過程中選修這些課程，足見潛在師資需求相當龐大。目前臺灣地區至2005年，將有六所與生命教育相關的碩士班或碩士學程；其他大學本科生及碩士生，則透過修習教育學程的管道，將「生命教育」列爲師資培育下的第二專長加以培訓。

生命教育過去由於推動者的立論及目標有所不同，以致教育本質與內涵未獲共識，但是教育學者黃德祥（1998）曾依其發展，歸結出四條主要脈絡：宗教教育取向的生命教育、健康教育取向的生命教育、生涯教育取向的生命教育，以及生活教育取向的生命教育；後來張淑美（2001）、吳庶深（2002）等人更提出生死教育取向的生命教育。由於生活教育強調品格教育與道德教育，可視爲倫理教育取向。此外，健康教育在九年一貫課程中，與體育納入同一學習領域，在高中則與護理統整爲一科；而「生涯規劃」則單獨列爲一類選修課程。因此未來高中「生命教育類」選修課程，乃是將倫理教育、生死教育、宗教教育三種取向融會貫通後，再統整爲一套強調知行合一的教育理論與實踐。以此證之於前述七種進階課程的內容，可謂大致不差。

前任教育部長曾志朗在2000年8月初，宣布成立「推動生命教育委員會」，並訂定次年爲「生命教育年」。當時他曾召開記者會，說明生命教育課程內容包括人際關係、倫理、生死學、宗教、殯葬禮儀等（陳曼玲，2000）。這些議題正反映出生命教育的倫理、生死、宗教三種教育取向之統整。從師資培育觀點看，要能夠充分掌握生命教育三種取向的精義，即使是第二專長的培訓，其所涵蓋的知

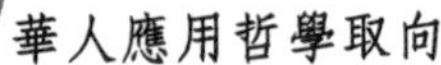

識範疇也相當廣泛，甚至可說涵蓋了人文學、社會科學、自然科學等三大知識領域。如何培育具有跨學科知識統整能力的生命教育教師？我們的建議是通過一門核心學科的學習，漸次向外擴充，以達到統整的目的。這門學科正是人類最古老的知識——哲學。事實上，本書的寫作方式正是一種哲學性論述。

意義詮釋

本書寫作的主要目的，即是爲高中及大專的生命教育教師，提供入門參考用書。所採用的文本主要是八科〈課程綱要〉之中的「教材綱要」部分，對之進行「反思、批判、詮釋、綜合」，全書各章節皆依此一「起、承、轉、合」體例撰寫，而這也正反映出一系列哲學學習的途徑。理想中的哲學學習，乃是兼顧學理思辨與生活體驗，二者無所偏廢。哲學作爲人文學科的一支，以思辨推理爲其特質，而與經驗科學的探究途徑大異其趣。生命教育採取哲學進路，不從事科學研究，但並非無視科技研究的成果。只是哲學要對科學加以批判思考及意義詮釋，此即「科學哲學」或「後設科學」（元科學）的主旨。科學哲學站在哲學立場，批判地考察科學如何進行研究。這類關注於跨學科問題的哲學思辨，在1980年代以後漸受矚目，如今多歸入「應用哲學」探究。

應用哲學不似一般哲學或傳統哲學偏重形上學或知識學的討論，而把焦點集中在倫理學部分。「應用倫理學」近年在海峽兩岸都屬於哲學研究的熱門方向，像生命教育進階課程「性愛與婚姻倫理」及「生命與科技倫理」兩科，即被歸爲應用倫理學議題。應用倫理學參考基本倫理學的「道德思考與抉擇」，對於一些實際問題進行反思。哲學不像科學，只著眼於解決問題；哲學除了解決問題的功能外，還包括釐清問題及消融問題兩種功能。釐清問題有助於進一步尋求解決之道，消融問題則有助於確認問題是否恰當或重新提問。總之，哲學的多元功能，使其不致停留在科學「無徵不信」的經驗層次，而能夠在感覺經驗之外，海闊天空地分析思辨。

經驗科學必須是扣緊感官經驗的（empirical），哲學則可以是源自內心體驗的（experiential）；感官經驗能夠分辨眞假，內心體驗卻足以判斷是非、善惡、對錯、好壞、美醜。簡言之，科學帶來事實認知，哲學卻形成價值判斷。生命教育即使從生命科學出發，也不能就此劃地自限，而應該自科學走向人文，尋求彼此的誠心對話，「生命倫理學」正是這種對話的產物。倫理學屬於哲學的一支，而臺灣的生命教育可說至少有一半內容是哲學教育。放眼看〈綱要〉規劃的八門選修課，一科屬概論性質，一科講知行合一的人生實踐，其餘六科有四科皆爲哲學科目，另外兩科分別代表宗教教育與生死教育取向的生命教育。目前我們所採用的知識分類源自於西方，而西方哲學在十七世紀以前幾乎無所不包。如此「宏觀」的視野，相信可以讓生命教育的內涵「見樹也見林」。

然而不可否認的，西方文明的支柱除了哲學還有宗教；尤其是基督宗教，對科技發展與人本關懷都有深遠影響。放眼看天下，世界上許多地區人民的宗教信仰相當集中；例如西歐、北歐以基督教爲主，東歐、南歐以天主教及東正教爲大宗，中東、北非多屬伊斯蘭教，南亞信奉印度教，其他亞洲地區則普遍流行佛教等；唯獨以漢民族爲主的華人社會，相對顯得紛雜多樣，無法一概而論。大體而言，中華文化裏表現爲「宗教信仰、民俗信仰、人生信念」三足鼎立的局面。其分別在於：正式皈依教團的人，算是具有一定的「宗教信仰」；一般燒香拜神的百姓，偏向道佛二教雜糅的「民俗信仰」；其他沒有明顯信仰的社會大眾，則心目中多少存有受到儒道二家思想影響的「人生信念」。因此當我們在講授「宗教與人生」課題時，這些分別不可不辨。

至於「生死關懷」的禁忌課題，是在最近十年間才逐漸浮上檯面的。華人一向諱言死亡，因此自西方引進的「死亡學」及「死亡教育」，在臺灣只有被轉化爲較爲中性的「生死學」及「生死教育」，方才得以順利推廣（吳庶深，2002）。「生死關懷」的核心議題是臨終關懷與悲傷輔導，這在2000年「安寧緩和醫療條例」通過立法後漸受重視；而2002年通過立法的「殯葬管理條例」，更將這兩個議題列爲殯葬專業人員的基本職能。雖然我們常講生、老、病、死，但只要是人就免不了生與死，卻不一定會經歷老和病。談生論死的目的，是希望人們學得居安思危、未雨綢繆的能力，進而能夠了生脫死。不過生死問題如今糾纏於醫藥科技的侷限性，有時甚至會讓人陷入求生不得、求死不能的苟延殘喘困局，這可說是生命教育必須正視的人生處境。

綜合討論

平心而論，「生命教育」是一個相當廣義的概念，比起「倫理教育」來得親切，在理想上趨近「全人教育」，且由於在字面上表達出正向光明的意義，因此在數年之間蔚爲流行用語，已不限於在各級學校推動。例如九二一災後心靈重建、SARS流行期人心惶惶、軍警値勤時出生入死，甚至不斷頻傳的各種自殺案件，社會上都曾出現加強生命教育的呼籲。也因爲生命教育被視爲鼓勵人們珍惜生命、愛護生命一劑良方，便給予有心推動者較多各自表述的想像空間，卻不免流於「一人一把號，各吹各的調」的困境（孫效智，2002b）。即使是教育部所頒布的〈中程計畫〉，也未見理念的清晰表達；而至今最具體的官方論述，就屬一套完整的普通高中〈課程綱要〉了。

根據教育改革的理想精神與實際作法，實施中的國民中小學九年一貫課程，將會向上下延伸至高中職以及幼兒園。依目前情勢看，生命教育也將一以貫之地全面推廣。過去「生命教育」的推動一開始僅限於臺灣省，臺北市和高雄市則各有自己的「心教育」及「生死教育」執行方案，福建省屬的金馬地區更是彷彿置身事外。精省後推動的業務轉由教育部統籌辦理，卻又錯失列入九年一貫課程的良機，僅在「綜合活動學習領域」實施要點的十項指定內涵中一筆帶過。好在過去七年這些讓許多熱心推動生命教育教師爲之氣餒的陰霾已逐漸散去，撥雲見日的時機終於到來。我們認爲，目前由政府正式公布的高中〈課程綱要〉，可向上向下充分發揮，以作爲專科和大學通識教育課程，以及中小學和幼兒園推動生命教育的理念依據。

當然〈課程綱要〉主要還是爲十五歲以上的青年而構思設計，即使走向「一綱多本」，也不致偏離主題。孔子曾說「吾十有五而志於學」，表示十五歲以上的青年人心智已漸趨成熟，可以通過「講理」而習得人生道理。至於十五歲以下的青少年和少年及兒童，仍以「抒情」方式教學較爲適合，這也是中小學生命教育要強調體驗式、融入式教學的原因。本書主要提供高中以上及大專師資培育而用，目的在於對作爲文本的各科〈課程綱要〉所列「教材綱要」之「核心能力」、「主題」、「主要內容」、「說明」各部分要項，再加以反思、批判、闡釋及引申，重在課程說理；至於教學實踐，則留待教師依本身所處脈絡自行建構。二十一世紀的華人社會經濟發達，已有資格在「現代化」的潮流中，通過反思「後現代性」而走向海闊天空多元文化的可能。兩岸不約而同地進行教育改革，可說正是此一趨勢的充分體現。

最初的〈綱要〉草案對「生命教育類」課程總目標曾明言：

> 生命教育的總目標……在於深化人生觀、內化價值觀、統整知情意行、提升人格靈性。（第三條）

正式公布的〈綱要〉對教學方法的指示爲：

> 教材中之學理課程部分應占60—70%……活動課程部分宜占30 — 40%……。（第一、二點）

> 授課教師必須把握「態度必須開放，立場不必中立」的原則來授課，並協助學生準此原則來學習。易言之，對於各種倫理或價值議題，授課教師一方面應引領學生以開放態度進行思辨討論，另一方面教師本身亦應有清楚而不模稜兩可的立場。當然，教師之立場應以可以服人的論據爲基礎，且對於修正的可能性保持開放態度。（第五點）

這無疑是一種有容乃大的開放心胸教學態度，適足以作爲本書的寫作信念。以下我們在本章結尾時，即嘗試簡述本書的立場與態度。

生命教育可以是任何人各自表述的教育理念，但是本書所討論的，則是一套在特定時空脈絡中所醞釀呈現的正式課程。目前它是臺灣「在地化」的「局部知識」(local knowledge)，未來則希望它能夠融入華人社會漢民族主流的中華文化，並在包容少數民族文化的前提下，發展為一套「本土化」生活實踐知識。「本土化」概念在1980年代由「中國化」轉化而來，其相對面乃是「外來化—西化—現代化—全球化」；由於人類文明已步入「全球化」，因此「本土化」才顯得更有特殊意義（葉啓政，2001)。這是後現代時期尊重多元盛景一部分，也是本書寫作的立足點。我們認同前述哲學學者孫效智（2002a）和教育學者但昭偉（2002b）的論述，著眼於「在臺灣的華人」之生命教育，並且把化解當下時空所存在的政治張力，列為重要的教育實踐因素。不觸及民族文化認同問題，生命教育將只是空中樓閣，不著邊際。

主體反思

1.以你個人之見，「生命」教育與「倫理」教育，是否具有內在關聯性？

2.生命教育與性別教育有何相通之處？二者的內涵如何得以相輔相成地融會貫通？

3.請依個人體驗，詮釋生命教育「終極關懷與實踐」、「倫理思考與反省」、「統整知情意行」三個向度的關係。

4.生命教育的學理內涵，涵蓋了人文、社會、自然三大知識範疇，以「哲學」作爲核心學科向外統整，有否具有知識上的正當性？

5.「經驗」跟「體驗」有何異同？二者又有何關係？

6.從教師或準教師的觀點看，生命教育是否焦點模糊、大而無當？或者還有其他缺點？至於優點又有哪些呢？

心靈會客室

自學方案

我走上生命教育這條道路雖然十分偶然，但是回想起來又不免覺得有些「命中註定」。我對「命理」的興趣不大，認識也很膚淺，有時卻也會隨俗地「迷信」一番。不過我的邏輯訓練告訴我，如果任何事情都是命中註定的話，那麼「算命」跟「不算」其實就沒有任何差別了。因爲「註定」便意味不能更改；往壞處想，即是「劫數難逃」的意思，如此說來還是不算也罷！不過一般人「算命」的目的還是想「改運」，這表示先天不足之處，或許可以靠後天努力加以改善。因此我對「命理」的解讀，是認爲它較接近「民俗心理諮商」；用時髦的話來講，多少有些「生命潛能開發」的作用。人們經過命理師稍微指點一番，也許就會朝自己認同的人生方向走，說不定從此變得海闊天空。

我很少去算命，但是個反省性很強的人，別人可能會隨俗方便行事，我卻會不斷追問「爲什麼」；像爲什麼要念熱門科系，爲什麼要結婚生孩子等等。結果我爲了「追尋人生的意義與價值」而選擇進入最冷門的哲學系，也因爲剛好遇見一個跟我一樣不願生小孩的女人而選擇結婚。回頭想想，我大概十五歲以後，就開始陷溺在人生問題的反思中；如今年過五十，竟然靠著這種反思謀生糊口，成爲哲學教授，講起生命教育來了。當我在講臺上夸夸而談的時候，有些人拼命忙賺錢，有些人

心靈會客室

馳騁在運動場，有些人沉迷於電玩，有些人則遭到戰火蹂躪或忍受飢荒。先不說動植物的「生命」，光是地球上六十億生靈分分秒秒的際遇，是否跟你我都屬於「同體大悲」呢？我不禁默然。

我很喜歡米蘭昆德拉所講的「生命中不能承受之輕」，人生僅此一遭，世事亦復如是，於是變得輕飄飄地無足輕重。別人的命也許我們一時管不著，自己的命雖非值錢不值錢的問題，但是有腦袋會想事情的人，總會對自己的生命到底重不重要有所感觸。當年我在哲學系課堂上，找不著自己想要的答案，便隨興走出一條自學方案的途徑，開始邁上自己感興趣的知識大旅行，竟然從哲學、心理學、生物學、醫學、護理學、生死學，一路走進教育學門牆之內，中間還在管理學方面拐了個彎。如今這些學問知識都成了我的生命教育實踐方便法門。信手拈來揮灑一番。猛一反省，才發覺這一系自學方案，正是我個人反身而誠的生命教育。內心的探詢成爲知識的求索。生命教育對我而言，正是年少輕狂至今未絕的人生探問心路歷程罷！

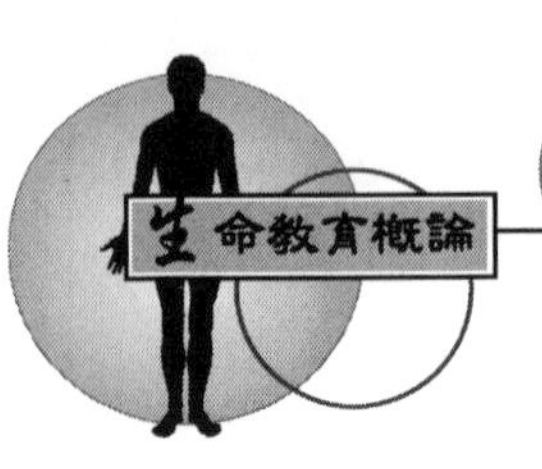

參考文獻

但昭偉（2002a）。**《思辯的教育哲學》**。臺北：師大書苑。

但昭偉（2002b）。**《道德教育——理論、實踐與限制》**。臺北：五南。

吳庶深（2002）。〈生死教育的回顧與展望〉。載於林綺雲、張盈堃主編，**《生死教育與輔導》**，3－16。臺北：洪葉。

吳庶深、胥嘉芳（2003）。〈生命教育的意義與內涵——中港臺兩岸三地初探〉。**《學生輔導》**，88，126－131。臺北：教育部。

林思伶（2001）。〈生命教育的理念與做法〉。載於彰化師範大學通識教育中心、共同學科主編，**《臺灣地區國中生生死教育教學研討會論文資料暨大會手冊》**，198－214。彰化：彰化師範大學。

孫效智（2001）。〈生命教育的倫理學基礎〉。**《教育資料集刊》**，26，27－57。臺北：國立教育資料館。

孫效智（2002a）。〈生命教育之困境與推動策略〉。載於靈鷲山般若文教基金會主編，**《「社會變遷與生命教育」學術研討會論文集》**，45－60。臺北：靈鷲山般若文教基金會。

孫效智（2002b）。〈生命教育的困境與展望〉。**《中央日報》**，7月29日。

徐錦堯（1998）。〈倫理教育須知〉。載於臺灣省政府教育廳倫理教育推廣中心主編，**《臺灣省國民中學八十七學年度生命教育教師手冊》**，1－11。南投：臺灣省政府教育廳。

張淑美（2001）。**《中學「生命教育」手冊——以生死教育為取向》**。臺北：心理。

陳英豪（2001）。〈生命教育的理論和實踐〉。載於彰化師範大學通識教育中心、共同學科主編，**《臺灣地區國中生生死教

育教學研討會論文資料暨大會手冊》，1－6。彰化：彰化師範大學。

陳曼玲（2000）。〈教部1.6億推動生命教育〉。**《中央日報》**，8月2日。

黃德祥（1998）。〈生命教育之的本質與實施〉。**《臺灣省中等學校輔導通訊》**，55，6－10。臺中：臺灣省政府教育廳。

葉啓政（2001）。**《社會學和本土化》**。臺北：巨流。

錢永鎮（2000）。〈中等學校生命教育課程內容初探〉。載於輔仁大學教育學程中心主編，**《生命教育與教育革新研討會論文集》**，80－102。臺北：輔仁大學。

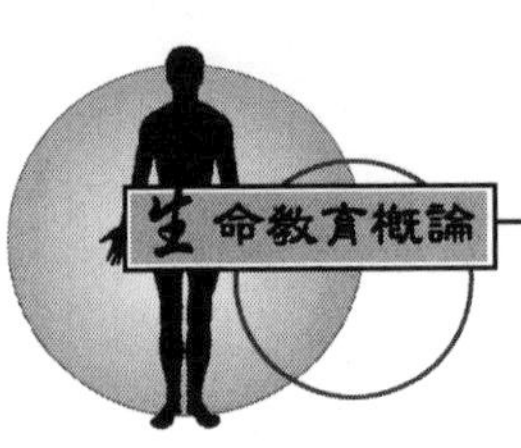

第二章　哲學與人生（一）——基礎課題

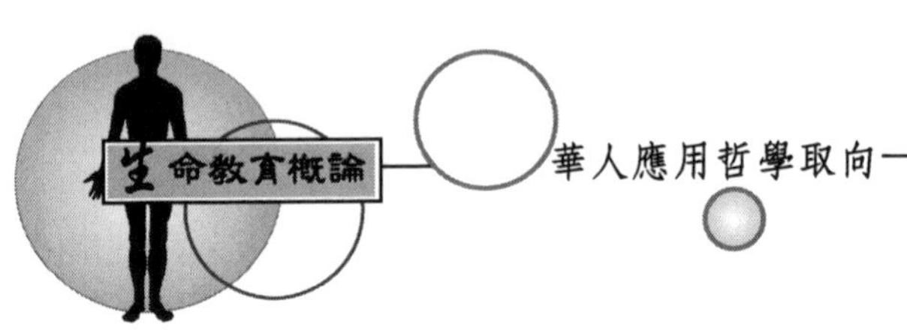

引　言

由於「生命教育概論」一科屬於「生命教育類」的基礎課程，因此在內容上必須涵蓋其他七門進階課程的基礎課題，作爲每科的入門指引。入門課程雖然經常是點到爲止，但卻必須面面俱顧，與專門課程相較之下反而難教。本書定位在高中至大專生命教育師資培育參考用書，希望提供讀者全方位的視角，以及深入淺出的介紹，所以將各科〈課程綱要〉所羅列的「主要內容」及其「說明」，皆視爲考察探究的文本，以進行反思、批判、詮釋與綜合。根據此一進路，本書第二章至第十五章等十四章，即分別對七門進階課程的基礎課題和進階課題加以引介。基礎課題接近通論性質，例如本章即類似「哲學概論」；進階課程偏向專論性質，例如下章即對「人生哲學」多予闡述。

當代新儒家哲學家唐君毅（1909—1978）指出，哲學研究的對象不外乎宇宙與人生二者。西方哲學在古希臘的源頭，即是從宇宙論開始，漸次涉及人生論。「宇宙」指的是「上下四方，古往今來」，也就是天地時空；而「人生」則是指「人的一生」，大致經歷生老病死。任何一個人只要生下來便「無逃於天地之間」，立刻進入時空脈絡之中學習成長。「人生哲學」的目的，正是教導人們學會如何「頂天立地」；待後面章節中介紹到「生死學」，則嘗試引領大家步向「了生脫死」的境界。西方哲學從宇宙講到人生，在唐君毅（1975）看來是「最彎曲的路」，要倒過來從人生反思宇宙，方能「直透本原」。我們認同這種哲學思考途徑，而整個生命教育的出發點，也正是人生問題的反思。

概念分析

〈綱要〉核心能力二「認識哲學與人生的根本議題」揭示：

> 今日社會的精神生活以茫然無措和沉悶空虛爲特徵，故有關意義問題的探索與追尋是這裡首先提出者。（核心能力二，一，1-2）

接下去探問的第一個意義問題便是：「生命是否有意義、價值與目的？」法國存在主義哲學家卡繆（Albert Camus, 1913-1960）對此有一針見血的論述：

> 眞正的哲學問題是自殺問題。決定是否值得活著是首要問題。（馬振濤、楊淑學，2002：65）

事實上，生命教育於1998年9月在臺灣一開始正式推行不久，即碰上了一樁轟動社會的高中資優女生及其男友先後

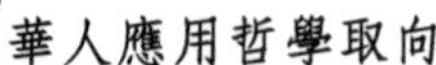

爲情自殺事件，從而立刻背負了「自殺防治」的重責大任。生命教育在此並非直接教導學生如何解決問題，而是提供學生清明的自覺，以改善本身解決問題的能力。

以上述殉情事件爲例來看，兩情相悅不免希望追求終身廝守的快樂與幸福，然而一旦陷入畸戀，快樂與幸福既不可得，理當退一步海闊天空，從情人淡化爲朋友，或許尚能留住一絲餘韻猶存的回憶。奈何雙方皆懷玉碎之心，不僅人間至情留不住，更讓兩個家庭陷入破碎的逆境，這又豈是兩情相悅之初衷？因此人生議題正如〈綱要〉所言：

> 宜於探究何謂快樂？何謂幸福？此一探索十分重要，錯誤或膚淺的觀念會導致人生方向的錯誤膚淺與意義價值的失落。（核心能力二，一，1-4）

殉情事件雖然放在「性愛與婚姻倫理」一科中探討，會更深入與切題；但是依照卡繆的說法，人生中每一刻的抉擇，其實都與哲學思考產生內在關聯。哲學關注的是具體的宇宙與人生，思考的則是抽象的眞、善、美、聖；抽象境界的圓滿，正是具體人生的實現。

人生追求「眞、善、美」三合一境界，是古希臘哲學所楬櫫的重要目的；加上「神聖」意境，則是中世紀以後西方哲學受到基督宗教影響的結果。這些境界的追求，至今已深化爲哲學內部各種專門學科：考察思維規律的

「理則學」（或稱「邏輯」）、窮究事物本質的「形上學」、探討知識特性的「知識學」（或稱「知識論」、「認識論」）、關注道德實踐的「倫理學」、反思審美體驗的「美學」，以及對於宗教信仰進行哲學檢視的「宗教哲學」等等；二十世紀以後科技影響人生甚鉅，具批判觀點的「科學哲學」乃應運而生。以上七科是當今哲學作爲一門學科的核心內涵，可視爲過去兩千五百年間人類「愛好智慧」（philo-sophia）擇善固執的結果。「哲學」的希臘文原意即是「愛好智慧」。

愛好智慧並不表示一定擁有智慧，而是朝向「雖不能至，心嚮往之」的努力不懈。「哲學」一辭的漢字翻譯，來自十九世紀日本西化潮流中，於1873年由一位留學歐洲的學者藤原時懋（筆名姓「西周」）（1829—1897）所撰，他同時也是「科學」、「形而上學」等詞彙的漢字譯者。哲學在這種背景和意義下，其實指的是外來的西方哲學。目前在臺灣各大學哲學系所講授的哲學知識系統，並不止西方哲學一端，還包括另一種外來的印度哲學，以及眞正本土的中國哲學。由於全球現行的大、中、小學教育制度，全屬西方文明的產物，因此介紹生命教育和討論哲學思想，從西方著手並不爲過。但是身處華人社會，我們一定要清明地自覺，生命教育以及作爲其核心部分的哲學思想，仍然具有「局部知識」的脈絡特性，必須加以正視，始能眞正落實教化功能。

西方哲學自西元前六世紀的古希臘開始發展，從探究「宇宙由何組成」的宇宙問題，逐漸擴充至詢問「人生如何安頓」的人生問題，其顛峰時期出現在「希臘三哲」身上，亦即蘇格拉底（Socrates, 469-399 B.C.）、柏拉圖（Plato, 427-347 B.C.）、亞里斯多德（Aristotle, 384-322 B.C.）師徒三人。他們對人類文明最大貢獻，便是彰顯通過「理性」以追求智慧的哲學方法。智慧屬於「悟性」層次的境界，需要通過「理性」去接近它；但是「理性」又不能無視「感性」的存在，因爲「感性」正是以人生體驗爲反思對象。所以〈綱要〉對哲學議題的總結是：

> 哲學的功能在於探究生命的核心議題，增進吾人生活的豐富及生命的深度。……研究哲學的方法有許多，歸其根本則不外乎理性與感性的交互運用，兩者缺一不可。（核心能力二，二，3-1；三，2-1）

批判思考

〈綱要〉指出：

> 哲學既是追求智慧的學問又是研究一切事物最後原理的學問……。（核心能力二，三，1-1）

這種精神深深反映在中世紀以降西方大學教育體制中，至今以研究學問取得最高學位者，仍一律通稱「哲學博士」（Doctor of Philosophy; Ph.D.）。十七世紀「科學革命」出現以前，所有知識皆統一在哲學之下，尚未各自分化獨立；以後則見物理學逐漸獨樹一幟，但開始時仍維持使用「自然哲學」之名。十九世紀社會科學學科紛紛自立門戶，最明顯的當推心理學，以宣稱成立實驗室而脫離哲學。〈本科綱要〉界定哲學探究的範圍包括七科，其中五科與本章前節所提相吻合，唯列出「自然哲學」與「哲學人學」（即「理性心理學」或「哲學心理學」）二科，似乎與當前趨勢不易呼應，本書乃建議以「科學哲學」與「美學」替代之。

西方哲學一般分爲五個時期：自「西方哲學之父」泰利斯（Thales, 624-546 B.C.）出生起，至西羅馬帝國滅亡的西元後476年，共計一千一百年，涵蓋希臘至羅馬時代，是爲「古代哲學時期」；再下至1453年東羅馬帝國滅亡的一千年之間，是爲「中古哲學時期」；繼之爲「近代哲學時期」，結束於德國哲學家黑格爾（Wilhelm Friedrich Hegel, 1770-1831）去世，約三百八十年；十九世紀剩下的七十年通常被歸入「現代哲學時期」；二十世紀開始至今則屬「當代哲學時期」（趙敦華，2003）。這是就哲學發展而做出的分期，若從更宏觀的文明演變來看，則可分爲「前科學的」（pre-scientific）、「科學的」與「後科學的」（post-scientific）三種哲學發展階段；三階段的兩大里程

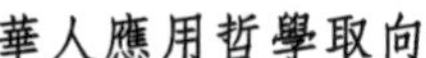

碑分別爲「科學革命」與「後現代論述」的出現（鈕則誠，2004a）。

要向高中和大專學生推廣生命教育，對於科學技術在人類文明中所扮演角色的認識與批判不可略過。尤其是當今華人社會：

> 重理工輕人文、重物質輕精神的教育，已造成年輕人普遍缺乏人文素養、人生理想與宏觀視野，同時也對人類生命的意義帶來衝擊與挑戰。E世代的青少年在享受科技文明之餘，亦將面對上述相關問題的挑戰，故應加強生命教育，使人們能受益於科技文明，卻不至於蒙其害。

這是〈計畫〉對未來趨勢預測第六點「兼具科技與人文的素養」，所提出語重心長的現況分析與建言，值得深入推敲。「生命教育類」選修課程雖有「生命與科技倫理」一科，但是面對科技問題光談倫理學是不夠的，必須進一步從後科學的「華人應用哲學」觀點加以反思與批判。本書正屬於這方面的嘗試。

本書認爲，生命教育是臺灣華人社會在教育實踐經驗中，所逐漸凝聚而成的在地理念。倘若能以中華文化爲依歸，便有機會向同文同種的海峽對岸推廣傳播。此一想法並非空穴來風，而是扣緊當前情勢而發。人既無逃於天地之間，就應學會頂天立地。倘若時代環境持續動盪不安，生命教育即使陳義再高、有再好的良法美意，也會顯得沒有著落而掛空。兩岸政治立場的歧見，容或有其特定背景，但是教育理當堅持理想，不應隨波逐流。尤其是像生命教育這樣的情意教育與全人教育，既然十分強調知行合一，就必須秉持眞知去深入思考問題，尋求解決方案，然後躬行實踐。生命教育不能一味倒向西方知識，而應隨時尋求向本土民族文化靠攏的契機。此處所說的「本土民族文化」，即是以占世界五分之一人口的漢民族爲主的中華文化。

中華文化有容乃大，不會盲目排外，但也不願崇洋媚外。針對生命教育的有效推廣，我們提出「中體外用論」的「華人應用哲學」，作爲建構「華人生命教育」的理論基礎。「中體外用論」受到百年前「中體西用論」的深刻啓蒙；後者是百年前次殖民地不平則鳴的傳統論述，前者則是當前後現代時期後科學批判下的後殖民論述，二者不可同日而語。以哲學爲例，「中學爲體，外學爲用」，是把在華人社會受到肯定的西方和印度哲學傳統，一律視爲有用的外來學問，但是需要在中華文化的檢視下去蕪存菁，爲己所用，不能倒轉過來被外來思想所左右。〈綱要〉在「認識哲學與人生的根本議題」核心能力方面，幾乎完全採用西方哲學觀點，不能不說是有所不足。

意義詮釋

我們對於〈綱要〉在哲學論述不足之處加以批判，並非對內容的否定，而是對道理的擴充。這是一種後現代尊重多元精神的體現，用在教育上叫做「建構」。本書嘗試在官方「主流」論述之外，平行建構一套民間「另類」論述，以提供讀者較廣泛豐富的參考選擇。我們肯定主流論述強調「態度必須公正，立場不必中立」的包容態度，同時也反身而誠地檢討自己是否可能陷入主事者在〈綱要〉草案中，論及課程整體歸劃理念時的憂慮：

> 誠然，人們應該包容「多元」、擁抱「自主」。然而，「多元」很可能只是是非混淆的一種說詞，而「自主」也能夠是「只要我喜歡，沒有什麼不可以」的藉口。

在深思熟慮之下，我們確信自己所提出的另類論述，並非混淆是非的說詞和隨興所至的藉口。

在第一章中，我們曾經引述社會學者葉啓政（2001）的分析，視「本土化」係與「外來化—西化—現代化—全球化」相對。「本土化」的提法乃由「中國化」轉化而來，原本屬於社會科學研究自覺反省的結果（楊國樞、文崇一，1982）。連社會科學界早在二十多年前即已經在討論本土化的問題，哲學界卻似乎對此始終不聞不問。仔細一想，道理其實很簡單。哲學在臺灣原本即有中外之分，研究西方哲學的學者可能會認爲，其中並沒有本土化的問題，因爲本土化的哲學就是中國哲學。倘若有人心存此想，則不免似是而非；畢竟西方哲學本土化與中國哲學研究乃是兩件事，不應混爲一談。本書提出通過「中體外用論」方法學綱領的指引，以建構「華人應用哲學」來落實「華人生命教育」，即不啻爲一種西方哲學本土化的嘗試。

本土化可以再向下扎根爲在地化，而在地價值也有機會融入本土文化之中發揚光大，像港臺影視歌星受到全球華人歡迎便是一例，而海派懷舊風更在各地發酵也明顯可見。生命教育原本即是臺灣在地教育實踐的產物，由於立意甚佳，理當推廣到大陸及港澳，甚至新加坡、馬來西亞等地，成爲名副其實的「華人生命教育」。不過話說回來，要談落實「華人生命教育」尚言之過早，目前只能展開知識建構的工作。至於臺灣的生命教育，大專以上融入通識課程早已行之有年，只是從未見系統化。今後若要培育生命教育師資，設計一套「生命教育副學程」，以搭配各類教育學程，不失爲一道方便法門（鈕則誠，2004b）。而高中以下則參照〈綱要〉的內容及精神開發，即可收水到渠成之效。

平心而論，歷史久遠的西方哲學的確有其可取之處，主要貢獻即是提倡通過理性觀點來觀照世界、安頓人

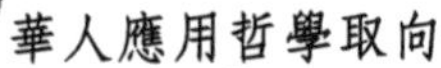

心。「理性」（reason）的功能在於「推理」（reasoning），以「合理的」（rational）的態度與程序，發現並把握萬事萬物的「合理性」（rationality），此即宇宙中所蘊涵的「眞理」（truth）。因爲重視理性，西方人養成凡事講理的習慣，避免情緒用事，並由此形成包容異己的民主作風。在學術研究方面，講理必須有所依據，任何學問都需要合乎「邏輯」（logic），這點反映在許多學科的字根“-logy”上，例如生物學（biology）、心理學（psychology）等等。總而言之，西方哲學的理性思考傳統，爲後世科學發展奠定了良好基礎。這種理性思考並不排斥感官經驗，而是讓二者相輔相成，相互爲用。生命教育正是站在這種具有中庸性質的立足點上起跑。

西方哲學雖然認爲理性與經驗可以相互作用，但是哲學的主流道路畢竟還是理性思辨的。近代科學發展受到十六世紀提倡歸納與實驗方法的英國哲學家培根（Francis Bacon, 1561-1626）影響甚大，不過培根本人並非科學家。其後雖然有許多哲學家眼見科技力量無遠弗屆，而對科學的價値深表認同，以致形成「科學的哲學」，然而這種認同感的性質仍舊傾向於思辨。「思辨哲學」（speculative philosophy）與「經驗科學」（empirical science）的分野，如今依然清晰可辨。只是進入二十一世紀以後，有越來越多的哲學家意識到，不能再跟隨科學技術起舞，乃有「後科學的哲學」批判之聲出現。生命教育理當從這種「後科學的」批判精神上去理解，「生命」因此不是指向

「生命科學」，而是歸於「人生哲學」。

綜合討論

本書雖然名為《生命教育概論》，且列為高中至大專師資培育參考用書，但是著眼使力之處，並不在於涉及教育實踐的課程論、教學論以及教材教法等議題，而是偏向生命教育的內涵，亦即對人生實踐的反思與體驗。前文曾提及，內心體驗與感官經驗不盡相同；倘若「反思」是理性的作用，「經驗」則多半歸於感性，至於「體驗」便屬於悟性的體現。年輕人「跟著感覺走」，追求自由奔放並不為過；但是一個人畢竟不可能要什麼有什麼，因此恰當地「選擇我所要」實繫於理性的深思熟慮；一旦有所得相對必有所失，成熟的領悟力能夠幫助我們「有為有守」、「知足常樂」。這些都是很簡單的人生道理，大家不會不懂，卻很難躬行實踐，因此才需要強調知行合一的生命教育再三提醒。

感性、理性、悟性可以對照於常識、知識、智慧，三者相輔相成，缺一不可。唐朝青原惟信禪師曾有一段名言：

> 老僧三十年前，未參禪時，見山是山，見水是水。及至後來親見知識，有個入處，見山不是

山，見水不是水。而今得個休歇處，依前見山祇是山，見水祇是水。

山水情境依舊，前後心境卻大不相同，理由正是「親見知識」，接受師父的教誨。通過「知識」分析的洗禮，原本渾沌未明的「常識」種子，得以綻放為圓融無礙的「智慧」花朵。人生不能沒有感性常識作為基礎，我們也都希望年輕人的常識越豐富越好。但是常識不一定都對。為了瞭解「物有本末，事有始終」的道理，人必須求知，如今甚至講究終身學習。至於從知識邁向智慧的要求，其實很簡單，那便是「活學活用」、「知行合一」。

生命教育的最高理想乃是「人格統整與靈性發展」，古老的哲學智慧，可以在當前最新的倫理學、生死學、宗教學知識的分析與建構中，重新發揚光大。如果我們眞的有心在華人世界推廣生命教育，那麼以中國古典儒道二家思想為根源的「後現代儒道家」人生哲學，正可以作為「華人生命教育」的中心論述。本書一以貫之的寫作理念，即是將臺灣的生命教育推向整個華人世界。在中華民族文化的大纛下，我們的確應該深思「物有本末，事有始終」的道理。科技知識容或可以朝向全球化、現代化發展，但是連西方學術界都已提出後科學、後工業、後殖民、後現代一系論述，作為東方人的我們卻忘記反思與批判的重要。尤其是人文知識，原本即根植於特定的歷史文化脈絡之下；如今既然要推廣深具人文性質的生命教育，找到一個中心思想極爲重要。

由於臺灣的生命教育在源頭上是天主教宗教教育，因此延續至今，站在第一線的主要推動者，大多具有宗教背景，只是涵蓋的對象已經從天主教擴及基督教和佛教。但是仔細反思，這些都是外來宗教。缺少源自本土的道教、民俗信仰甚至儒家、道家等非宗教的人生信念等「不同的聲音」，生命教育的「生命」即不免偏於一隅（但昭偉，2001）。本書肯定具有宗教背景學者所提出的生命教育理念，但是站在「立足本土、尊重多元」的立場上，我們希望強調平行論述的重要。歷史上與印度佛教長期對抗的乃是中國道教，後來中國佛教應運而生，仍受到儒道二家思想的制衡。至於現今對整個基督宗教傳統質疑最力者，則屬非宗教的人文主義。這些另類思想，都應該開放地介紹給學生。

本章主要屬於「哲學概論」性質，哲學在臺灣有中國、西方、印度三種取向，以前二者爲顯學，後者則集中於佛學研究。由於本書採用「中體外用論」作爲寫作指導綱領，因此必須清楚表明一種「後科學、非宗教、安生死」的「華人應用哲學」觀點。應用哲學乃是解決問題的哲學（葉保強，1991），這種觀點將「中國人生哲學」問題放在論述的中心，走的是唐君毅「從人生看宇宙」的學問途徑。我們心目中的「中國人生哲學」典型，乃是融匯古典儒道二家思想的「中國人文自然主義」，其代表人物包括孔子、孟子、荀子、楊子、老子、莊子等六位。儒家談「仁」與「性」，道家論「道」與「自然」，都是生命教育可以取法的中國哲學智慧（鈕則誠，2004a）。當下章引介生命教育進階的「人生哲學」議題時，我們將會對古典儒道思想作進一步的引申。

主體反思

1.哲學問題不外乎宇宙與人生兩端，依你之見，二者如何相輔相成，推陳出新？

2.古希臘哲學主張人生應該追求「眞、善、美」，並且認爲三者互相關聯，不可偏廢。請據此反思自己的人生理想。

3.去過一種彰顯「神聖」價値的生活，是基督宗教在西方世界立足生根後的人生理想，相對於此的則是「世俗」生活。你對這種二分觀點有何看法？

4.知識不一定都能夠「放諸四海皆準」，許多涉及民族與文化的知識學問，都具有局部性或在地性，請舉例說明。

5.青年學生應該「兼具科技與人文的素養」，請以準教師或教師的身分，對達成此一理想的可行之道加以發揮。

6.請根據文獻，分辨「本土化」與「在地化」有何區別？並將生命教育實踐納入其中加以討論。

人生與哲學

我想我天生就是一個自了漢，走上以哲學爲業的人生道路，多少跟哲學工作可以「各自爲政」、「各行其是」有關。臺灣流行中國和西洋兩種哲學，有人說中國只有哲學沒有哲學家，西方則是沒有哲學只有哲學家。這意思是說，中國哲學講究師承，於是只見儒道二家當道；西方哲學強調批判，於是「一人一把號，各吹各的調」才配稱哲學家。在這種情形下，我走上西方哲學的途徑，乃屬自然而然；尤有甚者，我一路走向當時最冷門的科學哲學研究，寫碩士論文、博士論文和教授論文，都可視爲紙上談兵、閉門造車的成果。我終於確定自己喜歡坐而言勝於起而行，這不能不說是我的生命情調之反映。然而我對於繁瑣艱深的哲學思想卻一律敬而遠之，這又使我註定無法成爲哲學家，只能勉強做個靠哲學吃飯的哲學從業員。

有人譏諷哲學家最大的本領，是把明明很簡單的道理說得莫測高深，讓別人聽不懂，同時還堅持自以爲是。社會上許多人一聽到「哲學」二字便搖頭，我想哲學家至少該負一半責任。我雖然念的是哲學，卻一點也沒有那種「莫測高深」的本領，反而十分嚮往「清風明月」的平常境界，因此從探究一位自稱爲「常識實在論者」的哲學家思想著手，一路走向與既有哲學不同道的「應用哲學」途徑。這在圈內人看來不免

心靈會客室

膚淺，我卻慶幸自己從未眞正走進「圈內」，而始終以作爲一個哲學邊緣人優游自得。我當上大學教師已屆二十年，大多在講授通識教育課程；學生把它當作營養學分，我也樂得甘之如飴，彼此各取所需。直到生命教育登場，我才感受到教哲學其實是一種「生命中難以承受之重」。

大專課程有通識課程與專門課程之分，就連哲學系都有一定的專門課程。我教的大多是外系的通識課程，像「生死學」、「人生哲學」等科，有時候選課人數多到爆，讓我好奇這些年輕人所爲何來？當然有些是來混學分的，但還是有不少人眞正關心自己生命的未來。年輕人最寶貴的資產正是年輕的生命，他們有著無限寬廣的未來。生命教育對他們而言，雖然不見得收到立竿見影之效，卻可能產生潛移默化之功。在一般性的哲學通識課程之內，增添一份生命教育的理想，或許可以有所作爲。近年我的哲學關注焦點，從非常現代的西方知識，轉向相當古老的中國智慧，而且嘗試辯證地走出一條後現代「華人應用哲學」的道路。希望它能豐富生命教育內涵，也能增益我的哲學人生。

參考文獻

但昭偉（2001）。〈「生命教育」的生命〉。**《教育資料集刊》**，26，113－130。臺北：國立教育資料館。

唐君毅（1975）。**《心物與人生》**。臺北：學生。

馬振濤、楊淑學（譯）（2002）。**《加繆》**（R. Kamber著）。北京：中華。

鈕則誠（2004a）。**《教育哲學——華人應用哲學取向》**。臺北：揚智。

鈕則誠（2004b）。**《生命教育——學理與體驗》**。臺北：揚智。

楊國樞、文崇一（主編）（1982）。**《社會及行為科學研究的中國化》**。臺北：中央研究院。

葉保強（1991）。〈應用哲學的涵義、範圍與實踐〉。**《鵝湖月刊》**，16（7），7－15。臺北：鵝湖雜誌社。

葉啓政（2001）。**《社會化和本土化》**。臺北：巨流。

趙敦華（2003）。**《現代西方哲學新編》**。北京：北京大學。

第三章　哲學與人生（二）——進階課題

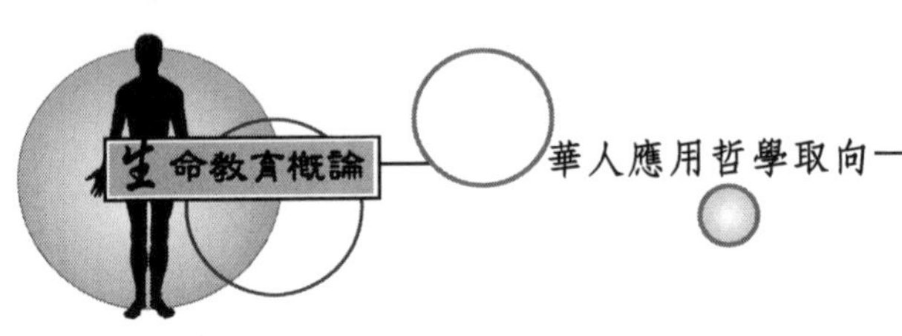

引　言

在上一章我們對哲學作了一番概論式的介紹，但大致上僅觸及西方哲學觀點，並未討論中國哲學部分。本章介紹哲學進階課題中的「人生哲學」，主要採用的是〈本科綱要〉作爲文本。此一文本的內容仍以西方哲學爲主，我們先對之加以分析和批判，再提出一套「中國人生哲學」的平行論述，以對照呈現相關主題，並將其內涵予以擴充。哲學問題不外宇宙與人生二端，人生的活動場域無法擺脫宇宙，但是在心智能力的發揮上，卻可以觀照宇宙甚至改變宇宙。孔子主張「盡人事，聽天命」；「無逃於天地之間」是我們的「天命」，選擇如何「頂天立地」卻是大家可以善盡的「人事」。西方哲學後來帶動「戡天御物」的科技發展，中國哲學卻始終相信「順天應人」的生存之道；人生哲學反思當自此開始。

〈本科綱要〉訂出七大主題：宇宙、生命、人性、倫理、藝術、社會、宗教，並據此列出七大領域：自然哲學、生命哲學、人性論、倫理學、美學、社會哲學、宗教哲學，我們可將之視爲人生哲學的各個重要面向。目前科學對這七大主題都有所探究，從自然科學到社會科學都累積了不少相關知識，甚至像人性、倫理、藝術、宗教這些具有人文性質的主題，都可以放在科學的視角下加以分析。例如生物學家追尋美德的起源（劉珩，2004），或是心理學家開創道德發展理論等（姜飛月，2003）。不過一如前章所論，科學必須扣緊「經驗」而生成，哲學卻可以通過「體驗」而發揮。「後科學的哲學」對科學思想加以反思與批判，正是「從人生看宇宙」的適當途徑。

概念分析

〈本科綱要〉草案所列教學目標爲：

> 在於培養學生人生目標的設定、生命意義的探索並且對終極關懷的省思。

人生哲學於是成爲終極關懷與實踐的指導綱領。首創「生死學」一辭的哲學學者傅偉勳（1933—1996），曾提出一套「生命十大層面與價值取向」模型，其中第九與第十層面，分別爲終極關懷層面與終極眞實層面；他認爲這兩個層面，相當於心理分析「意義治療」學派創始人傅朗克（Viktor Frankl, 1905-1997）所提到的「神學」層面（傅偉勳，1994）。由此可見，終極關懷具有深厚的宗教意義。以人生哲學爲核心的「哲學與人生」課程，希望對終極關懷有所省思。此一省思涉及對宗教信仰接受與否的態度，對學生的學習而言，是比較高層的人生抉擇問題。

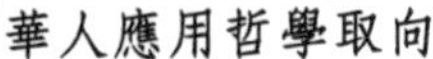

〈本科綱要〉基本上是循著西方哲學追求眞、善、美、聖的進路而設計的：對於宏觀宇宙與微觀個體生命的考察，屬於追求眞理的進路；對於價值體會與道德實踐的把握，屬於開展善德的進路；對於藝術賞析的導引，屬於步向審美的進路；至於去省思宗教與人生的關係，則屬於接近神聖的進路；此外課程尚要求學生推己及人，去體悟人我之間的社會關係，進而安身立命。其於「瞭解人生的意涵」的主題上，希望學生瞭解：

> 人生是在說明人生的定義包括人的生命（生命的意義、價值與理想），人的生活（生活的方式、型態及內容），人的方向（方向的明確及可行）。（核心能力二，三，1-1）

人生哲學大體上即是循著眞、善、美、聖的進路，讓學生一步步瞭解自己的生命、生活與方向。

在西方文明傳統裏，哲學起於「懷疑」，宗教卻要求「虔信」；宗教一向勸人爲善，對人生甚有助益，爲何還有勞哲學家來解讀人生呢？〈本科綱要〉給我們一個扼要的說明：

> 歷代哲學家對人生的意義的探索雖有積極或消極的看法，但對人生的熱情卻是一致的，因此哲學的見解可以幫助教師在和學生討論中更清楚的釐清人生的意義與目的。（核心能力二，四，1-2）

生命教育畢竟不是宗教教育，更非靈修課程，因此採行哲學教育途徑，使學生「在不疑處有疑」，可說是較爲恰當的作法。西方哲學史之中有一位著名的哲學家笛卡兒（René Descartes, 1596-1650），即以「懷疑」作爲哲學方法，並由此推導出「我思故我在」的命題。「懷疑」方法不是無的放矢，而是深思熟慮，値得生命教育認眞對待。

哲學雖然追求眞、善、美、聖，傳統上且認爲彼此可以互相通透，但是在現今的知識系統內，它們卻有著性質上的差異。簡單地說，追求「眞」屬於事實認定，亦即辨別眞假；追求「善、美、聖」則屬於價値判斷，可區分是非、善惡、對錯、好壞及美醜。在科學眞理的探索中，物理科學與生命科學分別對宇宙及生命現象，提供了許多理論假設與事實說明，但仍然爲哲學思辨保留了懷疑的空間。像宇宙的起源及生命的出現，在西方都涉及「上帝創造萬物」的傳統說法。這雖然屬於宗教神學論述，卻在中世紀以後深深嵌入人們的哲學思考裏，連笛卡兒和牛頓（Issac Newton, 1642-1727）都不曾懷疑。如今雖有宇宙爆炸說和生物演化論等，與創造論不同調的觀點廣泛傳播流行，仍無損於創造論的歷史價値和論述影響力。

西方哲學受到基督宗教影響，把許多神學道理融入其中，至今依舊歷久彌新；同樣情形，中國哲學受到印度佛教影響，以致後來形成儒道佛三家鼎立的局面。宗教觀點對人生行事頗具啓發力量，有關論述留待下兩章再予介紹。回到「善、美、聖」的價值判斷方面來看，自人性與價值的分析中，開展出道德、審美與宗教生活的可能，不失爲一條可行之道。當個體的人生得到哲學性安頓後，群體社會才有穩定發展的可能。孫中山（1866—1925）指出，「國者人之積，人者心之器」，〈綱要〉也引用孫中山「發展人性，增進神性」之說。「神性」即是「靈性」或「精神性」，是亞里斯多德所分辨的人類「靈魂」之作用。生命教育到頭來希望落實「人格統整與靈性發展」的知行合一人生境界，必須先從哲學上肯定靈性的意義與價值。

批判思考

本書各章皆依「概念分析、批判思考、意義詮釋、綜合討論」等四節，次第開展進行，這其實正是一般書寫的「起、承、轉、合」四個段落；而在哲學探究上，則可以對照於思維辯證的「正、反、合」三階段。辯證思考自柏拉圖時代即被視爲重要的思考方法之一，後來且與演繹法及歸納法相提並論。如今演繹法屬於哲學與數學經常使用的推理方法，歸納法則幾乎和「科學方法」同義。至於辯證法至今仍不斷被提及，主要還是因爲它在十九世紀被哲學家黑格爾與馬克斯（Karl Marx, 1818-1883）廣泛使用與提倡。尤其是馬克斯，因爲他的思想自十九世紀中葉至今，不斷被運用於社會改造和政治革命上，以致辯證法之中的「正」與「反」，常被視為矛盾對立而需要不斷地加以鬥爭。

階級鬥爭在十九及二十世紀，容或有其歷史地位與價值；但是身處二十一世紀的後現代社會，包容異己與尊重多元，似乎才是適當的處事及處世態度。本書十分肯定〈綱要〉所揭櫫「態度必須公正，立場不必中立」的開放精神，因此在引介「哲學與人生」課題而論及「人生哲學」時，我們打算根據〈本科綱要〉所列七大主題，提出一套以「中國人生哲學」為核心的平行論述。此一論述具有完整的方法學綱領、形上學預設，以及知識學建構，但是其意義與價值，卻無寧是落在倫理學與美學等方面。簡單地說，本書希望通過「中體外用論」，提出「後科學、非宗教、安生死」的「中國人文自然主義」；這是一套「中國人生哲學」，用以建構「華人應用哲學」，從而落實「華人生命教育」。此一努力方向，已在教育哲學及生命倫理學等領域初步體現（鈕則誠，2004a、b）。

「中體外用論」乃根據中華文化處於「前現代狀況」之際，所提出救亡圖存的「中體西用論」，對其進行後現代轉化的結果，其關鍵即在於「現代化」。「現代化」的概念大致可歸納為四項：科技化、工業化、知識革命、價值轉化（羅榮渠，2004）。現代化進程涉及「現代性」，當代英國社會學家吉登斯（Anthony Giddens）認為，社會

學的主要工作即是「對現代性的研究」，而他所提出「現代性」最簡單的表現形式，乃是現代社會或工業文明（尹宏毅，2001）。換言之，現代化的具體表現便是先進的科技與工業；而在十九世紀殖民主義當道的時代，對於身處次殖民地的中國人而言，面對先進國家「船堅炮利」威脅下的救亡圖存之道，除了在科技上通過「習夷以制夷」急起直追，在文化上更提出「中體西用論」以求自保。

「中體西用論」裏面的「體與用」之分，在中國哲學傳統內所反映的，即是「道與器」或「形而上與形而下」之分（韋政通，1977）。當代中國哲學家馮友蘭（1895—1990）曾對「中體西用論」加以分辨，他明白指出，「體用」之說不能判成兩橛；以四書五經爲「體」、洋槍大砲爲「用」就說不通，而在中國人引以爲本的倫理道德之中加添西洋知識技術工業則說得通（馮友蘭，1998）。用現在的話來講，華人的生命「主體性」，可以因爲融匯外來思想文化而變得豐富多元。「中體外用論」正是秉持這種開放精神而轉化的後現代觀點。「後現代性」乃相對於「現代性」而來，是西方學者對現代性加以反思和批判而形成的概念，以顯示當代文化正在轉變與過渡的特性（閻嘉，2003）。

經過一百多年的生聚教訓，港澳、臺灣、新馬以及大陸沿海地區和內陸大城市等華人社會，大都已經完成現代化進程，並且在文化活動中體現出後現代包容多元的生活型態。雖然彰顯「主體性」屬於現代而非後現代精神，但是從「物有本末，事有始終」的常識判斷，任何後現代反思與批判，仍然有其立足扎根之處。當今「全球化」之說瀰漫，有人嚮往成為世界公民，但國家民族文化壁壘卻依然存在且堅不可破。以「民族國家」來界定「本土化」的空間指涉範疇縱有爭議，卻點明了「本土化」的基本意涵。在此界定下，「本土化」即是「中國化」。葉啓政（2001）認為，「本土化」較「中國化」妥貼，但更妥適的概念則是「主體性」。呈現中華文化的主體性，提倡以「中國人生哲學」為核心的「華人生命教育」，正是本書擇善固執的敘事主旨。

意義詮釋

「中體外用論」的中心思想是「主體性」，亦即「本土化」，以此反思批判地吸納任何「外來化—西化—現代化—全球化」的事物。「本土化」的空間指涉範疇是「族國」，除了上世紀中葉脫離馬來亞而獨立的新加坡，以及至今華人仍占四分之一人口的馬來西亞，具有特殊歷史因緣外，其餘兩岸四地的華人社會所面臨的，都是「中華文化本土化」與「文化中國主體性」的問題。「本土化」之下，始有「在地性」的討論。撇開政治爭議不論，臺灣和香港所呈現的諸多現象，即反映出閩粵文化的在地特性。

對中華文化本土化與主體性影響及衝擊最大的兩種事物，當屬宗教信仰和科學技術。兩千多年前傳入的西土佛教，加上兩百多年前傳入的西洋基督宗教及科學技術，可說是深深改變了中華文化的面貌。中華文化原本以融匯儒道二家思想的人生哲學爲瑰寶，如今在引介生命教育時，對古典思想正本清源、推陳出新是有必要的。

身處後現代社會，我們不會食古不化地一味提倡復古，而是呼應馮友蘭的看法，在華人倫理生活中，添增外來的知識與思想元素。但是本書並不擬採取馮友蘭式「援西學入中學」的作法，因爲如此一來便沒有文化主體性可言。我們屬意的是港臺新儒家「以中學攝西學」的本土立場，以中華文化去涵攝與包容西方文化（胡偉希，2002）。這種涵攝與包容，仍舊有清晰的「體用」之分；「中體」吸納「外用」，不應倒置混淆。其最佳例證便是「從人生看宇宙」的哲學道路，亦即通過「解決人生問題」的應用哲學功能，在外來思想中尋求可行方案。中國古典儒道二家人生哲學的最大特色，便是無涉現今意義下的宗教信仰，它就是常民百姓的人生信念和生活態度。我們希望大力提倡的，正是自古典和外來思想中，找出一條「後科學、非宗教、安生死」的人生哲學途徑。

與眾不同的是，我們所肯定者，乃爲以古典道家生活美學爲核心的人生哲學，儒家所看重的德性倫理學在此作爲外圍思想，從而形成一套「儒陽道陰、儒顯道隱、儒表道裏」的實踐進路，其典型人格即是「知識分子生活家」。光做儒家型知識分子，會被太多憂患意識壓得透不過氣，有時並在要求禮數之下變得不近人情；光做道家型生活家，不免太過於閒雲野鶴，且置身現今社會，又會因爲無處遺世獨立而感到無奈。爲了讓儒道思想在我們身體力行之中相輔相成、推陳出新，可以派上用場的外來思想，包括有批判科技的後現代觀點、針對陽性「正義倫理學」（ethics of justice）不足而發的陰性「關懷倫理學」（ethics of care），以及在神聖宗教信仰以外的世俗人文自然主義。道家思想、後現代主義、關懷倫理學、人文自然主義等，皆屬主流以外的另類論述；它們不但凸顯了主流哲學的盲點，更足以作爲生命教育內涵的多元選項。

本書屬於人生哲學著作，我們的哲學立場即是「中國人文自然主義」。其中「人文自然主義」概念，雖然援引自西方哲學，但在此已被轉化爲融匯儒道二家思想的「華人應用哲學」。從西方觀點看儒道二家，即分別具有人文主義和自然主義的特質。但是儒家的「人文」思想並非像西方與基督宗教相對立，而是與「天文」相對照看人生；至於道家的「自然」觀也不似西方所指的物質宇宙自然世界，它其實反映的是一種「自然而然」的生活態度。因此我們所謂的「中國人文自然主義」，實指以古典儒道思想爲表裏的人生哲學；「古典」即指孔子、孟子、荀子、楊子、老子、莊子等人的本源思想，不涉及後世諸流派。在後現代精神的指引下，我們採取「以古託今、截斷眾流、推陳出新」的作法，可以有效建構一套有利於當前華人社會的中學生及大專生之生命教育哲學，而避免陷入哲學理論叢林中不知所終。

臺灣中學生大多學過孔孟思想，卻對荀子及楊朱、老莊思想感到陌生。這是因爲孔孟思想自西漢「罷百家獨尊儒術」以來即成爲主流顯學，相形之下，荀子和道家思想便不受當道重視。唐代雖一度擁道排佛，但屬於宗教團體之間的鬥爭，與學術思想關係不大。西方國家的中學生也面臨強而有力的主流價值，此即基督宗教文化的影響無所不在。如今雖有世俗人文主義與之抗衡，卻仍難以取而代之。不過基督宗教文化在華人世界並非主流，佛教文化才是無處不在。本書對宗教教義所採取的哲學立場，乃是「納入括弧，存而不論」；但這並非僅止於一種現象學方法的描述，更重要的是我們希望提倡一套「非宗教的」社會生活。這並非指個人沒有信仰或信念，而是建議人們盡量少涉足宗教團體。

綜合討論

我們主張「宗教爲團體活動，信仰屬個人抉擇」，詳細義理留待下兩章再行發揮。華人大多未皈依制度性宗教團體，卻不缺乏導引人生方向的思想，儒道二家在這方面其實扮演了極爲重要的角色。至於有些人經常拜神禮佛，只能視之爲民俗信仰，其中的人生理念並不能與儒道二家相提並論。對高中生及大專生講授生命教育，以哲學思想爲進路尚稱允當。只是在孔孟學說之外，多介紹一些非主流思想，相信更能引起學生的學習興趣。今日科技當道，推介一些具有科學性格的思想家，例如正視人性缺失的荀子，以及破除迷信僞學的東漢思想家王充（27—104）等，再把儒道融通後那種「自然無爲」、「無爲而無不爲」、「爲而不有」的清風明月人生境界傳達給年輕人，相信比起光談孔孟道德教訓或各種宗教教誨，要來得更能吸引學生注意。

「後科學、非宗教、安生死」的「中國人文自然主義」，是一套適合於後現代華人社會的應用哲學思想，它並不排斥科技，只希望善用科技。活在科技當道的今日，人們更應該學會如何「御物而不御於物」；像有些年輕人終日離不開電腦和手機，就需要生命教育教師振聾啓聵、諄諄善誘了。本科七大主題的前三項：宇宙、生命、人性，可分別經由物理學、生物學、心理學加以疏解。而三位劃時代的科學家哥白尼（Nicolas Copernicus, 1473-1543）、達爾文（Charles Robert Darwin, 1809-1882）和佛洛伊德（Sigmund Freud, 1856-1939），即各自通過上述三門科學的研究，先後破除了「人居於宇宙中心」、「人屬於萬物之靈」、「人是理性動物」等三大「人類中心主義」偏見。這些重大突破，可視爲科學理性打破人心迷障的不

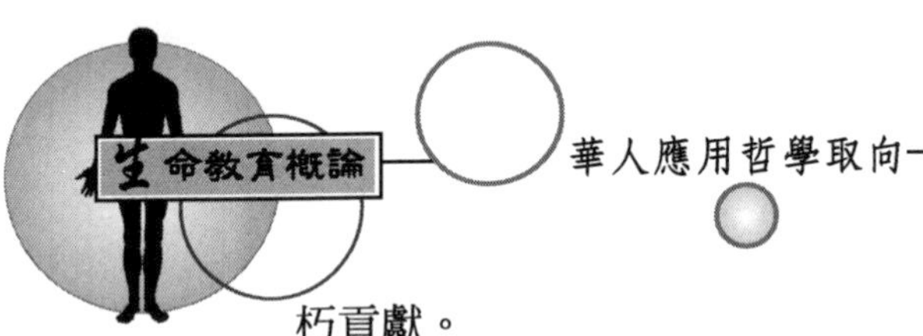

朽貢獻。

科學思想在人類文明的開創上做出了重大貢獻，卻又不免反映出自身的侷限性；像崇尚科學「無徵不信」的態度，其實是一種「實證主義」哲學偏見。西方最著名的實證主義者，乃是創立社會學的法國哲學家孔德（Auguste Comte, 1798-1857），他將思想發展分爲三個階段：神學虛構階段、形上學抽象階段，以及科學實證階段（劉放桐，2001）。這種描繪西方哲學的發展歷程，與本書的分判大致吻合。本書將西方哲學依文明演進，分爲前科學的、科學的、以及後科學的三階段；孔德屬於「科學的哲學」核心人物，這種崇尚科學的風氣，至二十世紀上半葉「邏輯實證主義」出現達到高峰。1960年代以後，「新科學哲學」對此一流風陸續展開批判，至八〇年代後現代主義興起，「後科學的哲學」終於走出了屬於自己的一片天。

「中國人文自然主義」的「後科學」立場，正是對西方後現代思潮下「後科學的哲學」的呼應。由於兩岸四地皆已通過「現代化」進程，全面推動科技發展，自然無法擺脫其所帶來的各種正負面影響，因此「華人應用哲學」必須標榜「後科學」的反思與批判精神。至於「中國人文自然主義」的古典儒道思想，則對本科七大主題的另外四項：倫理、藝術、宗教、社會，具有高度啓發作用。以倫理道德關係爲例，〈本科綱要〉指出「關係」涉及天、人、物、我四者，從而形成天人關係、物我關係、自我關係、以及人際關係；儒家談「天人合一」、「反身而誠」、「五倫」，道家講「齊物論」，在在可以讓生命教育教師充分發揮，不必擔心教學材料有所不足。

至於學生「認知藝術與人生的關係」之核心能力的培養，我們建議教師可以在引領學生從事藝術作品欣賞之餘，從藝術美走向生活美的境界，在中國思想中發掘審美的靈泉。大陸美學學者王建疆發現：

> 中國古代哲學思想的識別標幟和主要精華就在於其人生論和修養學。……建立在個人主觀內省、內覺、內照基礎上的修養功夫，蘊涵和造就了「內審美」這一獨特的審美現象，從而使得道德修養、人生境界直接與審美的內在精神世界相溝通，孕育了中國古人特殊的審美人生和藝術人生。（王建疆，2003：3）

我們認為這種生活美學倘若得以不斷提昇擴充，則對彌補宗教不足和改善社會亂象均有助益。華人大多沒有明顯宗教信仰，著名教育學家蔡元培（1868—1940）甚至提出「以美育代宗教」的呼籲（黃書光，2000），足見宗教問題在華人社會的多元風貌。以下兩章即探究此一現象。

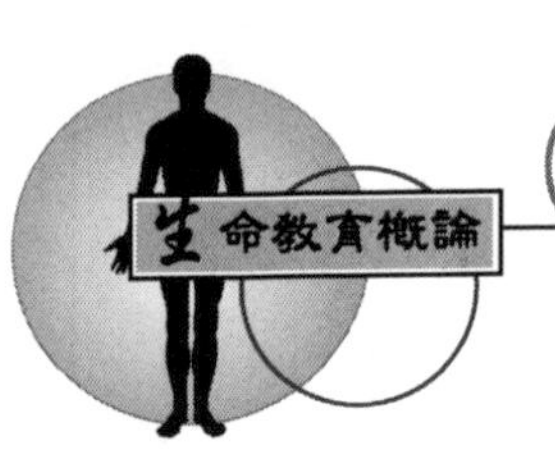

主體反思

1.請舉例說明西方和中國思想在「戡天御物」和「順天應人」兩方面的差別，並尋求可能的解釋。

2.哲學主張「合理懷疑」，宗教卻講究「深信不疑」，爲何社會大眾常把哲學與宗教混爲一談，或是列爲同一類事物？

3.1980年代初期，臺灣《中央日報》曾出現「創造論」跟「演化論」的重大爭議，請查閱文獻，尋訪事情的來龍去脈，並加以評論。

4.你聽說過「辯證法」沒有？中國共產黨即通過「唯物辯證法」的分析，決定走向「中國特色社會主義」的道路，請對此加以說明。

5.臺灣流行講「後現代主義」也有十幾年了，究竟你心目中的「後現代主義」爲何？請嘗試反思。

6.依你所見，「中體外用論」是「文化主體性」的彰顯，還是「文化本位主義」的蔓延？爲什麼？

心靈會客室

人生的哲學

「人生的哲學」之說在此有兩種意義：「人生」的哲學與「人生的」哲學；前者是針對人生問題所作的哲學思考，後者則是具有人情味的哲學表述。對我而言，三十多年哲學生涯不外解答前者的問題，二十多年教學生涯則不外追求後者的理想。這讓我回想起十八年以前，初次講授「人生哲學」一科的奇特體驗。

1986年空中大學正式開辦，頭一學期即開授「人生哲學」課程，我當時正在讀博士班，沒有正式職業，只能靠到處兼課打零工養家活口。空大授課除廣播電視教學外，尚需要為數眾多的面授教師，到各地學習指導中心去擔任一個月一次的面授工作，同時負責監考及閱卷。考試由主講教師出題，面授教師只管批改考卷和作業。那年為了多賺些鐘點費，我自願從臺北跑到臺南去面授。由於時間訂在週日上午，一共兩班四堂課，我每月有一個週末要搭客運車至臺南市，借住同學家。第二天起個大早，趁人家仍在熟睡之際，悄悄出門搭乘公車往成大，跟一群同我差不多年紀的三十出頭老學生，一道切磋「人生哲學」。除了打工謀生外，我的確是因為對這一科情有獨鍾，才會毅然南下授課的。

只是我的熱情在一次考試中幾乎消磨殆盡。那時空大除了期中、期末考之外，還有月考式的段考。學校剛剛開辦，考官大概怕學生一時不適應大學的開放式教

學，改以是非、選擇、填空、簡答命題，一律都有標準答案。如此一來，雖然沒有模稜兩可的情形，卻讓學生完全無從發揮。考卷發下後，我發現有一題是非題，只列出八個大字：「人不爲己，天誅地滅。」心想「人生哲學」果然活學活用，連生活常識都可入題。不料閱卷時見到標準答案爲「錯」，但是幾乎所有考生皆答「對」。到底是對是錯，一時連我自己都搞糊塗了。後來仔細一想，出題者的意思應該是希望大家不要自私自利，但是考生卻心想此乃再簡單不過的平常道理嘛！結果則是我違背做老師的職責，這題一律給分。

那天我心裏掙扎地搭車返回臺北，挫折感可想而知。眞正問題出在，人生哲學裏的疑難雜症，大多無法用是非二分的方式來解答，更不用提解決了。有了這番體驗，以後輪到我出考題時，都會讓學生海闊天空儘量發揮。然而也許是臺灣的學生自小被教導要追求標準答案，因此答起題來也不見得能夠揮灑自如。連我都尚且如此，何況學生？

參考文獻

尹宏毅（譯）（2001）。**《現代性——吉登斯訪談錄》**（A. Giddens 與C. Pierson合著）。北京：新華。

王建疆（2003）。**《修養·境界·審美——儒道釋修養美學解讀》**。北京：中國社會科學。

姜飛月（譯）（2003）。**《道德發展的理論》**（J. M. Rich與J. L. Devitis合著）。哈爾濱：黑龍江人民。

胡偉希（2002）。**《中國本土文化視野下的西方哲學》**。北京：首都師範大學。

韋政通（1977）。**《中國哲學辭典》**。臺北：大林。

傅偉勳（1994）。**《學問的生命與生命的學問》**。臺北：正中。

鈕則誠（2004a）。**《教育哲學——華人應用哲學取向》**。臺北：揚智。

鈕則誠（2004b）。**《醫學倫理學——華人應用哲學取向》**。臺北：華杏。

馮友蘭（1998）。**《中國哲學的精神——馮友蘭文選》**。北京：國際文化。

黃書光（2000）。**《中國教育哲學史（第四卷）》**。濟南：山東教育。

葉啓政（2001）。**《社會學和本土化》**。臺北：巨流。

劉　珩（譯）（2004）。**《美德的起源：人類本能與協作的進化》**（M. Ridley著）。北京：中央編譯。

劉放桐（2001）。〈實證主義〉。載於劉放桐主編，**《新編現代西方哲學》**，1－26。北京：人民。

閻　嘉（譯）（2003）。**《後現代的狀況——對文化變遷之緣起的探究》**（D. Harvey著）。北京：商務。

羅榮渠（2004）。**《現代化新論——世界與中國的現代化進程》**。北京：商務。

第四章　宗教與人生（一）——基礎課題

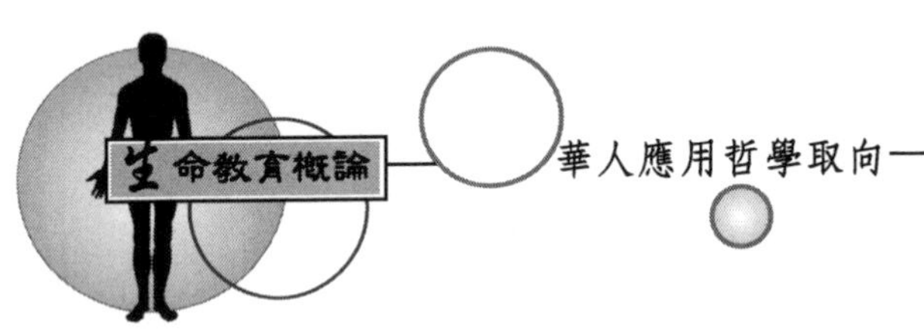

引 言

從常識的觀點看，宗教信仰一向勸人爲善，理當加以鼓勵提倡。但是光就臺灣和大陸兩地的華人社會而言，情況可能沒有那麼單純。大陸奉行社會主義，依無神論觀點，人民可以擁有選擇「不信教」的自由；臺灣雖然講究信仰自由，但是政府對於「宗教靈修」一事，仍然抱持審愼保守的態度。在中國歷史上，宗教信仰常與「怪、力、亂、神」糾纏不清，甚至介入政治紛爭，使得宗教議題的討論變得非常敏感。事實上，西方世界長久以來皆屬於政教合一，直到啓蒙運動促成社會革命，二者才得以分離。如今我們在臺灣推廣生命教育，宗教團體表現得相當積極。不過在地最大的社會問題之一，卻是層出不窮的宗教亂象。如何在宗教信仰與生命教育之間，保持良性的對話，是本書積極努力的方向。

像前兩章一樣，「宗教與人生」也是分作兩章來介紹；本章屬於「宗教學概論」，下章則爲「宗教概論」。「宗教學」以「宗教信仰」爲研究對象，可分爲科學研究與人文研究兩種取向或進路；前者考察宗教活動與現象，後者則涉入教義和信仰內容（鈕則誠，2004）。爲了讓讀者便於瞭解，並且使本書得以適用於各種有或沒有宗教信仰的人，我們採用一些簡易的分類，來介紹有關宗教的議題。例如將「宗教」和「信仰」分爲兩件事看待；前者屬於「團體活動」，後者則指向「個人抉擇」。畢竟「宗教」只是通稱，個人感興趣的乃是這種或那種宗教，擇一而信。再說同時信仰不同的宗教，也是不可思議的事情。但是當我們在介紹「宗教學」的時候，卻把「宗教信仰」當作同一件事來看待，這點在大家反思自己的信仰和試圖認識宗教時，不可不辨。

概念分析

「人爲何有宗教的需求？」〈綱要〉提綱挈領地提出了一套全方位的答案：

> 面對現實人生必死的事實及各種有限與困境，所興起的終極疑惑與關懷。……面對浩瀚的宇宙，森羅萬象的人生，所興起的探尋終極眞實的需求。（核心能力三，一，1-2、1-3）

這當中所言及的「終極關懷」與「終極眞實」，正是傅偉勳所指的生命最高層面，他並強調：

> 一旦肯認超世俗的宗教性或高度精神性之後，我們就……接受我們的人生爲一種高層次的課題、任務或使命，而後澈底轉化我們的人格氣質，重

> 新回到世俗之間，從事於種種具有人生意義的日常工作，創造眞善美等種種文化價值。（傅偉勳，1993：229）

這是哲學學者對於宗教具有指引人生功能的高度肯定，接下去人們很自然地要追問，那一種宗教具有指引人生的功能？

我們粗淺地認爲，只要是勸人爲善的宗教，都具有指引人生的功能。但是宗教屬於團體活動，世界上的宗教團體成千上萬，多少會有高下之分，究竟何者功能較爲豐富？〈綱要〉指出：

> 無論是西方有神論宗教或東方佛教皆肯定某種超越理性及經驗的神聖境界，……宗教信念所揭示之神聖境界的超越存在即個人與社會以外的宗教根源。（核心能力三，一，3-1、3-2）

這裏包括三大普世宗教系統：基督宗教、伊斯蘭教、佛教，其中又以基督宗教涵蓋全球五分之一人口最具影響力。事實上，印度的印度教與中國的道教同樣深入廣大群眾之間，但未遍布全球，便稱不上普世宗教。對華人社會影響最大的普世宗教無疑是佛教。佛教從印度傳入中國近兩千年，已經發展出一套恢弘的本土化次系統，亦即中國佛教；由此而生的佛家思想，且與儒道二家思想形成三足鼎立之勢。

許多人一提到「中國思想」即言「儒、道、佛三家」，但往深一層看，這三家仍有哲學與宗教之分。儒家一般多被視為哲學思想，除非經政府提倡，否則不會形成為儒教；道家與道教雖有一定的淵源，卻可以清楚地判成兩橛；至於佛家與佛教的關係，長期以來即十分密切。從歷史角度觀察，佛教即使再怎麼深入人心，也像基督宗教一樣是外來宗教，因為它們的核心概念皆非中土原本所有。就宗教指引人生的功能而論，佛教講「輪迴」，基督宗教講「永生」，都是以有關生前死後的種種說法，對人們現世生活產生潛移默化的影響。不過中土之上並非個個都是佛教徒或基督徒，可能有更多的人是根據儒家信念而生活。儒家講的「內聖外王」不必涉及生前死後，卻完全得以在現世實踐。

在華人社會裏，「宗教信仰」與「人生信念」可以是兩件事；尤有甚者，有信仰的人或許多半歸於道佛雜糅的「民俗信仰」。我們認為，宗教信仰、民俗信仰、人生信念三者並存的現象，才是華人社會信仰生活的眞實情況。這其中的區別在於，宗教既然屬於團體活動，信仰一種宗教的人就必須加入該宗教團體，此一過程稱為「皈依」，是判斷一個人有否宗教信仰的最明確標準。華人也許會燒香拜佛、供奉神明，但嚴格說來都算不上是有宗教信仰，倒是可以視為一種流行的民俗活動，這在臺灣隨處可見。至於既未皈依又不尊神的人，心中依然存在著一把尺，那便是源遠流長的儒家文化。眞正以儒家思想為人生信念的人，也許會想到留名青史，但活著的時候卻不太在乎生前死後之事。

「宗教」和「哲學」、「科學」等漢字語彙，同樣來自日本人的翻譯。拆開來看，「宗」指神廟，「教」是教育；宗教指向「以神道設教」，即與神道緊密相聯，而爲戒律所束縛（張春申，1992a）。宗教作爲一種團體活動，至少必須符合五個條件：教主、教義、經典、儀式、皈依。有些宗教歷史久遠，創立的教主或不可考，例如猶太教、印度教，但其他條件必不能少，尤其是通過儀式而皈依，表示願意接受戒律的束縛。佛教由於受到古印度婆羅門教的影響，由教士階級發展出教團，傳入中國後仍維持團體型態。後來本土道教的出現，有一部分原因即是爲了對抗外來佛教流行，因此也開始組織教團。講求團體活動的道教，自此與看重個人修養的道家清楚分化；而另外一種以個人修養加上維繫人際關係爲主的儒家，則始終沒有轉型爲宗教團體。

批判思考

宗教「以神道設教」，必須立宗設派，教化人民；神道的神聖境界，乃是超越個人與社會以外的宗教根源。西方文明長期以來即有「神聖」與「世俗」二分的看法，而中華文化的傳統下也有「超越」與「內在」的爭議。雖然當代新儒家學者眼見儒家式微，有意將儒家提倡爲儒教（牟宗三，1976）。不過儒家看重的畢竟是「內在的」心性，而非「超越的」天道；況且儒家禮儀雖多，卻無須皈依作爲入門條件。只要身體力行，則人人可以爲堯舜；在這方面主張人人具有佛性的佛教，倒是與儒家同調。就青年學生的生命教育而言，教師講授宗教與人生的關係時，不一定要鼓勵學生信教，卻應該指出信仰作爲修養工夫的意義。認眞選擇自己的信仰或信念，正是一種修身養性的歷程。

雖然本書區別了「宗教」與「信仰」的意義，但是我們的用意並非否定宗教的價値，而是想彰顯信仰的重要。信仰本身也有「正信」與「迷信」之分，〈綱要〉採用的兩個標準乃是宗教義理與信仰態度：

> 世界上的大宗教幾乎都主張人生的正道在於愛與慈悲。與此違背者大概非正信宗教。……宗教義理本身能有恰當與否之分，信仰某一特定宗教的態度也能有正信與迷信之別。例如信神拜佛只爲了獲得長壽健康或物質利益的態度；又如在「盡人事聽天命」上面，只想神佛保佑，卻沒有盡一己之努力等。（核心能力三，三，1-3、2-1）

這是很恰當的分辨之道，可以在現實生活中立刻得到印證。不過「盡人事聽天命」之說，乃是孔子所言，社會大眾若有此看法，表示儒家思想已經深入人心，我們同樣可以通過儒家本身的思想系統來移風易俗。

生命教育非常強調對生命價值的尊重，曾引來教育學者借用儒家觀點加以質疑：

> 把生命價值無限上綱的結果，會不會和我們社會傳統價值體系—儒家哲學—中「殺身成仁、捨生取義」的理念相抵觸？在儒家哲學也是這個社會主流價值觀的前提下，生命教育看重人生命的基本理念，看來似乎會和儒家體系的某些堅持產生內部的衝突，我們在「生命教育」中需不需要處理這樣的衝突？或是放手不管？（但昭偉，2001：121－122）

雖然提倡生命教育的哲學學者認為，這是無的放矢或基於假想的「稻草人論證」，而未予以正面回應（孫效智，2002）。但是我們卻覺得，儒家思想以及整個中華文化的問題，必須納入生命教育當中慎重考量；無論是倫理教育、生死教育或宗教教育取向，都應該立足於中華文化的基礎上，方能真正落實生根。

本書的一貫立場乃是：堅持中華文化的「主體性」，以此去吸納外來思想，包括科學、哲學與宗教；「中體外用論」正是此一堅持的方法學綱領。通過「中體外用論」去融匯外來的科技與哲理，尚不致構成太大問題。但是面對宗教不能談統合，只能尋求友善的對話。身處後現代華人社會，我們主張即使不能談宗教融通，也可以嘗試重新建構宗教學，以形成一套本土化的宗教論述。事實上，研究本土民俗信仰的宗教學者鄭志明，即反對用西方的宗教學觀點來看待本土信仰，他的本土化宗教論述強調：

> 宗教的「現世性」是伴隨著「神聖性」與「靈驗性」而來，宗教與社會一直是相互妥協，彼此合利共生，進而「合緣共振」，各取所需。（鄭志明，1999：67－68）

這無疑是相當符合華人社會宗教現象的宗教學觀點。

採用本土宗教學觀點來反思宗教與人生的關係，進而推廣生命教育，可說是與〈綱要〉的主流觀點相輔相成的作法。「宗教學」原本是十九世紀德國學者繆勒（Friedrich Max Müller, 1832-1930）所創立的一門學科，研究對象是以基督宗教的模式為典型。如今我們從人文觀點去建構儒家模式的本土宗教學，或許可以得到新的啓發。像新儒家便通過「判教」的理論工作，將儒家列於基督宗教與佛教之上。

> 判教對儒學言，具有文化形象和文化角色再造之功，它證明了儒家學說的永恆意義和價值，增強了當代儒者的自信。（顏炳罡，1998：376）

本土宗教學發現了儒家的現世性與宗教性雙重特質，並不意味要把儒家轉化為西方神人二元的信仰，而是要把「宗教」概念擴充至足以納入中國天人一體的信念（鄭志明，1998a）。

意義詮釋

本書有意通過「中體外用論」來建構具有「後科學、非宗教、安生死」特質、以「中國人文自然主義」思想為核心的「華人應用哲學」，進而推廣「華人生命教育」，因此對中國古典思想提倡較力。尤其在「宗教與人生」關係的討論上，我們希望引介基督宗教與佛教以外的本土宗教思想，作為〈綱要〉所反映出來的主流觀點之另類平行論述。道教以及自此衍生的民俗信仰，已非西方觀點的宗教學所能全面把握，若要再納入儒家與道家思想的「宗教性」之考察，勢必要建構本土宗教學方得為功。就本土宗教學而論，我們並非新儒家的信徒，勉強可說是其外圍同道。我們眞正的目的是援道入儒，以開創「儒陽道陰、儒顯道隱、儒表道裏」的「後現代儒道家」，並以「知識分子生活家」作為生命教育所追求的理想人格。

對於一個「知識分子生活家」而言，宗教信仰是人生的充分條件，而非必要條件；信教固然是好，不信依然可以頂天立地。漢民族幾千年來靠著儒家或道家思想支撐活到現在，生命內涵照樣充實豐富。這是中華文化的特色，也是臺灣在地生命教育的立足點。〈綱要〉說得好：

> 人的身心機能都在成住壞空的過程中而有其極限，唯有靈性的成長，可以突破身心的藩籬，超越生死的束縛，其境界是無限的，此無限境界之嚮往與追求可以說即是吾人存在之宗教向度。此一向度不但通於各大宗教的核心教義與信念，也是宗教教化與宗教修持之根本所依。（核心能力三，四，1-3）

融匯儒道二家的生活型態可以擺脫宗教團體與活動的形式化要求，卻無損於其核心思想對人類靈性的啓蒙。揚棄形式後的宗教性內涵，或許更值得我們契入。

普通高中「生命教育類」選修課程中，進階七科除了「哲學與人生」及「道德思考與抉擇」兩門的基礎學科屬於哲學外，其餘五門皆具有跨學科背景。像「宗教與人生」需要通過宗教學的考察，而宗教學即是一門科際學科。源自西方的宗教學分爲科學探究與人文探究兩種取向；科學探究主要涉及心理學、社會學、人類學等行爲社會科學進路，人文探究則涵蓋文學、史學、哲學、藝術等人文科學進路。本書主張以人生哲學作爲生命教育的中心思想，次第向外擴散，因此在爲討論宗教與人生關係先行介紹的宗教學概論中，我們將偏重「宗教哲學」的討論。「宗教哲學」必須與「宗教的哲學」有所區別；前者對各式宗教與信仰進行哲學思考，後者則是立基於某一特定宗教系統的哲學論述（鈕則誠，2004）。

西方哲學的核心科目有三：形上學、知識學、倫理學；宗教形上學與終極關懷問題相互呼應，宗教知識學希望確認宗教體驗是否足以爲信仰提供論據，宗教倫理學則嘗試瞭解人世間善惡的本性與根源爲何。在此三者中，宗教倫理學屬於宗教形上學與宗教知識學辯證發展的結果，也是溝通「宗教哲學」與「宗教的哲學」之橋樑。宗教信仰多少是一種倫理抉擇，因爲在現實生活中，人們體驗到的總是苦多樂少、惡多善少；一旦苦難與罪惡揮之不去，就形成投身或拒斥宗教的選擇。由於西方宗教信仰的對象是超越的造物主，人生的種種努力都在成全上主的美善，人永遠不可能成爲神。對照地看，東方的佛教或儒道二家，其理想人格如諸佛、聖賢、至人等，大多屬於內在的自我成全。相形之下，東方思想的宗教或宗教性境界，似乎易於企及且順乎人情。

我們在此無意比較東西方哲學或宗教的高下，只是希望教師或讀者瞭解，生命教育多元開展的可能。尊重多元是後現代思潮的特色；「後現代」與其說是一種編年時序的分判，不如視爲一份時代精神的表徵。身處二十一世紀，有些國家地區已經通過高度工業化、現代化而進入後現代，有些還在大幅現代化發展中，有的則仍處於前現代急起直追。臺灣社會民主開放，經貿繁榮，已有資格進入後現代之林。後現代教育在哲學家費若本（Paul Feyerabend, 1922-1994）以及羅蒂（Richard Rorty）等人的激勵下，對西方式的研究方法和知識傳統，都採取了具有顛覆性的觀點與作法（楊洲松，2000）。生命教育在臺灣屬於新興教育政策，沒有傳統包袱，大可放手海闊天空發揮一番。

綜合討論

西方宗教學強調信仰對象的超越性，〈綱要〉指出：

> 超越性的存在很難完全證明，但宗教仍應在可能範圍內說明其信念之合理性與價值性。至於自然科學或社會科學在面對宗教信念眞確性問題時，亦應保持「知之爲知之，不知爲不知」之態度，方合乎眞正的科學精神。（核心能力三，一，3-2）

宗教學者張春申對此有所闡述：

> 一個「科學主義」暨「理性主義」的宇宙觀，亦即信仰理性與科學萬能，絕對有能證實一切，將對於所有宗教，一概視爲迷信。其實它自己也成

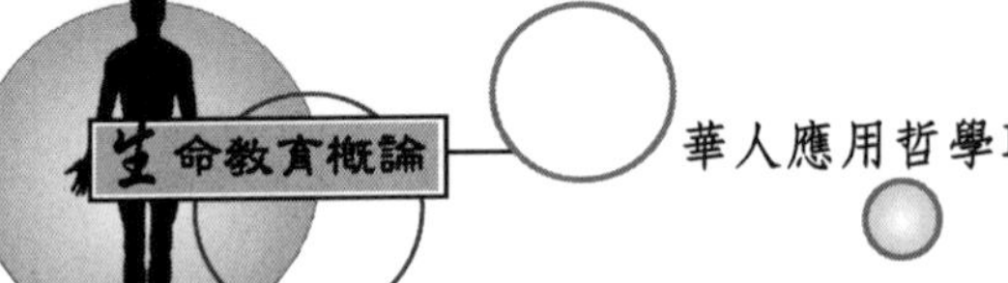

了迷信，……迷信結果不斷推出冒牌宗教或宗教替身。（張春申，1992b：231）

這是西方文明自近代以後，宗教與科學持續五百年的緊張關係之反映，甚至發生在宗教學內部的科學研究中。

宗教學的科學研究爲了標榜科學知識的客觀性，乃以「描述性的」研究去框架「規範性的」議題；亦即用「實然」來表示「應然」，以「事實認定」來窄化「價值判斷」。這是西方「戡天御物」思想的延伸，與中國「順天應人」思想大異其趣。雖然近年社會科學已經將量化研究擴充至質性研究，借用了許多哲學研究方法，例如詮釋學、現象學等等，但是如此一來便成爲人文研究而非科學研究了。我們所認同的本土宗教學，乃是一種後科學的人文研究之「局部知識」，立足於「中體外用論」，適用於以漢民族爲主的華人社會，不必要放諸四海皆準。世界上縱使有普世宗教在流傳，但是基於信仰以及不信仰的自由，宗教研究的「劃地自限」並不爲過。

哲學屬於人文學科，當我們把西方哲學和印度哲學本土化以後，再從古典儒道二家爲核心價值的中國哲學出發，去對這些本土化的外來思想加以善用，即構成「中體外用論」的典型。而對於西方宗教學的本土化，並非把西方宗教本土化，這既不可能也沒有必要。轉化宗教學的方式乃是重新建構其內涵，像以教主、教義、經典、儀式、皈依等五條件來界定宗教，或許仍適用於道教，但並無法涵蓋儒家與道家。二家都沒有「皈依」的要求，亦即無須「加入教團」；儒家的團體活動只屬於禮尚往來，道家甚至根本擺脫禮教的束縛。把儒道二家視爲宗教其實是多此一舉，建構本土宗教學的目的，乃是爲了考察民俗信仰，連帶反思儒道二家可能蘊涵的「宗教感」(religiosity)。

臺灣的民俗信仰相當有人情味，人格崇高的凡人一旦做出了不起的善德義行，就有可能被後人崇拜而入廟，成爲天神地祇之屬。臺灣人民信仰的神祇包括聖哲英烈、佛門聖尊、自然庶物、通俗信仰、鄉土神祇和無祀鬼厲等類別（仇德哉，1980）。本土宗教學者鄭志明對此有簡潔的分析：

> 民間信仰與一般宗教不同的地方在於沒有成型的教義系統，其操作體系背後的理論基礎就是「神話」。所謂神話就是以一套語言系統來表達神人交感的特殊思維模式，建構了族群的價值意識與因襲模式，支配了民間集體的思想與行爲，形成了一定的民俗心理與生存規範。（鄭志明，1998b：5）

所以是民俗信仰而非宗教信仰，反映出臺灣的生命力。臺灣的生命教育若要介紹「宗教與人生」課題，決不能忽視民俗信仰普及流行背後的意義。

除了民俗信仰之外，本土宗教學還有一項需要正視的在地課題，那便是以佛教為號召的新興宗教現象。臺灣的新興佛教以禪修活動為其共有特色，究其背後原因，鄭志明也作出一針見血的評論：

> 禪修型的新興佛教在發展上有不少相同現象，顯示出這些宗教團體的興盛，絕不是偶然性質的隨機發生，而是有著社會意義的潛存結構，長期地蘊釀與發酵而成的產物。這些團體大多有強烈的社會取向，把禪修當成市場產品大力的推銷與經營，展現出適應社會需求的世俗性格。（鄭志明，1998c：2－3）

事實上，臺灣當前的正統佛教，甚至於基督宗教的發展，都有朝向世俗化轉型的趨勢。佛教界的「人間佛教」思想，以及基督教的「向前神學」思想，都是這種趨勢下的產物（江燦騰，1997）。生命教育如何解讀和因應這股趨勢，留待下章再行討論。

主體反思

1.宗教屬於團體活動，信仰則是個人抉擇，你的個人抉擇是什麼？又是如何作成如此的抉擇？

2.有學者認爲，華人社會大多數人還是靠著儒家思想的指引在生活，你是否同意這種說法？並舉實例加以印證或反對。

3.西方宗教學認定一門宗教的條件，至少包括五項：教主、教義、經典、儀式、皈依，請舉實例說明之。

4.有學者認爲，「本土化」最好解釋成彰顯「主體性」。本書強調中華文化的「主體性」，你對此有何評論？

5.我們主張生命教育的理想人格乃是「知識分子生活家」，宗教信仰爲其充分但非必要條件，你是否同意？

6.「宗教哲學」與「宗教的哲學」有何差別？請查閱文獻舉例說明。

心靈會客室

修行在個人

哥哥嫂嫂興沖沖地從美國打電話給我，說他們在僑居地參加了一種由臺灣傳過去的心靈成長團體活動，三天兩夜的修身養性，花了大把銀子，還是覺得不虛此行。他們勸我在臺灣一定要參加由這個機構所舉辦的活動，保證身心都會得到大幅成長。兄嫂平時忙於生意，得閒則外出旅遊，很少看見他們對「生命」修養之事如此熱衷。大概他們認為我這個念哲學的弟弟，更適合接觸這方面的事物，便充滿熱情地向我分享他們的體驗和喜悅。接到如此遙遠的召喚，我好奇地打開電腦，上網查詢他們所介紹的成長團體，居然發現許多曾經參加活動的人士所作的見證，幾乎一致認定獲益良多。這使我想起以前讀過一冊談論「禪七」心得的小書，靈修倘若果眞如此有效，生命教育何不借力使力，順水推舟？

老實說，以我這種自了漢的作風，加上哲學懷疑性格，對於團體活動一向興趣缺缺。太過清明的自覺反省習性，使我面對被別人帶領從事的體驗活動，總會感到渾身不自在。我雖然當了二十一年的老師，卻從來不做柔性輔導或情意體驗。「說理」為我所專，「抒情」則絕非我所長；好在我教的是大專學生，要是去教中小學生就慘了。記得有一回我應邀到國中朝會上演講，三千學子坐在太陽底下聽我大談哲學義理，玄之又玄恐怕更是火上加油，苦不堪言。此後我對這種苦差事一概敬謝不敏。前幾天有一所國小的主任打電話來邀請我去演

心靈會客室

講，我第一句話就是問她：對象是老師還是學生、是用國語還是用閩南語講。如果不問清楚，去到現場一定賓主難歡。

託生命教育的福，過去七年我在北中南東各地，起碼做過百場以上演講，主要對象是進修教師和成年學生，反應還算差強人意。我喜歡滔滔不絕，別人以爲我好爲人師，其實我是害怕沉默。除非有人發問，否則我一定講個不停。口才變好了，人際關係卻始終疏離，我想這對自己的邊緣人性格也非壞事。反正我通過言詮說理去提點聽眾，修行與否就看個人。近年我認爲眞正重要的，是對自己所進行的生命教育，包括經歷過一圈三十年的知識大旅行以後，我重新回到哲學園地，然後準備朝向本土文化去作另一回生命大探索。中華文化對我而言，意味著一種生命的學問。我靠古聖先賢的書本文字引進門，能夠修行幾分其實不重要。重要的是，我知道自己又要起步上路去尋幽訪勝了。

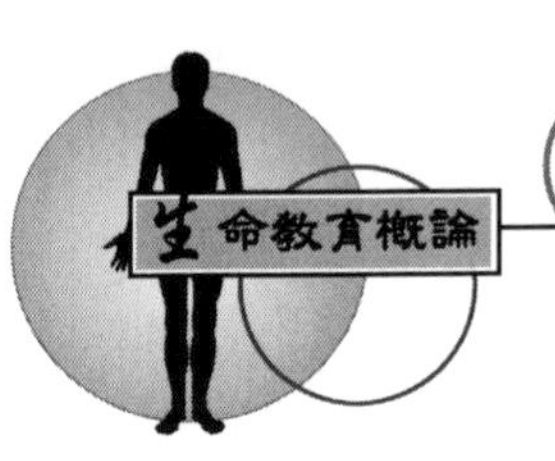

參考文獻

仇德哉（1980）。**《臺灣廟神傳》**。雲林：信通。

江燦騰（1997）。**《臺灣當代佛教》**。臺北：南天。

牟宗三（1976）。**《中國哲學的特質》**。臺北：學生。

但昭偉（2001）。〈「生命教育」的生命〉。**《教育資料集刊》，26**，113－130。臺北：國立教育資料館。

孫效智（2002）。〈生命教育之困境與推動策略〉。載於靈鷲山般若文教基金會主編，**《「社會變遷與生命教育」學術研討會論文集》**，45－60。臺北：靈鷲山般若文教基金會。

張春申（1992a）。〈宗教概論〉。載於房志榮主編，**《宗教與人生（上冊）》**，3－59。臺北：空中大學。

張春申（1992b）。〈宗教信仰的自由與迷信〉。載於房志榮主編，**《宗教與人生（上冊）》**，223－242。臺北：空中大學。

傅偉勳（1993）。**《死亡的尊嚴與生命的尊嚴——從臨終精神醫學到現代生死學》**。臺北：正中。

鈕則誠（2004）。**《生命教育——倫理與科學》**。臺北：揚智。

楊洲松（2000）。**《後現代知識論與教育》**。臺北：師大書苑。

鄭志明（1998a）。**《儒學的現世性與宗教性》**。嘉義：南華管理學院。

鄭志明（1998b）。**《神明的由來——臺灣篇》**。嘉義：南華管理學院。

鄭志明（1998c）。**《臺灣新興佛教——禪教篇》**。嘉義：南華管理學院。

鄭志明（1999）。**《臺灣新興宗教現象——傳統信仰篇》**。嘉義：南華管理學院。

顏炳罡（1998）。**《當代新儒學引論》**。北京：北京圖書館。

第五章　宗教與人生（二）——進階課題

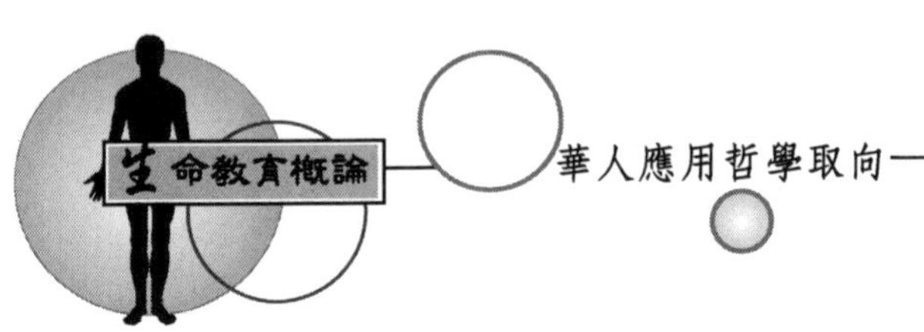

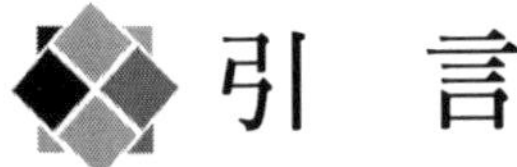

引　言

〈本科綱要〉草案開宗明義揭示其目標爲：

> 宗教之所以爲宗教，而不同於其他的學科領域，是因爲其扣緊了宇宙生命的終極關懷，以及人心、人性的淨化與提昇。無論古今中外，宗教都是人類文化與個人生命中不可或缺的要素，因此，宗教文化若是在教育中缺席，是教育的損失與不足。

這段文字顯示，以終極關懷爲核心的宗教文化，是生命教育必須認眞思考與實踐的課題。「終極關懷」概念是由德國神學家田立克（Paul Tillich, 1886-1965）所創，根據張春申的考察：

> 有些問題……超出個別而問全體，超出時間而問時間之前與時間之後，稱之爲終極問題。……當終極問題存在性地出現時，便有終極關懷。切身的牽涉，焦慮的尋找，這便是終極關懷。（張春申，1992：10－12）

人生問題面對三重反思：我從那裏來？我往那裏去？活在當下如何安身立命、自我實現？後者屬於人生哲學議題，前兩者涉及生前死後之種種，大多交給宗教信仰去解決（鈕則誠，2001）。我們曾經做過簡單分辨：宗教歸於團體活動，信仰則是個人抉擇；臺灣在地宗教團體不勝枚舉，但是構成明顯信仰人口的則有基督宗教、佛教與道教三大系統，後者且包括民俗信仰在內。本書屬概論性質，將「宗教與人生」課題分爲兩章介紹，前章爲「宗教學概論」，本章則是「宗教概論」，以臺灣流行的三大宗教系統爲主，並將儒家與道家思想的「宗教性」列爲對照參考。我們的作法是：「立足在地，放眼本土；多元並陳，各取所需」。「信仰自由」是我們在引介各種宗教系統時銘記在心的重要理念。

概念分析

我們的立場是「華人應用哲學」，由此去看待各種宗教系統，以下先從基督宗教談起。基督宗教的核心概念至少有四：創造、啓示、三一、救贖，其關係可簡述爲：「上主以其大德大能創造萬物，此一奧蹟通過天啓傳抵人間；上主並派其子耶穌來到人間宣揚福音，並以上主的話語凝聚人心，形成教團；上帝、耶穌，以及代行聖言的教團乃屬三位一體，人們在其中受到靈動，經由信、望、愛走向救贖之路。」基督宗教屬於一神信仰，人生在世即背負原罪，需要經由信仰獲得救贖。對於哲學所關注的宇宙

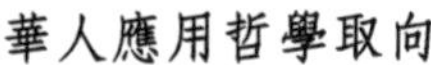

與人生議題，皆可在信仰中得到圓滿的解答。宇宙歸因於創造，人生落實於信仰，由此形成一套完整的神學體系。科學的終點是哲學的起點，哲學的終點是神學的起點，天人地三才的關係從而得到安頓。

基督宗教將天人關係與靈肉關係皆予二分；佛教也講靈肉二分，但是人卻可以通過修持成爲佛。靈肉二分是指把靈魂與肉體分開看待。基督徒死後肉身入土，靈魂則回返天國，永存於上主身邊；佛教也視肉身爲臭皮囊，靈魂神識卻可以經由業力流轉的過程，輪迴投胎至下一世再續前緣。如此因緣流轉的說法，使人生在世必須瞻前顧後，不得擅自妄爲，以免受到業報之苦。這種人生觀頗具警世作用，但也並非沒有可議之處。有人覺得基督宗教講「信耶穌得永生」，可以正面「趨善」；而佛教雖然也講「善惡報應」，卻多走向負面「避惡」。西方人希望上天堂，東方人卻害怕下地獄，其中的教化意義値得深究。中國在佛教傳入以前，看重的是人心良知系統，無向外馳求之誤；其後卻受業力擺布，不能不說是一種生命的「坎陷」。

「善惡報應」的說法並非佛教首創，事實上，隨著原始人類的靈魂觀念形成和發展，報應之說便已產生，且在全球各地出現（劉道超，1992）。佛教的特點是繼承古印度的輪迴觀，把業力流轉融入善惡報應之說，讓人不敢或忘。道教的報應說則來自本身所繼承的道家式天人關係，認爲人也是道的一種存在形式，而在天的宰制下，表現而爲「善惡賞罰」（鄭志明，2000）。中國古典儒道二家思想所考量的人生，都只限於一生一世，連後來道教談報應也落在此生此世，這些都是合乎人情的「現世主義」。直到由印度傳入輪迴觀，人們才有前世與來世的問題。輪迴觀雖然也可見於埃及人和希臘人的思想中（吳村山，1997），但是成爲華人人生觀的一部分，則屬佛教傳入的結果。而在臺灣道佛雜糅的民俗信仰中，也找得到它的蹤影。

全球大約有五分之一人口信奉基督宗教，但是同樣占五分之一人口的華人社會大多數人卻不信教。因此我們很有理由說，宗教信仰是華人生活的充分條件，但非必要條件；意思是信教固然好，不信也不差。馮友蘭曾說：

> 宗教也和人生有關係。每種大宗教的核心都有一種哲學。事實上，每種大宗教就是一種哲學加上一定的上層建築，包括迷信、教條、儀式和組織。這就是我所說的宗教。

他並引述美國漢學家布德（Derk Bodde, 1909-2003）的話說：

> 中國人不以宗教觀念和宗教活動爲生活中最重要、最迷人的部分。……中國文化的精神基礎是倫理（特別是儒家倫理）不是宗教（至少不是正

> 規的、有組織的那一類宗教)。(馮友蘭，2003：2－3)

由此可見中華文化的「非宗教性」。

表現出中華文化非宗教性的最佳例證，便是儒家倫理道德觀，鄭志明引孟子的話作出明白的闡述：

> 儒家的道德本心是盡心知性以知天，也就是要存其心養其性來所以事天，故其道德本心是來自人文的自覺，而非宗教的啓示，所謂「可欲之謂善，有諸己之謂信，充實之謂美，充實而有光輝之謂大，大而化之之謂聖，聖而不可知之謂神」(《孟子・盡心》下)純粹是由心德的擴充所展現的人格世界，而非靠外在的宗教力量來掌握人類的運命。(鄭志明，2000：384)

儒家用「全身」回報祖先，道家用「全生」安於命運，他們都是現世主義者。英國漢學家葛瑞漢（Angus Graham, 1919-1991）更認爲，在佛教傳入中國以前，「苦」的概念並未受到中國思想家重視（張海晏，2003)。換言之，中國古典思想乃是非宗教性的樂天知命取向。這對生命教育極具參考價值。

批判思考

生命教育的作用何在？〈計畫〉的「前言」指出：

> 整個教育目標，不該只是幫助青少年獲得學業成績或於將來找到一份工作，尤其二十一世紀是一個更爲尊重生命與人文的世紀，每個青少年需要在成長的過程中，學得人我生命共同體的意識，不但擁有專業知識，更能悅納自我、關心家庭、熱愛他人、尊重生命與大自然。故而，生命教育的推動已是時代所需，彌補現行教育之不足。

而〈本科綱要〉草案所列「宗教與人生」課程的宗旨：

> 在於補充全人教育中人文教育的宗教面向，……以培養學生對各個不同宗教有客觀而包容性的認識與理解，進而開展其思維的廣度與深度，在其面對生命中的各種情境與問題時，有更爲寬廣的人生視野。

宗教議題在培養全人的生命教育中，乃是人文教育的一環，可以用更爲「人文」的觀點去契入。

西方的人文主義反對利用獨斷的權威混淆意義或確立眞理，而教會正是一向致力於確定、闡釋並推行正統思想的團體。此外人文主義倫理學堅持反對有神論，並主張當下實現生活本身的價值，以及人生的夢想和願望（徐愛華，1997）。以此觀之，西方人文主義在某些方面是與基督宗教極端對立的。但是中國人文主義絕非如此。「人文」一辭在儒家思想中，是與「天文」參照看待。《易經》講「觀乎天文，以察時變；觀乎人文，以化成天下」；所謂「人文化成」，就是要憑藉人自身的能力，制作一套文化設計（包括禮樂、倫理等），以教化世人，使其能達到文化所要求的目標（韋政通，1977）。這種「人自身的能力」，指的便是個人「生命」賴以「頂天立地」的良知良能。

生命教育指引學生如何頂天立地，此般爲學與做人的工夫，在哲學學者葉海煙看來乃是：

> 圓滿人倫、挺立主體（人作爲一具德、成德並且能全其德的主體），並不斷回溯價值之源，以實現「善」（Good）的理想，實乃儒家大肆揭櫫其成德成人之教的核心課題。（葉海煙，2002：36）

通過良知良能，儒家式人文教育：

> 把外在的規範約束解說爲人的內存的心理需求，並提升爲生活的自覺理念，從而將那些被宗教神祕化的事物化作人之常情，極大地提升了個人人格，提高了人之爲人的主動性、獨立性和社會及

歷史責任感。（周立升、顏炳罡等，2002：357）

凡此種種，無不說明以中國人文主義爲精神的人文教育，具有相當程度的「非宗教性」。以良知良能爲宗教辯護，可能有所不足。

事實上，搬出「良知」的作用來爲宗教辯護，正是〈本科綱要〉的說明：

> 無神論者認爲，即使我們不借助上帝或神祇，而只用自然主義的方式來解釋宗教，也足以說明許多宗教經驗。……宗教思想家對無神論及自然主義觀點的批評：社會學與心理分析的宗教理論，無法解釋良知在道德上的實踐能力，以及其在社會中的淨化作用。（核心能力二，四，1-1、1-2）

社會學和心理學都屬於社會科學，科學無法解釋良知的作用，並不意味如此一來便足以讓宗教立足。西方宗教學想證成（justify）宗教體驗，並不見得具有信仰上的意義。信仰就是信仰，是人心抉擇的產物；況且信的並非「宗教」，而是這個教或那個教。我們認爲信者恆信、不信者恆不信，正是後現代多元社會的盛景，沒有什麼好擔心的。

値得擔心的倒是〈本科綱要〉所提出的擬似宗教（quasi-religion）或僞宗教（pseudo-religion）現象，這可說是田立克的先知卓見。他把極端的政治狂熱團體、盲目

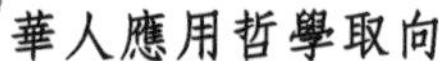

的個人崇拜，以及偏執的意識型態，都歸之於擬似宗教或僞宗教。這點對臺灣此起彼落、層出不窮的各種新興宗教現象，多少提供了一些警示作用。「新興宗教」乃相對於「傳統宗教」而言，「新興」的判準有三：時間或年代上的新、空間或地理上的新、意義或內容上的新，而這一切都涉及到文化內涵的價值判斷問題（鄭志明，1996）。臺灣可說是華人社會中，新興宗教現象最旺盛的地區。然而無論是新興宗教，還是傳統宗教或民間宗教，都免不了出現〈本科綱要〉所言的世俗化、商品化、功利傾向與個人崇拜的弊病，這點在生命教育論及宗教時不可不識。

意義詮釋

在生命教育課程中介紹「宗教與人生」，重點不必放在信仰與否，而是如〈本科綱要〉所說的，去認識與理解宗教的人文關懷與各種向度。「向度」在此乃指：

> 宗教所蘊涵之各個不同的義理內涵與面向，以及吾人在面對宗教時所採取各個不同的理解面向與詮釋進路……。（核心能力五，一，備註）

宗教向度主要包括哲學、社會、心理、文學、藝術等向度。尤其是文學與藝術向度，是我們希望大力提倡的課題，也就是把學生對宗教實踐的關注焦點，從科學之眞、倫理之善，轉向人文之美。平心而論，用哲學、心理學、社會學等知識學問去契入宗教，對年輕人而言是很沉重的事情。生命教育在此不妨大幅傾向情意教育，用文學與藝術作品讓學生逐漸親近宗教事物，從而產生內心感動，這樣說不定更容易體現各種宗教的眞諦。

兩岸四地寺院廟宇林立，加上歷史久遠的古蹟文物，這些都是極其珍貴的宗教文化遺產。即使是沒有明確宗教信仰的人，有時候也會被這些景象勾起內心的「宗教感」。此種「宗教感」也就是人們常說的「靈性」或「精神性」，〈本科綱要〉點出：

> 唯有靈性的成長空間，可以突破身心的藩籬，超越生死的束縛，其境界的開展甚至可說是無限的，這就是吾人存在主體的「宗教向度」，換言之，也就是吾人生命在宗教面向的內涵與潛能。此一向度不但是共通於各大宗教的核心教義與信念，也是宗教教化與宗教修持之根本及所依。（核心能力七，二，1-1）

我們相信，靈性的激發不是因爲被說服，而是被感動。也就是當一個人感受到「生命」的「同體大悲」意義時，信仰的種子於焉萌生。

臺灣生命教育的源頭乃是宗教教育，而後轉化爲倫理教育，再擴充爲生命教育。當它從一所教會中學脫穎而出，成爲官方推動、各級學校普遍參與的政策性活動，雖然不免會陷入「上有政策，下有對策」的知行不一窘境，但卻在另一方面形成社會性的關注。教育學者林思伶分析了它的前景：

> 在民間，生命教育由於其內涵的複雜與對人性關懷的本質，也鼓勵了宗教界包括天主教、基督教、佛教界中關心教育的同道的參與。……種種現象與努力，實都說明了生命教育的推動極有可能成爲一場全民生活品質與社會價值重建運動。(林思伶，2001：206)

我們對此要指出的是，除了宗教界以外，哲學界甚至整個人文社會科學界，都有許多關心生命教育的同道。他們也許發出不一樣的聲音，但是這些聲音無論如何都値得主事者正視並加以參考。

像精研道家的當代新儒家哲學家王邦雄，便主張將宗教信仰轉化爲道德修養。他舉出儒道二家思想，以作爲主流生命教育的另類進路：

> 天道既超越又內在，所以生命的重心，由超越的天道迴向內在的心性。天人問題轉爲心物問題，不是人如何得到天道的庇佑救難，而是心如何主導物欲形氣的德行涵養，宗教信仰化爲道德修養。儒家肯定人皆可爲堯舜，道家肯定人籟之眞

> 就是天籟，……這一由內在而超越的生命進路，就是通過「克己復禮」、「致虛守靜」……的修養工夫，重心已由信仰，轉爲修養。……宗教信仰的眞諦，就在開發德性，與養成德行，而不是等待上帝或佛陀來救贖保佑。（王邦雄，1999：110－111）

這種說法正呼應了本書所倡議的，以古典儒道二家思想爲基礎的「中國人生哲學」，在「中體外用論」方法學指引下，發展出「後科學、非宗教、安生死」的「中國人文自然主義」之「華人應用哲學」，以作爲「華人生命教育」的進路（鈕則誠，2004）。

平心而論，作爲在地教育政策一環的生命教育，於高中職與大專院校之中當做正式課程來講授，若要引介宗教與人生關係的課題時，臺灣社會裏瀰漫的功利信仰現象，必須加以釐清。〈本科綱要〉對於宗教的分類，根據教義內涵分爲啓示的、覺悟的與現實的等三種宗教觀，並指出民間宗教較偏向現實功利的宗教觀。但是根據宗教學者宋光宇（1995）的研究，臺灣民間宗教蓬勃發展，乃是臺灣經濟發展的結果。經濟發展雖然讓民間宗教沾染上功利色彩，卻也改變了傳統宗教的面貌。他並舉出佛教團體「慈濟功德會」，是調和與接納中華文化的最佳例證。

 綜合討論

〈本科綱要〉列出宗教的精神有四：終極關懷、終極眞實、終極目標、終極承諾。「終極」二字雖然來自英文“ultimate”的翻譯，但是王邦雄卻爲它賦予了更貼近中華文化、更具有本土人情的精義：

> 各大教各有它的教義，各有它的哲學，宗教哲學探討的是宇宙人生的終極原理。「極」是最高的原理，「終」是最後的眞實。落在人生的體會來說，「極」是最高理想，「終」是最後的眞情。……儒家的修養，說理想在內聖外王，……儒家內聖修的是德行，儒家外王管的是福報，德行是人格修養，福報是人文化成。人文化成已走向文化、教育與學術的廣大領域，這三者的統貫，就是儒家的人文教與良知教。（王邦雄，1999：109）

我們認同儒家，但更欣賞道家；在此宣揚儒家的「宗教性」精神，其實是希望成全落實「儒陽道陰、儒顯道隱、儒表道裏」的「後現代儒道家」所追求「知識分子生活家」之理想。

太強調儒家，會背負過多憂患意識而終日惶惶；太

偏向道家，會逐漸步向閒雲野鶴而不知所終。唯有儒道二家融會貫通成為「後現代儒道家」，方足以形成「知識分子生活家」的典型人格。為了正本清源、推陳出新，本書以古託今、截斷眾流，只推薦周代古典儒家的孔子、孟子、荀子，以及古典道家的楊子、老子、莊子，外加漢代大力破除迷信的王充等七人的思想，作為生命教育在中華文化上的啓蒙之活水源頭。「知識分子生活家」不一定信教，但絕不排斥宗教，並且擁有自己的信仰體驗。對於本身信念或信仰以外的宗教信仰，我們建議至少應當保持一定的「同情地瞭解」，其方法則來自「對話」。

宗教團體複雜多樣、眾說紛紜，無法相互融合，只能彼此對話。在推動生命教育的脈絡裏進行宗教對話，必須重新建構宗教的本質，以作為對話的基礎。對此大陸哲學學者趙敦華提出一套思路：

> 首先，把宗教本質定位於一種基本的人生觀和生活態度。……其次，宗教這種基本人生觀或人生態度不同於其他種類人生觀的特殊之處在於，它以某種神祕的世界觀為背景。……再次，宗教人生觀和世界觀的統一體現了神聖價值和世俗價值的結合。……最後，神聖價值和世俗價值的結合需要的文化載體既是歷史的經驗，又是超越的精神。（趙敦華，1997：167－168）

臺灣生命教育裏宗教對話的文化載體，乃是漢民族的中華文化，由此出發去尋求與各種本土及外來宗教系統對話的可能。

宗教對話並非一蹴可幾，而是虛心領教。當代西班牙神學家潘尼卡（Raimon Panikkar）提出了對話的五種態度以及五個模型：五種態度——排外論、包容論、平行論、互相滲透、多元論；五個模型——地理學模型、物理學模型、幾何學模型、人類學模型、神祕主義模型（王志成、思竹，2001）。這些態度與模型沒有孰優孰劣之分，只有如何善用之別。而在對話之中，以「開放的心胸」進行「同情地瞭解」，乃是不可或缺的基本修養。倘若彼此各持己見，不懂得傾聽領會，則對話就變得毫無意義可言了。然而對他人信仰的瞭解，多少需要一些宗教體驗。〈本科綱要〉要求教師能夠向學生介紹與分析宗教的社會與心理向度，包括對宗教現象的詮釋、宗教儀式與社會功能的認識，以及宗教靈修生活的考察等。這些有關宗教的科學性探究，或許可以作爲展開宗教對話的第一步。

〈本科綱要〉草案的結論寫道：

> 作爲通識教育的宗教教育，其主旨不在教導高中學生如何選擇某一特定的宗教信仰，而是在引導學生認識到宗教信仰的普世價值與重要性，並且能瞭解世界各大宗教傳統的內涵與精神，……以及探索各大宗教傳統對於人生所面臨的各種根本問題……的回應與啓發。

此一說法大致不差，但是我們還是要在連續介紹兩章「宗教與人生」課題的結尾，再次強調兩件事：華人社會素有宗教信仰、民俗信仰、人生信念鼎足而三之勢，融匯儒道二家思想的人生信念，足以跟各種宗教信仰以及道佛雜糅的民俗信仰平起平坐；宗教信仰在華人文化與生活中，乃是充分條件而非必要條件。我們同樣會把這種提倡多元、善用外學的精神，在以後的章節中不斷發揚光大。

主體反思

1.基督宗教講上主便是「道路、眞理、生命」，並且提倡「信、望、愛」，你對此有何感應？

2.佛教主張「三世因果，六道輪迴」，生命教育不但涉及此生此世，還關係到生生世世，你對此有何認識？

3.過去有學者主張用道德教育或美感教育來取代宗教教育，你認爲行得通嗎？在華人社會是否眞的需要宗教教育？

4.「人文教育」跟西方的「人文主義」有何淵源？其與宗教教育相容抑或不容？

5.舉例說明「擬似宗教」和「僞宗教」，並對臺灣流行的「新興宗教」現象加以評論。

6.宗教信仰可以轉化成爲人生觀，但是人生觀的形成不必然要靠宗教信仰，反思你的人生觀形成的心路歷程。

心靈會客室

宗教體驗之種種

我是個沒有多少慧根的人，宗教體驗對我而言不免貧乏，而且大多屬於外緣流轉，沒有深入其中，也就談不上假諦眞諦了。幾天前我偶然經過兒時居住過的巷弄，看見滾滾紅塵中的教堂一隅，竟又勾起了塵封四十年的記憶。就在我讀小學高年級時期，巷口教堂發放的餅乾和牛奶吸引住我的興趣，也把我帶入一種讀經、唱詩和禱告的團體活動。上初中後搬了家，我還是會不時往其他教堂跑，因爲在那兒可以認識許多同年齡的朋友。念高中和大學時，我甚至主動報名加入學校的團契，繼續維持我的屬靈生活，但我從頭到尾都未曾領洗歸主。大一暑假隨同班上幾名同學興沖沖地跑去參加五天四夜的「夏令會」，感動得差點走上信主的行列，卻在最後一刻被自己的哲學思辨打住。

上了大學眼界漸開，世俗樂趣淡化了神聖追求，基督教邊緣人的角色終於告一段落。但是因爲念的是天主教大學哲學系，而且從大學部到博士班，一念就是十年，多少會跟神學打交道。這回是學理上的交流，我寫過研讀《舊約聖經．約伯書》的報告，教授給我極高的分數，還主動拿到神學刊物上去登載，讓我覺得與有榮焉。雖然我的博士論文有三分之一篇幅屬於宗教性對話的內容，但是我作爲天主教邊緣人的角色，卻也隨著踏出校門的腳步而漸行漸遠。拿到學位後正式擔任教職，頭五年浮沉於成家立業的生活安頓，四十歲那年遇見一

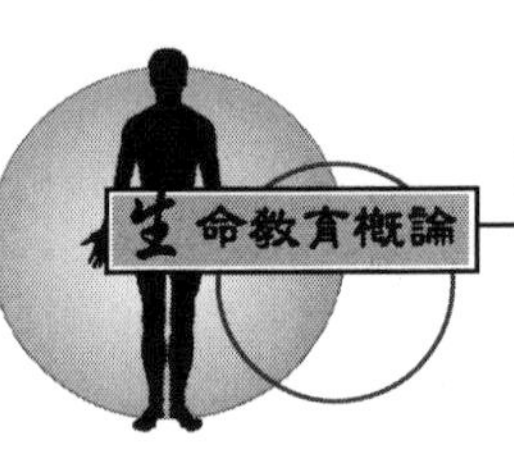

位學長，展開了往後參與佛教團體興辦高等教育的行列，前後接觸過兩所佛教大學，皆因理念不同調而打了退堂鼓，但這回我卻因緣俱足皈依了佛教。

我皈依受戒跟服務學校的因緣尚淺，倒是親送高齡老父往生成爲直接緣起。八年前暑假我接獲邀請赴美參加研討會並發表論文，竟然湊巧趕上爲僑居美國的老父送終。父親與民國同庚，半生戎馬，五十三歲退伍轉入民間文職，六十八歲退休旅美與子孫同住，至八十五歲往生可謂壽終正寢。他老人家在抗戰期間曾一度蔚爲大江南北的傳奇人物，甚至成爲當年報紙連載小說的主角，原因是他在首都保衛戰時不及撤出，乃遁入空門化身爲僧，避居八月後伺機逃出，虎口餘生躲過一劫。化身出家和親見南京大屠殺，使得父親後來不斷親近佛法，並立志爲佛祖作傳。老父的志願在生前便已達成，我卻始終覺得人生中有份願望未曾實現，皈依受戒的目的應該就是還願罷！

參考文獻

王志成、思　竹（譯）（2001）。**《宗教內對話》**（R. Panikkar著）。北京：宗教文化。

王邦雄（1999）。〈信仰與人生〉。載於李遠哲等著，**《享受生命——生命的教育》**，103－117。臺北：聯經。

吳村山（譯）（1997）。**《輪迴與轉生——死後世界的探究》**（石上玄一郎著）。臺北：東大。

宋光宇（1995）。**《宗教與社會》**。臺北：東大。

周立升、顏炳罡等（2002）。**《儒家文化與當代社會》**。濟南：山東大學。

林思伶（2001）。〈生命教育的理念與做法〉。載於彰化師範大學通識教育中心、共同學科主編，**《臺灣地區國中生生死教育教學研討會論文資料暨大會手冊》**，198－214。彰化：彰化師範大學。

韋政通（1977）。**《中國哲學辭典》**。臺北：大林。

徐愛華（譯）（1997）。〈世俗人道主義與Eupraxophy〉（P. Kurtz著）。載於杜麗燕等譯，**《人道主義問題》**，409－432。北京：東方。

張春申（1992）。〈宗教概論〉。載於房志榮主編，**《宗教與人生（上冊）》**，3－59。臺北：空中大學。

張海晏（譯）（2003）。**《論道者——中國古代哲學論辯》**（A. C. Graham著）。北京：中國社會科學。

鈕則誠（2001）。〈生死學的檢討與展望〉。載於鈕則誠、趙可式、胡文郁合著，**《生死學》**，227－239。臺北：空中大學。

鈕則誠（2004）。**《教育哲學——華人應用哲學取向》**。臺北：揚智。

馮友蘭（2003）。**《中國哲學簡史》**。北京：北京大學。

葉海煙（2002）。**《中國哲學的倫理觀》**。臺北：五南。

趙敦華（1997）。〈神聖價值與世俗價值相結合的人生觀——從宗教學研究角度談宗教本質〉。載於張志剛、斯圖爾德主編，**《東西方宗教倫理及其他——第三屆中美哲學與宗教學研討會論文集》**，163－176。北京：中央編譯。

劉道超（1992）。**《中國善惡報應習俗》**。臺北：文津。

鄭志明（1996）。**《臺灣當代新興宗教（卷之一）》**。臺北：靈鷲山般若文教基金會國際佛學研究中心。

鄭志明（2000）。**《以人體為媒介的道教》**。嘉義：南華大學。

第六章　生死關懷（一）
——基礎課題

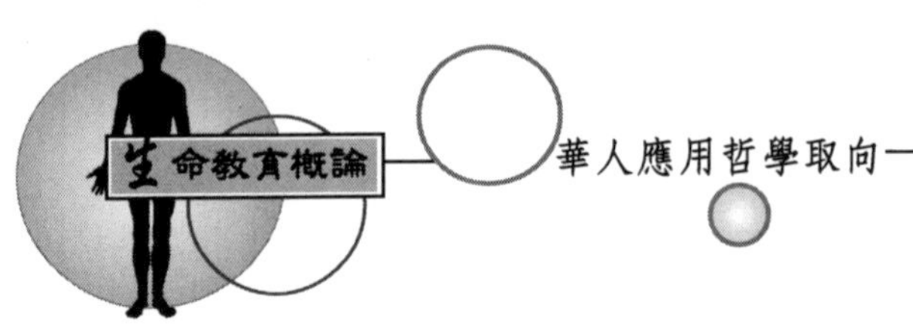

引　言

「生死關懷」屬於「生死教育取向的生命教育」。一如「宗教與人生」屬於「宗教教育取向的生命教育」，是以「宗教學」作爲知識基礎，「生死關懷」的基礎知識乃是「生死學」。宗教學是1873年所創立的西方學問，用於華人社會尙需通過本土化過程；至於「生死學」則爲臺灣在地產物，它的西方學問根源乃是創立於1903年的「死亡學」。「生死學」之說緣起於傅偉勳（1993）寫作的心路歷程，他在得知自己罹患癌症之後，發心寫一部談生論死的著作，下筆之初想到的還是「死亡學」，行文論及「世界宗教與死亡超克」時，領悟到生死一線牽，便很自然地提出「生死學」的概念。至於「生死教育」一說，則是楊國樞（1993）在爲該書作序時，順勢信手拈來的新詞。

「生死教育」在臺灣出現於1993年，其前身「死亡教育」早在1979年即被引進（黃松元，1993），至於「生命教育」的推動則晚至1997年才開始。生死教育的源頭是死亡教育，與生命教育係由宗教教育、倫理教育逐漸轉化而來的情況不盡相同。當生命教育於1998年在臺灣省正式起跑時，高雄市也同步推出生死教育，兩組人馬原本無甚交集，課程內容也有很大落差。後來高雄市政府改組，生死教育被束之高閣；而精省後的生命教育，也曾經歷經一段消沉時期。直到心理學者曾志朗當上教育部長，編列大筆預算以推動生命教育，把北高兩市一併納入，終於確定生死教育被生命教育收編的命運。平心而論，「生死」二字涵蓋「生命」與「死亡」，二者無所偏廢，更適於作為具體教育政策來推動。無奈華人社會一向諱言「死亡」，遂讓「生命教育」後來居上，成為正統的主流論述。如今在生命教育中引介「生死關懷」課題，便是透過這種背景加以呈現。

概念分析

若說生死教育與生命教育一開始完全沒有交集也不盡公平。事實上，省政府教育廳所推廣的中學生命教育，六年十二期教學單元中，原本即有「生死尊嚴」單元，列在高二下學期實施（陳英豪，2001）。而高雄市政府教育局所出版的國小、國中、高中職三種生命教育手冊內，皆一致強調「『死亡教育』毋寧說是『生死教育』、『生命教育』。」這似乎顯示生死教育對生命教育的認同，但生命教育推動者並不全然有相同想法：

> 生命教育應該正視死亡課題，以及由之而生的對生死意義的探問。然而，生命教育除了生死議題外，還應該關懷生死兩點之間的「安身立命」。

依此，生命教育不該只是生死教育，還應涵蓋整個人生價值觀的建立。（孫效智，2000：7）

不但哲學學者認爲生死教育的觀點有窄化之嫌，連教育學者也不贊成在生命教育中納入太多死亡議題：

推廣生命教育的學者專家們特別強調死亡教育，認爲透過對死亡的瞭解和認識，可以來幫助我們對生命意義及價值的掌握。在生命教育的進行上，我對這樣的建議沒有太強烈的反對。但假如這樣的東西在學校當中推行，我就會有些微詞。在學校中（尤其是國中小）推行死亡教育是件可值得爭議的事。（但昭偉，2001：119）

好在眼前我們是在討論高中以上的生命教育，將「生死關懷」單獨列爲一門選修科目，料想不會招致太多反對意見。依本書寫作慣例，本章屬於「生死學概論」，下章則進入專論部分。生死學發展至今僅有十一年歷史，學術典範尚未確立，我們乃秉持「華人應用哲學」觀點對其加以闡述。

簡言之，生死學是一門「由死論生」的學問；孔子言：「未知生，焉知死」，生死學則講「未知死，焉知生」。〈綱要〉在論及生死議題時，一開始便指出：

從自然的消長變化到人己親疏的死亡無常，引導學生瞭解死亡在生命中的意涵。（核心能力四，

一，1）

但卻提醒教師：

> 不宜過度強調死亡的美好，以免引起學生不當的嚮往。幫助學生體會必須愼活、善生，並且愼終，才能善終。（核心能力四，一，2-1）

接下去介紹的主題，則集中在臨終關懷與悲傷輔導兩方面。就當前的情勢看，臨終關懷與悲傷輔導的確是生死學的核心議題，但是我們認爲，生死教育本身，以及料理身後之事的殯葬管理，同樣是反映生死關懷的教育和社會實踐。因此在引介生死學知識時，將對上述四項議題作出全方位的討論。

美國有一種頗受歡迎的死亡學教科書，名爲《死亡與臨終，生命與生活》，在其2003年第四版之中，可以很清楚地看出全書「由死論生」的基調。死亡學的三大核心概念乃是死亡、臨終與哀慟，這些都圍繞在死亡前後而發。但是死亡過程在整個人生中畢竟只是一瞬間的事，它的作用是爲生命劃上句點；人生走向終點之前，其實有很長的路要走。死亡學的目的，是把與死亡相關的議題當成每個人生活的一部分，希望人們懂得居安思危、未雨綢繆的道理，以避免陷入亡羊補牢的失措與痛苦。這種西方式的死亡教育，主要扣緊死亡議題深入討論，與臺灣原本所推動的、議題極爲正向光明的生命教育，的確有些格格不入。具有生死教育性質的「生死關懷」，以「關懷」爲橋樑，多少可以聯繫死亡教育與生命教育之間的鴻溝。

「生死關懷」列爲生命教育選修科目，其所涵蓋的面向較爲寬廣；然而當其納入「生命教育概論」，成爲一項核心能力時，就只能點到爲止地介紹臨終關懷與悲傷輔導。我們在此把生死教育和殯葬管理的議題平行提出，一方面是想在內容上顯示「善終」的重要，一方面也希望提醒讀者注意形式上的「專業」之存在。「善終」的基本要求是讓一個人「有尊嚴地自然死」，理想上當然是「無疾而終，壽終正寢」。無奈當今醫藥科技雖不足以治癒所有病人，卻有能力讓臨終病人苟延殘喘，結果不但當事人「活受罪」，周遭親友也一併身陷其中，無能爲力。專業化的臨終關懷與悲傷輔導，均出現在二十世紀下半葉，大致反映出生命受到科技擺布的窘境；後面會介紹到「生命與科技倫理」，對此將有更深入的分析。

批判思考

「生死關懷」一開始即探討死亡和生命的關係，而〈綱要〉所推薦的進路，乃是他人的「接近死亡經驗」，亦即「瀕死體驗」。有關此類體驗的學理探討，稱之爲「還陽學」，是研究有些人經歷「死去活來」的過程。「瀕死」

與「臨終」的意義不盡相同；就時間而言，說一個人「臨終」可能長達半年，「瀕死」卻指死前那一刻。還陽學所發現最有意義的一件事情，便是當事人所經歷的「回顧一生」階段。〈綱要〉希望教師能引導學生，掌握此一階段中「*所揭示的行善觀念與愛的重要性*」。雖然瀕死體驗可遇不可求，但是在臺灣有公益團體大力引介這方面的事物（依品凡，2003），也有碩士生以此爲題進行研究（涂秀妮，1997），可以參考的資料應該不致匱乏。

「臨終關懷」一辭是大陸醫學界對“hospice ”的中譯，早在1988年即已開始使用，至今範圍已擴充包括：一種特殊的緩和療護服務項目、一門新興交叉學科，以及一種緩和療護機構和組成形式等三方面的意義（孟憲武，2002）。而在臺灣，與大陸醫學界素有聯繫的心理學者黃天中（1988），也於同年出版了一冊專書，可視爲理論上開其端。不過臺灣的醫療實務界對此另有流行用語，從早期的「安寧照顧」、「安寧療護」、「安寧緩和醫療」到「安寧與緩和療護」，不一而足，港澳地區的用法則是「寧養服務」或「善終服務」。兩岸四地華人社會雖然用語有所出入，但是目的卻頗爲一致，都希望臨終病人能夠少受不必要的折磨，有尊嚴地平安離世。它目前在臺灣是相當專業的醫護服務，不但成立了專業學會，且有醫院爲此設立專科。

「專業服務」的意思，是從業人員必須取得專業證照方能提供服務。臺灣對臨終關懷的正式用語爲「安寧緩和醫療」，出現在同名法案「安寧緩和醫療條例」中，但是另外一種與「生死關懷」相關的法案「殯葬管理條例」，則明白使用「臨終關懷」與「悲傷輔導」二辭。這些生死攸關的服務，所涉及的專業人員主要包括醫師、護理師、心理師、社會工作師等。其中要擔任「悲傷輔導」的心理師，還規定必須具有碩士以上學位才得報考，足見其要求水準甚高。不過我們在此一方面尊重專業地位，一方面也建議將臨終關懷與悲傷輔導的意義加以放大擴充，使其得以爲全民所用，而非僅有少數專業人員始能介入。畢竟臨終病人和悲傷經驗經常出現在人們週遭，侷限於專業化要求，反而窒礙了爲親友送終的人間至愛傳播流行（鈕則誠，2000）。

臨終關懷的出現是現代醫藥科技發達，人生得以苟延殘喘卻顯得無可奈何的結果。同樣的情況，悲傷輔導也是現代人因爲彼此疏離，而需要專業人員來協助克服情緒變化的無奈產物。相形之下，以前的人們似乎對死亡接受的程度較高，也比較能夠在家人親友協助下安撫情緒。說他們是樂天知命也好，聽天由命也罷，前人總是顯得易於度過難關。而二十世紀以後的人們，卻不幸生活在一個「否認死亡」的時代（鈕則誠，2004）。一旦死亡上門，便感到手足無措、難以適應。以悲傷處理爲例，這本來是一種正常的情緒，可以在家人親友的關懷中化解，但是需要一段時間；像古人爲父母守喪，一守就是三年。偏偏現代人缺少的正是時間。如今親人喪事盡可能在三週內辦完，悲傷既難化解，其他親友又無閒暇，當然只有請教專家了。

料理後事的時代背景也是如此。1970年代以前，臺灣社會主要還處於農業時代，家中有人去世，喪禮多由長輩指導，加上鄰居協助張羅，幾乎完全是鄉里成員的互惠活動，回饋則是一頓飯外加一條毛巾。其後逐漸進入工商業時代，鄉間人口大量移居城市，一旦在異地過世，難以自行料理，以此爲業的葬儀社便應運而生（徐福全，2001）。經過了三十多年的發展，如今在臺灣的殯葬服務也像醫療護理、輔導諮商一樣，逐漸走上專業化的途徑，政府規劃中的「禮儀師」證照考試，正是此一趨勢下的改革目標。總而言之，與「生死關懷」相關的服務性活動，包括臨終關懷、悲傷輔導、殯葬管理等，都已呈現出專業化的面貌。甚至於連高中「生命教育類」八門選修科目，無不要求合格教師再修習相關學分，取得該科認證後方能任教，這也意味生死教育或生命教育已步向專業化。

意義詮釋

頒布於2001年的〈計畫〉，在「未來趨勢預測」一節中，預測「生命教育必將成爲學校教育的重心」，其指示

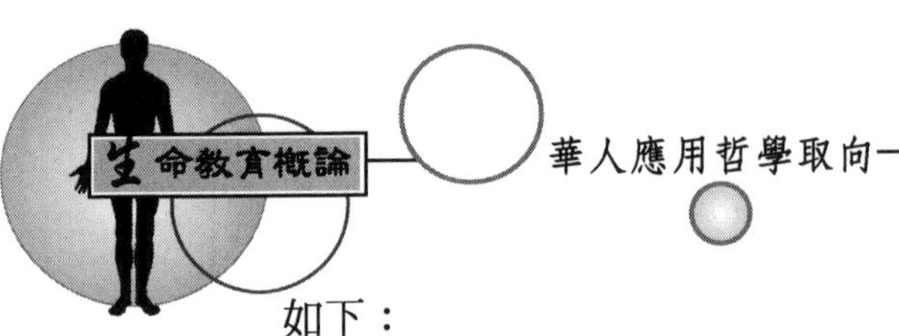

如下：

> 傳統學校教育偏重知識的傳授，忽視人之所以爲人的道理，而攸關生命的本質，生命的意義，生命的價值與生命的目標等均未加深思熟慮。故各級學校，自國小、國中、高中、高職，乃至大專校院必將生命教育作爲學校教育重心，方能培養自尊尊人之國民。

而在「十年展望」一節中，則強調：

> 生命教育將成爲全民終身學習的核心課題，使全國人民的內心，進行……美好的轉變。

轉變之一即包括「會思考生死問題，並探討人生終極關懷的課題」。相信正是這些原則性的論述，促成了三年後〈課程綱要〉的具體規劃，「生死關懷」從而必須放在生命教育的脈絡裏來發揮，始能產生事半功倍的效果。

臺灣的生死教育相當類似於西方的死亡教育，表面上「由死論生」，實際上卻「多談死少論生」。這對中年以上的人士，可能有較切身的豐富意義；但是對十五歲至二十出頭的高中職及大專生而言，我們認爲多談「生」或許更爲務實。尤其像墮胎這類問題，放在「生死關懷」中討論亦無不可。不過目前它是納入「生命與科技倫理」來談，我們在此就暫時不予處理。回到「生死關懷」的基礎知識上面來，「生死學」究竟是一門什麼樣的學科，值得我們進一步探討。有意思的是，在地的生死學創始人傅偉勳（1996），於其去世前最後一篇論文中，嘗試將「生死學」由「死亡學」擴充至「生命學」，通過對於「生、愛、死」的反思，嘗試建構思維高階段的「生死學三部曲」。

傅偉勳表示：

> 依我「生死學三部曲」的構想，廣義的生死學應該包括以下三項。第一項是面對人類共同命運的死亡挑戰，表現愛之關懷的（我在此刻所要強調的）「共同死亡學」（thanatology of shared destiny）……。第二項是環繞著死後生命或死後世界奧秘探索的種種進路……。第三項是以「愛」的表現貫穿「生」與「死」的生死學探索，即從「死亡學」（亦即狹義的生死學）轉到「生命學」，面對死的挑戰，重新肯定每一單獨實存的生命尊嚴與價值意義，而以「愛」的教育幫助每一單獨實存建立健全有益的生死觀與生死智慧。（傅偉勳，1996：125－126）

此處所提到的「生命學」進路，幾乎與生命教育同調了，而本書所倡議以融匯古典儒道二家思想爲核心的「華人生命教育」，也反映在傅偉勳的構想中。

他一生的學問總結是：

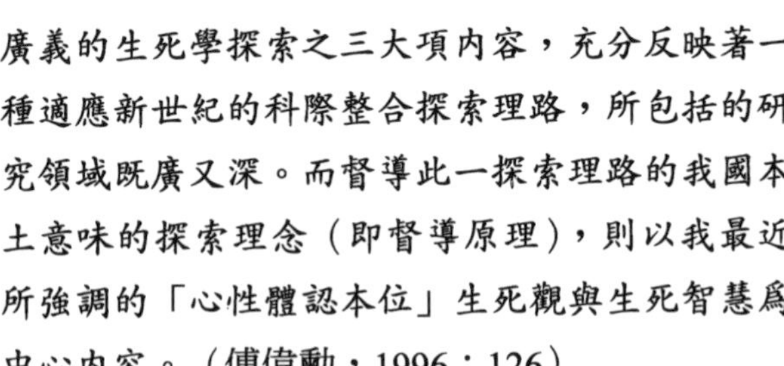

> 廣義的生死學探索之三大項內容，充分反映著一種適應新世紀的科際整合探索理路，所包括的研究領域既廣又深。而督導此一探索理路的我國本土意味的探索理念（即督導原理），則以我最近所強調的「心性體認本位」生死觀與生死智慧爲中心內容。（傅偉勳，1996：126）

他曾認眞考慮過以下的問題：

> 心性體認本位的儒道二家生死觀，與生死問題的超越性宗教探索之間，有否交流溝通或銜接互補的可能，又如何交流溝通或銜接互補……。（傅偉勳，1993：173）

我們認爲這層顧慮是充分而非必要的，一如本書的一貫觀點，華人社會乃呈現宗教信仰、民俗信仰、人生信念鼎足而三的局面；沒有超越性的宗教探索，並不一定會影響華人對生死問題的安頓。事實上，古典儒道二家思想正是「心性體認本位」的人生信念之典型。

傅偉勳其實對儒道二家思想的精神深有瞭解：

> 儒家與道家對於傳統中國人的思想模式與生死態度，各別所留下的影響都一樣深遠。儒家倡導世俗世間的人倫道德，道家強調世界一切的自然無爲，兩者對於有關（創世、天啓、彼岸、鬼神，死後生命或靈魂之類）超自然或超越性的宗教問

題無甚興趣，頂多存而不論而已。……佛教除外的中國思想文化傳統，並不具有強烈的宗教超越性這個事實，在儒道二家的生死觀有其格外明顯的反映。（傅偉勳，1993：156）

這段引文充分說明了一點，那便是中國傳統思想的儒道佛三家，除了外來的佛家具有宗教超越性以外，古典儒道二家皆對此存而不論。中華文化具有五千年歷史，西土佛教傳入是東漢魏晉以後的事情，不會超過兩千年。由此可見，有沒有宗教信仰，對華人而言並無關緊要；以前如此，至今猶然，不足為怪。

綜合討論

認眞地說，本書屬於「華人應用哲學取向的生命教育」，我們以此涵蓋倫理教育、生死教育、宗教教育等三種生命教育取向。本章與下章介紹的是生死教育取向的「生死關懷」課題，其基礎課題正是生死學。「華人應用哲學」是以古典儒道二家思想為核心的中國人生哲學之後現代轉化結果，生死學創始人傅偉勳對儒道二家有所析論：

儒道二家的生死觀，基本上硬心腸的哲理性強過於軟心腸的宗教性，這當然不等於說，它們不具

有宗教性。不過它們的宗教性本質上是高度精神性，而不是彼岸性或超越的宗教性。（傅偉勳，1993：173）

傅偉勳爲佛家學者，對佛教情有獨鍾理所當然。本書推崇「後現代儒道家」，提倡「知識分子生活家」的生命教育典型人格；這並非硬心腸的刻板人物，而是剛柔並濟的哲理藝術家。

「生死學」概念在臺灣問世至今已有十一年，如果不拿它跟西方的死亡學劃上等號，就多少屬於在地的局部知識，且尚未走上本土化途徑。在地局部知識最大好處，便是不受任何學術典範限制，任何人都可以發心建構；只要言之成理，即有可能成一家之言。除傅偉勳的原創之作外，以「生死學」爲名的相關著作，最早出現於1999年，標題爲《理論生死學》，出自具有工科背景的經濟學者陶在樸之手。這是一部以系統科學和死亡經濟學爲主軸的科學專書，對生死學奠定了嚴謹的自然科學知識基礎。但是其他著作大多偏向人文社會科學論述，主要作爲入門教科書之用（余德慧，2003；呂應鐘，2001；林綺雲，2000；曾煥棠，2000，2004；鈕則誠，2003；鈕則誠、趙可式、胡文郁，2000；劉作揖，2003；尉遲淦，2000）；學術論著則有曾煥棠（2003）的生死教育實證研究專書。

建構生死學成爲一門在地新興學科，除了撰寫論文和出版書籍，還有透過教研機構與學術團體等組織的推動。最早由傅偉勳初步構思的南華管理學院「生死學研究所」，於其逝世後近一年的1997年8月，在校長龔鵬程主導下正式成立。該所後來轉型爲南華大學「生死學系」，已連續四年舉辦「現代生死學理論建構學術研討會」。而當龔鵬程於2000年8月轉任佛光人文社會學院校長，又同時成立了「生命學研究所」。另外一所相關的教研機構，則是創立於2002年8月的臺北護理學院「生死教育與輔導研究所」。至於學術團體，目前只有成立於1999年9月的「中華生死學會」；該會積極將臺灣在地生死學擴充爲華人本土生死學，已兩次組團赴大陸舉辦研討會以推廣理念。作爲「生死關懷」基礎知識的生死學，目前可謂情勢一片大好，但是否果眞「叫好又叫座」，值得進一步考察。

生死學有一種讓人「即好奇又怕受傷害」的魅力，在極短期間內蔚爲顯學，連前任教育部長曾志朗都認爲生死學是生命教育的重要議題。但也因此產生「光環效果」，令許多人不明就裡，出現類似生命教育的各自表述多元盛景。嚴格地說，生死學一如宗教學，屬於由基本學科統整而成的「科際學科」，大陸上稱爲「交叉學科」。但是我們認爲生死學最好的類比乃是教育學和管理學，因爲它們都涉及相當廣泛的專業實務面向。像教育學爲師資培育的根本，管理學是企管專業學位“M.B.A.”的基礎，生死學則涵蓋前述死亡教育、臨終關懷、悲傷輔導、殯葬管理等專業。問題是當教育學和管理學都有其特定的核心內

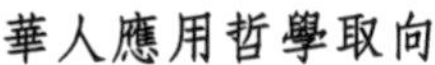

涵，生死學卻仍在尋覓中。倘若生死學無法找出其核心內涵，則其作爲一門學科的地位將是空中樓閣，不著邊際。

以教育學爲例，其四門基礎學科教育史、教育哲學、教育心理學、教育社會學，雖然都涉及一些重要的基本學科，但是作爲核心內涵的課程論與教學論，卻是使其獨樹一幟的條件。至於管理學同樣屬於中游學問，其上游至少包括心理學、法律學、經濟學、會計學、統計學等學科，但是它同樣具有獨到的「五管」，即生產、行銷、人事、財務及研究發展等管理。如今管理學之下的「五管」已各自組成系所，教育學之下的「課程與教學」也有獨立的教研單位，生死學究竟該何去何從，方能立於不敗之地？我們的建議是先扣緊相關專業，再逐漸找出發展「利基」(niche)。也許生死學應該先分化爲生死教育、生死輔導、生死關懷、生死管理等四門涉及專業的學科，才有較大的發揮空間。事實上，目前已有「生死教育與輔導研究所」在運作，過去亦曾經有「生死管理學系」曇花一現，如今將「生死關懷」列爲一門高中選修科目，多少也可以視爲生死學知識的多元體現。

主體反思

1.在臺灣可見到死亡教育、生死教育、生命教育等三種不同論述，請指出其中的異同。

2.臨終關懷屬於一種善終服務，這是自古有之，還是近年的產物，請加以說明。

3.悲傷起源於失落，失落來自於依附，請據此反思你的悲傷體驗，並加以詮釋。

4.臺灣的殯葬改革方案之一，是要求服務人員考取禮儀師證照始能執業，且要求學歷至少在專科以上。以目前情況看，你認爲合理與否？

5.「生死學」由「死亡學」與「生命學」統整組合而成，請對此加以闡述。

6.你認爲生死學的核心概念與價值爲何？有否可能支撐其爲一門獨立學科？

心靈會客室

酒肉與生死

我之所以偶然走上生死學的道路，多少是因爲交了一位忘年的「酒肉」朋友——傅偉勳教授。足足大我二十歲的傅教授，人稱「生死學之父」，因爲罹患癌症而寫了一部生死學著作，不料因禍得福，成爲暢銷書作家，博得不少文名。自從他的大作《死亡的尊嚴與生命的尊嚴》於1993年中在臺灣出版後，至1996年10月他在美國去世爲止，三年間傅教授多次來臺演講訪問，而我大概在這之前四、五年即已與之結識。1988年我拿博士學位前後，一直在東吳哲學系兼課，當時的系主任趙玲玲教授與傅老（我們都這樣稱呼他）是舊識，多年來皆照例爲其接風送行，把酒言歡。在我成爲座上客不久，即因同傅老一道大碗喝酒、大塊吃肉而逐漸熟悉起來。傅老是位不醉不歸型的海派人物，能夠坐上「生死學之父」的寶座，絕非浪得虛名。

傅老的生死學如果只是止於紙上談兵，久之便無甚新鮮之處。他在生命晚期碰上一位貴人，也就是同樣喜歡大碗喝酒、大塊吃肉的龔鵬程校長。他們合作的因緣有許多傳言，但眞正成果則是促成生死學研究所的設立。可惜傅老早走了一步，未及親眼看見他夢想的研究所掛牌成立。而龔校長的貴人則是佛光山宗長星雲法師，他讓龔校長連續創辦了南華和佛光兩所學院，且同意令其揮灑自如，不能不說是一位有容乃大的出家人。我曾有幸在南華服務三年，在我眼中的龔校長，雖然爲

心靈會客室

佛教團體興辦大學，但他的作風卻更接近道教，葷素不忌。當年在南華管理學院鼎盛時代，還有一位擔任副校長的哲學學者袁保新教授、一位精研佛學的佛教研究所所長萬金川教授，以及文采奕奕的文學研究所所長李正治教授，所見盡是學問擲地有聲的「酒肉」朋友。

這些佛教大學裏的風流人物，相當接近我所說的「知識分子生活家」。雖然多年後大伙兒各奔西東，但是那些年學校裏「人文薈萃」的豐盛景象，恐怕爲臺灣各大學所僅見。雖然有些佛門弟子和信徒，看見一群文人在學校裏藉酒肉論生死，難免感到突兀。但是這一切因緣，莫不是託傅老和龔校長之福，才得以和合的。緣起緣滅，世事無常，酒肉中論生死，不也正是要悟得箇中道理嗎？離開南華也有四年光景，我常回想起那幾年在這個偏僻鄉間小學校，所受到的人文精神薰習，也許是我這一生最可貴的生命教育體驗。理由無他，豁達與開放而已。學者常被要求謹言愼行，而學校可以辦到一邊大碗喝酒、大塊吃肉，一邊弦歌不絕、學風不墜，倒也眞是千古絕唱了。

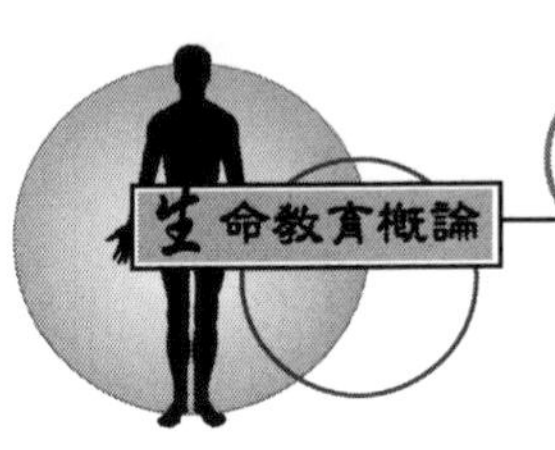

參考文獻

但昭偉（2001）。〈「生命教育」的生命〉。**《教育資料集刊》**，26，113－130。臺北：國立教育資料館。

余德慧（2003）。**《生死學十四講》**。臺北：心靈工坊。

呂應鐘（2001）。**《現代生死學》**。臺北：新文京。

依品凡（2003）。**《重新活回來》**。臺北：遠流。

孟憲武（2002）。**《臨終關懷》**。天津：天津科學技術。

林綺雲（主編）（2000）。**《生死學》**。臺北：洪葉。

孫效智（2000）。〈生命教育的內涵與哲學基礎〉。載於輔仁大學教育學程中心主編，**《生命教育與教育革新研討會論文集》**，1－24。臺北：輔仁大學。

徐福全（2001）。〈臺灣殯葬禮俗的過去、現在與未來〉。**《社區發展季刊》**，96，99－108。臺北：內政部。

涂秀妮（1997）。**《接近死亡經驗：經驗內容及生活價值態度改變狀況》**。臺北：臺灣大學護理學研究所碩士學位論文。

陳英豪（2001）。〈生命教育的理論和實踐〉。載於彰化師範大學通識教育中心、共同學科主編，**《臺灣地區國中生生死教育教學研討會論文資料暨大會手冊》**，1－6。彰化：彰化師範大學。

陶在樸（1999）。**《理論生死學》**。臺北：五南。

傅偉勳（1993）。**《死亡的尊嚴與生命的尊嚴——從臨終精神醫學到現代生死學》**。臺北：正中。

傅偉勳（1996）。〈論人文社會科學的科際整合探索理念暨理路〉。**《佛光學刊》**，1，117－129。嘉義：南華管理學院。

曾煥棠（2000）。**《生死學探索入門》**。臺北：華騰。

曾煥棠（2003）。**《生死學之實務探討》**。臺北：師大書苑。

曾煥棠（2004）。**《認識生死學：生死日記、體面的一生》**。臺北：大屯。

鈕則誠（2000）。〈從生死學看悲傷輔導〉。**《學生輔導》**，66，42－45。臺北：教育部。

鈕則誠（2003）。**《醫護生死學》**。臺北：華杏。

鈕則誠（2004）。**《護理生命教育——關懷取向》**。臺北：揚智。

鈕則誠、趙可式、胡文郁（2001）。**《生死學》**。臺北：空中大學。

黃天中（1998）。**《臨終關懷：理論與發展》**。臺北：業強。

黃松元（1993）。**《健康促進與健康教育》**（增訂版）。臺北：師大書苑。

楊國樞（1993）。〈序——一個不平凡的人，一本不平凡的書〉。載於傅偉勳著，**《死亡的尊嚴與生命的尊嚴——從臨終精神醫學到現代生死學》**，序2－8。臺北：正中。

劉作揖（2003）。**《生死學概論》**。臺北：新文京。

尉遲淦（主編）（2000）。**《生死學概論》**。臺北：五南。

第七章　生死關懷（二）
——進階課題

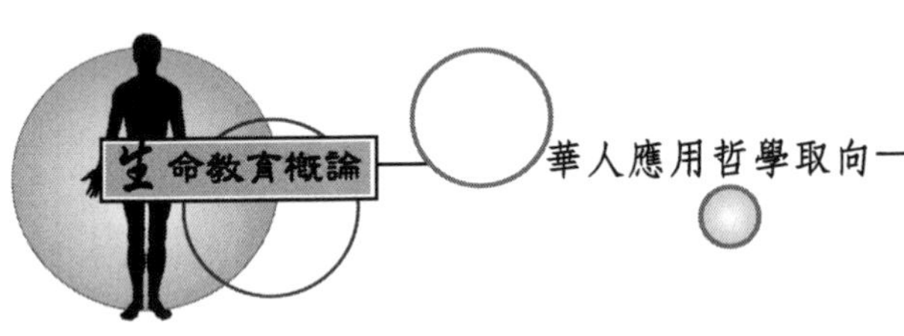

引　言

在上一章的結尾，我們把生死學分爲四部分來看待：生死教育、生死輔導、生死關懷、生死管理；它們多少都涉及一門專業服務，可以單獨執業，甚至形成爲獨立學科。事實上，「生死教育」與「生死輔導」自2004年起，是在同一個研究所之中分組招生的兩個門類；「生死管理」則在2001至2002年間，以一個學系的名義短暫存在過一年；而「生死關懷」則將於2006年，構成高中「生命教育類」選修課程中的一科。生死學的實務面向，如今可說已經粲然大備。至於作爲生死學理論基礎的基本學科，我們認爲至少應該包括生物學、心理學、社會學和哲學，以處理人類存有「生物／心理／社會／倫理／靈性一體五面向」的種種生死議題（鈕則誠，2003）。此外，有關醫療照護和宗教信仰等應用學科或跨學科方面的探究，也有助於生死學開展全方位的視野。

「生死關懷」作爲一門獨立學科，主要專注於臨終關懷方面，在此則包含悲傷輔導和殯葬管理等議題。「生死」二字原本意指「生與死」，照理說應該顧及二者、無所偏廢；但是在臺灣的華人社會脈絡中，因爲避諱直接談論死亡，所以「生死」二字連用時，其實大多意指與死亡有關的事物。我們曾指出，「生死學」雖然「由死論生」，其實卻「多談死少論生」，理由正是它原本就等於西方的「死亡學」（吳庶深，2002）。傅偉勳（1996）有意將中國的「生命學」納入其中，形成眞正本土化的生死學，我們對此表示贊成。但是本土生死學一如本土生命教育，必須立足於「中體外用論」指引下的「華人應用哲學」，亦即通過「後現代儒道家」的「中國人文自然主義」視角看問題，方能眞正落實本土化的「生死關懷」。

第一節　概念分析

一般人多講「生、老、病、死」，但是仔細思量，「老、病」經驗並非人人都有，「生、死」歷程卻是緊緊伴隨。地球上任何具有生命形態的物種及其個體，一律擺脫不了「有生必有死，有死即有生」的命運，小至細菌、病毒亦不例外；唯病毒有可能變成結晶體，此時便不視其具有生命形態。就人類個體而論，只要有識之士，都知道此生必死無疑，因爲世上從未有人不曾死過，否則就會出現活的見證。「生死關懷」的第二項核心能力乃是「思考死亡和生命的關係與涵義」，套句成語即是——「蓋棺論定」。人若永遠不死，任何意義和價值都會在生命的漫漫長河中，被稀釋得無影無蹤。換句話說，死亡不可怕，不死才可怕。

但是爲什麼如今有那麼多人怕死呢？要回答這個問題，首先必須限定討論的範圍，亦即放在「當前華人社會」的脈絡裏面看，方能找出有意義的解答。我們認爲當前華人害怕死亡，是受到「外來化—西化—現代化—全球化」的影響；唯有把生死觀朝「本土化」轉向，方有解套的可能。現代西方社會的特徵之一乃是「否認死亡」，同時把死亡「醫療化」（楊慕華，1995）。死亡一旦被隔離、被否定，則人們對其認識不清，再加上一些怪力亂神的道聽途說，當然容易產生畏懼感。這種情況並非始終如此，像中世紀的西方人便相當肯定死亡的意義（段德智，1994），而相信因果輪迴的印度人更無畏死亡到臨。近年西方國家爲了打破「否認死亡」的弊病，大力推廣死亡教育。但是華人社會卻需要把死亡教育轉化爲生命教育，大家才肯接受，足見問題之嚴重。

我們曾提出「生死學三問」：我從那裏來？我往那裏去？活在當下如何安身立命、自我實現？（鈕則誠，2001）前兩個問題大多交給宗教信仰處理，而每種宗教多少必須在這兩個問題上說出個道理來，否則便不會有人相信。至於第三個問題則屬於人生哲學，中國哲學對此素有所專，西方哲學則長期訴諸宗教信仰，直到「存在主義」出現以後才大有進展。存在主義與其說是一種學派，不如說是一股思潮，一般多以丹麥哲學家齊克果（Soren Aabye Kierkegaard, 1813-1855）爲開風氣之先的重要里程碑。齊克果是一位原創性的哲學家，他點出個人存在的基本特徵：個體性、變化、時間、死亡（李天命，1990）。其引申出來的意義，正是本書所強調的生命教育眞諦：「每個人均無逃於天地之間，就必須學會如何頂天立地。」

許多人都喜歡引用存在主義哲學家海德格（Martin Heidegger, 1889-1976）的名言，指出人是一種「向死存有」，亦即人一出生即步向死亡。但是海德格其實更喜歡講「在世存有」，意思跟上述生命教育眞諦相近。人生既無法擺脫時空脈絡，又一步步趨近死亡，如何安身立命、自我實現，便成爲十分迫切的問題。〈本科綱要〉指示教師應該：

> 提醒學生具多元文化尊重的態度來理解各種生死觀，進而選擇適合自己的生死看法，形成積極的生命信念。（核心能力五，一，1-1）

官方建議是：

> 以開放而公正客觀立場介紹各宗教文化的生死觀及對死亡現象的宗教觀點，包括對死後生命的說法。（核心能力五，一，1-1）

我們則秉持「態度必須公平，立場不必中立」的精神，提出本土化的平行論述作爲回應。

我們所肯定的乃是古典儒道二家的人生哲學，要將之視爲具有宗教性的哲學思想亦無不可，只是必須與外來的佛教清楚分判，不應混爲一談。正如傅偉勳所言：

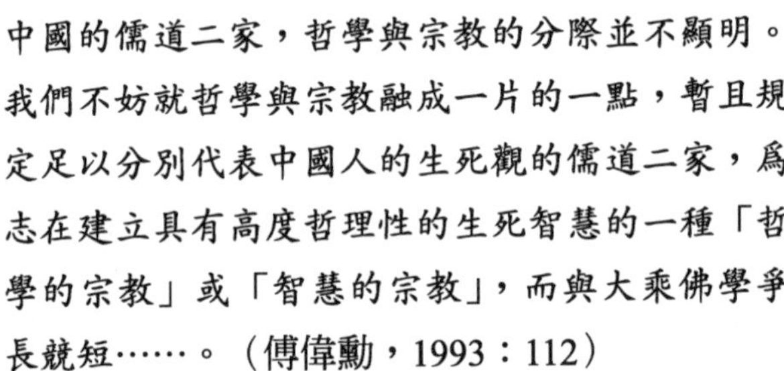

> 中國的儒道二家，哲學與宗教的分際並不顯明。我們不妨就哲學與宗教融成一片的一點，暫且規定足以分別代表中國人的生死觀的儒道二家，爲志在建立具有高度哲理性的生死智慧的一種「哲學的宗教」或「智慧的宗教」，而與大乘佛學爭長競短……。（傅偉勳，1993：112）

我們認爲中國人生哲學不必跟外來宗教爭長競短，而是置身事外：

> 儒家與道家……對於有關……超自然或超越性的宗教無甚興趣，頂多存而不論而已。（傅偉勳，1993：156）

這才是值得後現代華人效法的傳統智慧——對於宗教信仰的教義問題存而不論。

批判思考

本書提倡一種「後科學、非宗教、安生死」的「生死關懷」，它在一位精神科醫師所描述的後現代臺灣情境中，應該可以樹立其獨到的意義與價值。根據李宇宙的觀察：

> 過去幾年來，生死學逐漸成爲大眾所關切的人生

> 和社會性議題。從學院的哲學與宗教講座、到死亡學的譯介出版，「不知生焉知死」的人生守則彷彿一下子翻轉爲「不知死焉知生」的生命意識。……鑑於臨終患者照護的需求和安寧病房運動的興起，國內有關生死學的譯介和討論的確有越來越多的趨勢。這些書籍較多著眼於醫學倫理學層次的應用，專業的哲學修辭減少了，實踐性價值也大爲提高。但是和積極討論存在主義的年代相較，世紀末的生死學似乎又少了些什麼。
> （李宇宙，2001：6－7）

這段對現狀的描述提醒人們注意，缺乏深刻人生哲學反思與批判的生死學論述，是有所欠缺、不足爲恃的。

臺灣曾經在1960至70年代流行過討論存在主義。初版於1967年的哲學論著《存在主義》，載有一篇法國哲學家沙特（Jean-Paul Sartre, 1905-1980）著名文章〈存在主義即是人文主義〉的中譯，其結論振聾啓聵地宣示：

> 存在主義祇是由一調和的無神的地位中尋求結論的企圖。它一點也不企圖把他人推入絕望之中。……我們以爲上帝的存在與否不是眞正的問題；人所需要的是重新發現他自己，並且瞭解沒有東西可以從他本身中拯救他，即使上帝存在的確實的證據也不能。由此觀之，存在主義是樂觀的。
> （鄭恒雄，1999：326）

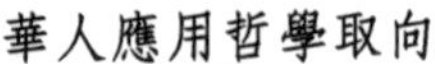

這正是一種「置之死地而後生」的人本精神。當然西方人文主義凸顯「無神」立場，在華人社會更非關鍵性問題。我們的作法是把人文主義與自然主義結合，形成適用於本土生命教育的「中國人文自然主義」。

「中國人文自然主義」的精神，有時也能夠在主流論述中找到相互呼應之處。〈本科綱要〉第十項核心能力「釐清死亡相關議題」的說明中，有一段意義豐富的話語：

> 以本科「愛、關懷、尊重與珍惜」的精神來討論各種倫理爭議的議題；不著重在從社會倫理道德的角度來評判，而是以人文情懷、尊重生命、民胞物與的悲憫來體察，感恩萬物的存在和人類生命息息相關的關係。除了對人的尊重外，更要感謝、關懷在自然宇宙中存在的生物乃至無生物的生存與地位。（核心能力十，二，1-1）

面對這種眞情流露的「愛生惜福」觀點，我們深表認同與支持。但是「生死關懷」以至整個「生命教育類」課程，都不忘隨時提醒大家要「尊重生命」，究竟其中存在著何種社會背景呢？

李宇宙提出一種深度反思觀點，値得生命教育教師深思：

> 社會心理學者認爲，這是個青少年徬徨、老年人

> 口問題滋生的後物質主義價值時代，因此生命的意義和尊嚴重新獲得重視。也或許是社會多變世事無常，死亡成爲後現代「不確定性」焦慮的投射，或是絕望的隱喻。（李宇宙，2001：6）

這種社會考察的論點並非沒有可能，因此我們主張，強調「尊重生命、正視死亡」之類的說法，千萬不可以一廂情願地發心，或是轉讓給超越性的宗教信仰負責。「生命和生活、死亡與臨終」（life and living, death and dying），都屬於當下現世的事情，而非生前死後之事，也就是我們所說的「生死學第三問」：「活在當下如何安身立命、自我實現？」它所牽涉的乃是每個人的「存在抉擇」，也就是孔子的教訓：「盡人事，聽天命。」

本書鼓勵華人教師站在中華文化本土立場上，藉由古聖先賢的智慧結晶去推廣生命教育，以培養一批「認同本土，兼善天下」的「知識分子生活家」。這批年輕的有識之士，在面對外來思想文化不斷衝擊我們的民族智慧之際，會秉持「雖千萬人吾往矣」的擇善固執態度，以不變應萬變。中華文化曾兩次受到外來文化衝擊而改頭換面，也就是兩千年前的佛教傳入和兩百年前的基督宗教及科技洗禮。平心而論，我們每個人都是這些思想文化的受益者，理當感恩祈福才是。但是放眼看去，臺灣華人社會只見佛教流行、科技當道，連生命教育的推動都由天主教學校開其端，古老的儒家人文主義和道家自然主義人生智慧，彷彿已經澈底邊緣化了。由於我們認爲這些傳統民族

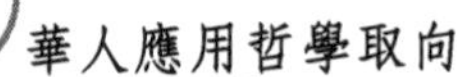

智慧，不應在華人生命教育中缺席，因此乃在此大力提倡之。

意義詮釋

孔子講「盡人事，聽天命」，傅偉勳對「天命」的註解是：

> 孔子站在「人能弘道，非道弘人」的人本主義立場，對於具有宗教超越性的「天」不作思辨推測……。他雖不談「天」，卻深信「天命」，即天所賦予人類……的使命，亦即實現天道……、仁道的道德使命。……孔子本人所具有的人本化宗教信念：人生即是一種天命或使命。（傅偉勳，1993：157）

而他對當前的思想也有所評價：

> 受新儒家哲學影響很深的現代中國學者，動輒過度強調「儒家是哲學，不是宗教」，而忽略整個儒家思想的原初宗教超越性源頭（天命）……。（傅偉勳，1993：160）

對此我們要仿效沙特存在主義式說法，指出儒家思想是否爲宗教並非眞正的問題；要緊的是儒道二家思想是否有助於「生死關懷」的開展。

傅偉勳認爲：

> 莊子是心性體認本位的中國生死學的開創者，此一生死學後來由禪宗繼承，並獲更進一步的開展，影響了宋明理學家們對於生死問題的認眞關注，觸發了心學一系……的新儒家生死學建立嘗試。（傅偉勳，1993：173）

這種思想發展的描述，啓發了我們可以做一番後現代式的反思：中國生死學既然在先秦時就已經由道家開其端，儒家到了明代才經由佛家介紹而加入，那麼在現今後現代華人社會，再添增幾分西方觀點亦不爲過。就有利於「生死關懷」的開展而論，我們願意大力引介1980年代由美國女性主義學者所倡議的「關懷倫理學」。關懷倫理學不但可用於「生死關懷」的落實，更對於整個生命教育都具有推陳出新的作用。

根據方志華（2004）的分析，關懷倫理學促成了三種反動：對道德認知發展心理學研究之反動、對重認知與判斷的道德教育之反動、對傳統道德哲學言說方式與內涵之反動，其哲學意涵爲：

> 關懷倫理學以女性的生活實踐體驗出發，批判地繼承存在主義的存在體驗，提出——「關係」爲

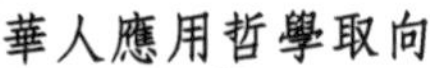

> 人存在的全幅基底，而「關懷之情」就是人的道德基礎。關懷倫理學並揭示「理想的關懷關係」爲：關懷者的關懷是開放地接受對方，並對自己所關懷的對象作出關懷實踐的承諾；而受關懷者是在被接納中、自由地表達自己的情感或表現自己的需求。（方志華，2004：105）

由此可見，關懷倫理學一反西方倫理學重視個人的道德實踐之路數，轉而著眼於人際的倫理關係之體現，這點正好與儒家思想不謀而合。

後現代關懷倫理學與古典儒家學說產生交集並非空話，方志華（2004）便歸納出六項對比：皆以情意作爲道德之基礎、皆重視人際的關係脈絡、皆是在「進入關係中」去貞定道德人格發展、皆重視發自內在的主觀情意力量、皆重視學習之自由與悅樂、皆在培養道德成熟的性情中人。果眞如此，則過去靠著佛教牽引而聯繫上由道家開創的中國生死學之儒家思想，如今也可以名正言順地推陳出新，藉由跟關懷倫理學的同質性，轉化而成後現代「生死關懷」的活水源頭。關懷倫理學在精神上繼承了存在主義的人文主義特質，不把宗教信仰放在問題的中心，更得以通過這種精神，而與儒家的人文主義產生對話，這是十分難能可貴的「華人應用哲學」開展契機。

只要是自覺地追隨「中體外用論」方法學綱領的指引，「後現代儒道家」在「生死關懷」方面無疑大有可爲。「後現代儒道家」乃是表現爲「儒陽道陰、儒顯道隱、儒表道裏」一體的後現代「知識分子生活家」，是本書所倡議由華人生命教育所形塑的理想人格典型。〈本科綱要〉草案中的規劃理念要求學生：

> 在認知層面能以積極健康的視野來面對與省思人生中和死亡相關的重要課題；在情意層面使能珍惜生命、尊重生命、欣賞生命、關懷生命；在價值觀層面能建立正確的人生觀與價值觀；進而在行爲層面期待展現對生命的愛與關懷，活出生命的尊嚴與意義。

我們相信這些要求可以在「知識分子生活家」的培養過程中充分實現。「華人應用哲學」非但不反對這類主流價值論述，同時還能提供學生更多元的發揮空間。

綜合討論

以上所論，主要在建構一套融匯西方「後現代關懷倫理學」和本土「後現代儒道家」思想的生死學論述。作爲高中選修科目的「生死關懷」，涵蓋了西方死亡學所探討的死亡教育、悲傷輔導、臨終關懷、殯葬管理等專業服務。〈本科綱要〉指示培養的十一項核心能力，在死亡教育方面包括「思考死亡和生命的關係與涵義」、「認識死亡概念的內涵與發展」、「健康看待死亡」、「省思宗教文化的生死觀」、「釐清死亡相關議題」、「從死亡的必然性省思生命的意義與價值」等六項；在悲傷輔導方面則有「瞭解失落與悲傷的本質與因應」、「瞭解自殺與學習防治自殺」兩項；至於「認識臨終關懷的理念與實施」和「探討喪葬文化之意涵」，則分別歸於臨終關懷與殯葬管理。由此可見，「生死關懷」的內涵，大致即等於西方的死亡學與死亡教育。

傅偉勳（1996）曾指出，狹義的生死學就是西方的死亡學，教育學者吳庶深也表示：

> 國外沒有「生死學」……這個字只有死亡學的意思，……其實死亡學跟生死學有密切關係。死亡教育就是生死教育，在國外來說……就是「關心死亡與臨終、生命與生活」……，所以死亡學本來就是生死學。……不管生死學還是死亡學，能夠把生命教育的概念貫徹就好了，……我認爲要保留一點彈性，因爲有些學校談到死亡學會覺得很奇怪，不太容易被接受。（吳庶深，2002：12－13）

另一位教育學者張淑美對教育界的保守心態有所反思：

> 原來在國外已被接受談論的死亡學與死亡教育，在國內就被轉爲「生死學」與「生死教育」了！……首先帶動國內死亡教育的倡導、推動者，不

> 是教育界而是安寧照顧相關組織，……教育界說實在是最保守、最慢正視死亡的教育性的。（張淑美，2001：VI）

上面這兩段引言，對於生命教育教師推動像「生死關懷」這類「生死教育取向的生命教育」課程，應該具有深刻的啓發意義。華人社會諱言死亡，引進西方的死亡教育，還得經過生死教育、生命教育兩層包裝，方能公開推出，不能不說有些無奈。但即使如此，也無法規避不斷發生的血淋淋事實，那便是學生自殺。社會人士自殺姑且不論，生命教育必須盡量減少學生自殺案件的發生，〈本科綱要〉乃建議教師：

> 透過價值澄清法，使學生釐清自殺的原因與後果，瞭解善生與善終的關係，並提昇關懷他人的能力；並充分掌握「活著就有希望」的信念，引導學生心中常存希望。……思考自殺者會留給親愛的家人親友永難平復的哀傷，進而對自殺的議題更增關切。（核心能力七，二，1-1；三，1-2）

這其中的關鍵概念即是「關懷」與「希望」。

回顧早期省政府教育廳所推行的生命教育，教學單元的確有「生死尊嚴」一項，強調「活得充實、死得尊嚴」，但是放在高二下學期才講授。然而近年學生自殺的年齡層已經降到國小三年級，當中八歲到十七歲學生的觀念空白如何彌補，教育界仍莫衷一是，以致「生死關懷」

仍安排在高二或高三上授課。當然這裏所談的是高中選修課程，不過大家可以想像一下，把「生命教育」爲名、「死亡教育」爲實的課程，推廣到國中甚至國小去，其阻力會何其大，方法又何其難！爲了突破困境，我們的建議是，以「關懷」爲手段、「希望」爲目的，採用「循序漸進，更上層樓，止於至善」的方式，將死亡議題轉化爲更能融入華人生活理念的論述，如是或可收事半功倍之效。

國中、國小學生心智尙未成熟，生命教育宜採「抒情」式體驗教學；高中職及大專生漸有獨立思考判斷能力，可採行「說理」式個案教學。後者仍有豐富體驗成分在內，因此中小學教師亦可以斟酌運用。例如以報載自殺案件爲例證，引入關懷倫理學的分析，將儒家「修身、齊家」思想帶入其中，指導學生反思「退一步海闊天空」的可能，避免凡事走向兩極化思考，以及傳達「活著就有希望」的信念等等。這一切都應當坦開心胸地談論，不必有所避諱，否則學生會更覺疑惑。有機會甚至可以帶學生到經過景觀規劃的墓地陵園參觀，讓年輕人瞭解生滅消長自然循環的道理，以及愼終追遠、入土爲安、蓋棺論定等等具有本土文化特色的想法。總之，一如〈本科綱要〉所言，「生死關懷」是以統整「知、情、意、行」的經驗課程爲主。而華人的生活體驗，正是我們最爲熟悉的鮮活教材。

主體反思

1.因爲「否定死亡」的集體意識作祟，我們這個社會便盡可能把死亡加以隔離，以致人們一旦面臨死亡相關事物便不知所措，你認爲此一問題該如何化解？

2.「安身立命」乃禪宗用語，「自我實現」爲心理學名詞，請對二者加以闡述引申。

3.存在主義哲學家沙特曾提出「存在先於本質」的命題，請根據文獻，解釋其中奧義。

4.儒家和道家屬於「哲學的宗教」或「智慧的宗教」嗎？在莫把道家與道教混淆的前提下，請提出你的意見。

5.你可曾感受到後現代「不確定性」的焦慮？「死亡」在其中對你有何意義？

6.西方的「關懷倫理學」乃是相對於整個「正義倫理學」的新興觀點，請考察文獻，以釐清二者的差異。

心靈會客室

臭皮囊與白骨觀

今年暑假一點也沒閒著，開了一門「生死學研究」的課，給碩士專班的在職教師選修。每週兩天、連續六週的密集上課，讓這群原本在講臺上生龍活虎的老師們一下子感到坐不住，紛紛要求每週至少安排一個下午校外教學，讓生死學能夠學理與體驗兼顧。我認爲這個要求很合理，於是大家又提出具體的參觀場所，包括宗教博物館、十三行博物館、安寧病房、殯儀館等等；而第一回行程，則挑了離學校最近的科學教育館看「人體奧妙」展覽。沒想到平日下午居然門庭若市，大家排著隊買不算便宜的門票，就是衝著眞正人體所製作的解剖標本而來，而展覽也果眞令人大開眼界。不過參觀這種赤裸裸的展示，未作好心理準備，恐怕會適應不良；同行的老師中也的確有人感到噁心或拉肚子。

暑假裏學生觀眾甚多，看見一群美少女站在一尊尊被解剖得支離破碎的男體面前指指點點，我突然覺得這是一場拿人類臭皮囊賣錢的身體秀。剛好手邊有一份當天報紙，登載著南部也打算辦一個類似的人體展來打對臺，新聞末尾引述生死學者尉遲淦的評論：「南北都推出人體展，讓一般民眾看到原本是醫學生才會接觸的標本，其實是種噱頭，但商業競爭既然無法擋，應調整參觀者的心態，從瞭解自己身體、對生命意義啓發、及對死者的尊重著手，而不是光想練膽量而已。」誠然，在這個否定死亡的年代中，觀看屬於禁忌的眞人遺體，適

心靈會客室

足以發人深省。但整個場地人擠人，既無詳細解說，又無指導手冊，反倒是在大小標本切片圍繞中，夏日午後的輕音樂鋼琴現場演奏，讓人覺得十分突兀。這份情調，竟然使我把眼前瓶瓶罐罐泡在藥水中的胚胎和胎兒，跟宴會上雞尾酒的泡沫聯想在一道。

十年前我在護專兼課，曾隨著一群男女護生去國防醫學院參觀人體解剖，從大卸八塊及開腸破肚的解剖室中走出來吃午飯，居然還是有人大膽地點了一道「五更腸旺」。福馬林浸泡的人體確實是臭皮囊，但是在助教的指引下，大家低頭不語的仔細觀察記錄，這才是眞正的科學教育，也帶有一份佛教式白骨觀觀無常的人文教育附加價值。身爲生死學教師和生命教育推動者，我建議醫學院和醫院盡可能提供眞正具有教育意義的人體展示，配合深入淺出的相關資訊，讓社會大眾得以隨時瞭解自己肉身的奧秘，而不必花錢排隊走馬看花一陣。不過這回參觀倒也不是完全沒有收穫，至少看見一塊肥端端的脂肪肝擺在櫥櫃中供人觀賞，使我這個曾經嗜酒貪杯的中年男子，也不禁要摸摸腹部暗自反省一番。

參考文獻

方志華（2004）。**《關懷倫理學與教育》**。臺北：洪葉。

吳庶深（2002）。〈生死教育的回顧與展望〉。載於林綺雲、張盈堃主編，**《生死教育與輔導》**，3－16。臺北：洪葉。

李天命（1990）。**《存在主義概論》**。臺北：學生。

李宇宙（2001）。〈死亡的生態學與精神分析〉。載於江文正譯，**《達爾文的蚯蚓——亞當．菲立普論生與死》**（A. Phillips著），5－12。臺北：究竟。

段德智（1994）。**《死亡哲學》**。臺北：洪葉。

張淑美（2001）。〈漫談「生死本一家」——死亡教育、生死教育是臨終教育還是生命教育？〉。載於張淑美策畫主編，**《中學「生命教育」手冊——以生死教育為取向》**，III－X，臺北：心理。

傅偉勳（1993）。**《死亡的尊嚴與生命的尊嚴——從臨終精神醫學到現代生死學》**。臺北：正中。

傅偉勳（1996）。〈論人文社會科學的科際整合探索理念暨理路〉。**《佛光學刊》**，1，117－129。嘉義：南華管理學院。

鈕則誠（2001）。〈生死學的概念與內涵〉。載於鈕則誠、趙可式、胡文郁合著。**《生死學》**，3－18。臺北：空中大學。

鈕則誠（2003）。**《醫護生死學》**。臺北：華杏。

楊慕華（譯）（1995）。**《死亡的臉》**（S. B. Nuland著）。臺北：時報文化。

鄭恆雄（譯）（1999）。〈存在主義即是人文主義〉（J. - P. Sartre著）。載於陳鼓應編，**《存在主義》**（增訂二版），300－326。臺北：臺灣商務。

第八章　道德思考與抉擇（一）——基礎課題

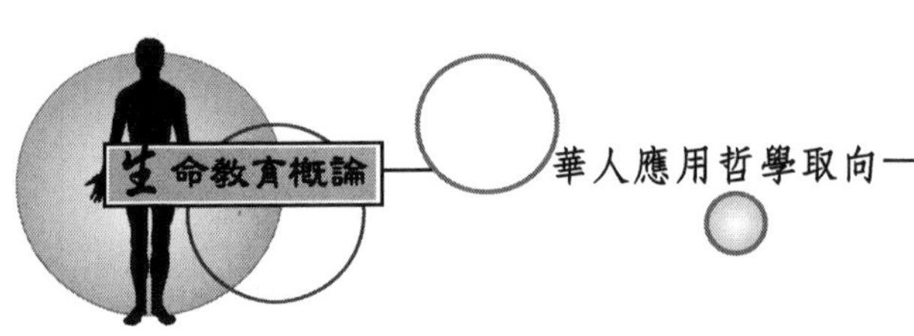

引　言

高中「生命教育類」選修課程，包含了三個環環相扣且交相爲用的領域：終極關懷與實踐、倫理思考與反省、人格統整與靈性發展。本書第二章至第七章，分別介紹了「哲學與人生」、「宗教與人生」、「生死關懷」等三科，它們皆被歸於「終極關懷與實踐」領域；接下去第八章至第十三章，則引介「道德思考與抉擇」、「性愛與婚姻倫理」、「生命與科技倫理」等三科，它們則被納入「倫理思考與反省」領域；根據主事者的規劃，這兩個領域都屬於「知識」面的生命教育。我們曾指出，「生命教育類」課程的八科，除了兩科具有概論或統整知行性質外，其餘六科有四科實與哲學息息相關，因此生命教育近乎於哲學教育。十七世紀以前，哲學在西方世界可說是無所不包的大學問，本書大致就以這種意義來看待哲學。

雖然我們可以從哲學的廣義視角看問題，但現實上今日哲學只不過是眾多學問知識中的一科。就哲學作爲當前一門學科而言，依探究對象又可分爲七門次學科：理則學、形上學、知識學、倫理學、美學、宗教哲學、科學哲學，其中形上學、知識學、倫理學被公認爲哲學的核心知識。後現代時期的哲學必須學會與其他學科虛心對話，從而形成一些跨學科的「應用哲學」議題。應用哲學不尚多談抽象的形上學和知識學，較喜討論深具實踐性格的「應用倫理學」，像後面要介紹的「性愛與婚姻倫理」及「生命與科技倫理」即屬之。然而應用倫理學處理問題的根本道理，仍來自哲學內的倫理學。這兩章要討論的「道德思考與抉擇」，可視為基本倫理學知識；依照慣例，本章先介紹「倫理學概論」，下章再進入「倫理學專論」。

概念分析

〈綱要〉草案對「倫理思考與反省」領域的規劃，有如下的理念表述：

> 倫理思考與反省能力的培養。生命智慧的累積首在思考與反省。在崇尚多元價值的今日社會中，思考與反省的重要性更是無庸贅言。……倫理思考與反省的意義在於探索道德的本質、判斷各種實踐的倫理意涵，使人能夠不僅知其然，且能知其所以然地掌握道德的原則與要求。

此一理念反映在「生命教育概論」的教學中，即是培養「掌握道德的本質，並初步發展道德判斷的能力」核心能力。此處所提及的「倫理」與「道德」二辭，主要來自英文“ethics”及“morality”的中譯，其字源又可以分別上溯至希臘文和拉丁文，二者在源頭上都有「風俗」、「習

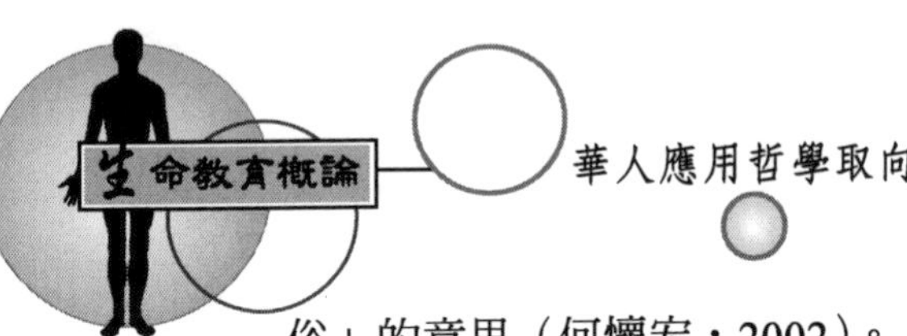

俗」的意思（何懷宏，2002）。

西方世界的「倫理」與「道德」概念，源自日常生活文化中的風俗和習慣，華人社會如今大致也是循著這個傳統來看待倫理與道德問題。但是這兩個辭彙在中國思想傳統中，卻有著與西方不盡相同的根源。「倫理」在中華文化中通常即指「人倫之理」，也就是傳統社會「五倫」或「五教」所針對的五種基本人際關係。至於「道德」之說，在儒家與道家多少有些差異；唐代韓愈（768—824）指出：

> 凡吾所謂道德云者，合仁與義言之也，天下之公言也；老子之所謂道德云者，去仁與義言之也，一人之私言也。（韋政通，1977：666）

大體而言，西方的倫理道德，落在個人日常生活規範方面；中國的倫理道德，則多少涉及通過良知良能以處理人際關係。

哲學問題不外乎宇宙與人生二端，古希臘哲學從宇宙論走向人生論，開出的便是形上學和倫理學。倫理學有時也等於人生哲學，像胡適（1891—1962）寫哲學史時，便是這樣看待：

> 哲學的門類也有許多種。例如：……天地萬物怎樣來的。（宇宙論）……人生在世應該如何行為。（人生哲學舊稱「倫理學」）（胡適，1996：1—2）

不過在生命教育的脈絡裏，人生哲學所涵蓋的層面甚廣，倫理學僅是其中七科之一。如此一來，倫理學的討論比起人生哲學來，更可以清楚地聚焦。一般而言，道德涉及人的行爲，包括道德規範、道德判斷，以及道德實踐；而倫理學則是有關這些道德行爲的知識反省與建構。因此倫理學又稱爲「道德哲學」，以示其將道德活動作爲哲學思辨的對象。

高中生命教育課程特別看重倫理學，有其實際的需求，〈計畫〉檢討出：

> 高中現有課程缺乏有關人生觀、生死觀、價值觀相關課程，青少年正處人格主體逐漸成熟獨立的階段，在人生觀的摸索與心理調適方面存有許多問題，特別需要在理性思考及反省批判上有所學習……。

這其中所提到的「價值觀」，主要即指道德價值。〈綱要〉明白表示：

> 作爲一種價值，道德與其他價值有所不同；作爲一種應然的規範系統，也與其他規範系統諸如法律、習俗、遊戲規則等有所不同。……從道德是有關「人之所以爲人的規範系統」來論證並肯定道德價值與規範的優位性，當道德與其他價值或規範系統衝突時，應選擇道德或至少不能違背道德。（核心能力五，一，1-1、1-2）

上述說明中最關鍵性的概念即是「道德價值與規範的優位性」，因爲由此方能判別出「人之所以爲人」。這個道理最佳例證便是孟子所說的「四端」：惻隱之心、羞惡之心、辭讓之心、是非之心，缺乏四端中任何一端，在孟子看來就淪入「非人也」的不堪境地。「四端」可視爲儒家的道德價值與規範，違反或未達到這些要求，連做人的資格都會被否定，由此可見倫理道德在人生價值上的「優位性」。但是它並非空中樓閣，而是有實際人生基礎的，一如〈綱要〉所言：

> 道德的原理與基本原則具有普遍性，其基礎爲人性與物性之共通性。至於具體的道德規範則相對於文化、歷史、社會等具體情境能有多元面貌。（核心能力五，二，1-2）

此處點出了道德價值的主觀性與客觀性、相對性與絕對性。

批判思考

倫理學探究的對象是道德行爲，但是當一個人做出合乎道德標準的行爲之前，需要先經過一連串的心路歷程，至少包括道德認識、道德判斷、道德抉擇，然後才有道德實踐下的行為表現。道德之所以重要，並不止是因為它在個人感受上所產生的作用，更是因為它對人際關係的影響。試想一種極端的情形：一個有存活能力的人，自願離群索居或被迫遺世獨立，而且終其一生處於此種情境中，則任何倫理道德都對他不構成意義，或者說他自己便是對本身倫理道德發號施令的人。這種極端情況反映出一件事，那便是倫理學實來自安頓人際關係的需求。茹毛飲血的原始人尚未意識到這種需求，它是人類演化到一定階段的產物。也就是說，當少數人意識到有某些「人之所以為人」的規範存在，並以此去要求其他人遵守，倫理道德於焉形成。

有道是「虎毒不食子」，但這並非道德規範，而是本能反應。人類一般也會善待自己的子女，卻又有層出不窮的虐兒家暴事件，且為社會所不齒。大家當然不會說人不如虎，但這也反映出人類在文化演化下的行為趨於多樣，不能一概而論。此外獅子有時會以殘害同類幼獅的方式以保存自己的下一代，而人類則在極度飢荒不得已之下才有可能易子而食，這又說明了人類行為的確是經過考慮的。它正是「道德思考與抉擇」的內在根源，亦即「人之異於禽獸」的基本條件。由於人類獨具的反思性，使得倫理學要考量的層次變得既多元又複雜。相形之下，法律學至少在表面上比倫理學單純得多；法律不罰有犯意而無犯行的人，而道德卻直指人心，要求人們必須從意念上正本清源。

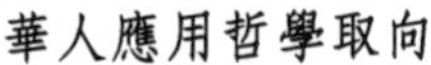

道德規範是一套講究「應該」與「不應該」的要求，倫理學因此成爲探討「應然」的學問，它可以簡單定義如下：

> 倫理學……是哲學中，關於我們應該如何對待自我和對待他人的系統研究；並且也是研究哪些事情、品格特徵、或人格類型爲善、值得尊重、值得讚美，以及哪一種類型的人是壞人、應受指摘、該受譴責。倫理學探討普遍的規則或原理，同時也處理特殊的案例。（王錦雀，2001：202）

由此可見，倫理學所處理的是自身的或與他人之間的，有關「是非」、「對錯」、「好壞」的價值判斷。其實「善惡」的判斷更應當納入其中，但是在西方它直接涉及超越性的宗教信仰，從而變成宗教問題而非倫理問題。唯有在中華文化的脈絡之內，尤其是通過儒家內在良知系統考察所形成的人生信仰，我們才會把「善惡」判斷列爲倫理問題。

倫理學提出了三個不同層次的問題：我如何確定我的道德信念是正確的？我如何決定道德的困難案例？我如何過一個美好的人生？（王錦雀，2001）這三個問題分別牽涉到前述的道德判斷、道德抉擇和道德實踐，但是更基本的問題則是對道德本質的認識，也就是確認何者爲倫理問題。這並不能完全由倫理學本身來解決，而必須追溯其形上學根源。近代哲學家康德（Immanuel Kant, 1724-

1804）的倫理學思想，對後世影響甚鉅，他就堅持把道德形上學視爲整個倫理學的前提預設。在他看來，道德形上學必須超越關於人們「一般意願的行爲和條件」之心理學研究的範疇，探求道德得以發生的「純粹的意志觀念和原則」，其中最主要的目的是「找出並確立道德的最高原則」（萬俊人，2003）。

對康德哲學鑽研甚深的當代新儒家哲學家牟宗三（1909—1995），進一步把道德形上學區分爲「道德的形上學」與「道德底形上學」；後者是有關道德的形上學研究，前者則是以道德爲進路滲透至宇宙本源從而建立形上學（顏炳罡，1998）。以此分判來看中西倫理學的本質甚有啓發：西方哲學家訴諸信仰或理性，爲倫理學提供形上學意義，屬於「道德底形上學」；中國思想家則直透本心，由良知直接反映出形上境界，是爲「道德的形上學」。這種學問方向體現了儒家的道德理想主義和倫理中心主義，其共通主題包括天人關係、人性善惡、內聖外王及德主刑輔（任劍濤，2003）。總而言之，西方倫理學到頭來必須回返形上學去找出道德認識的本質根源，中國倫理學卻可以反身而誠地開展道德本質，無向外馳求之誤。

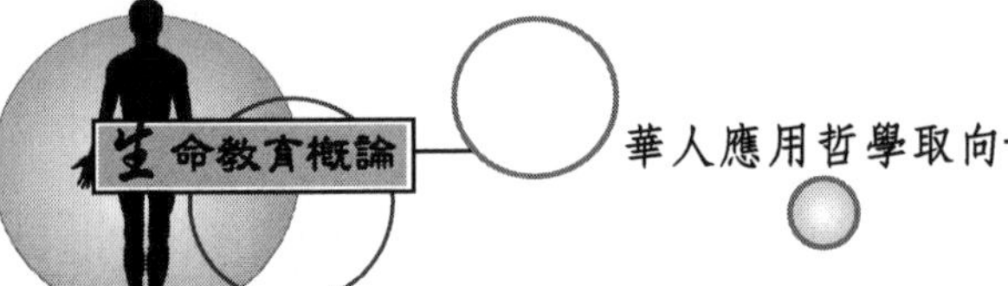

意義詮釋

我們對倫理學所處理的道德本質問題，做了較多的反思與批判，是希望爲倫理學找出一個恰當的基礎，以適用於華人生命教育之中。倫理學理論林林種種，在〈本科綱要〉中，至少就提到德性論、義務論、效益論，以及關懷倫理學；而前三者正是西方陽性的「正義倫理學」基本組成成分，並與陰性的「關懷倫理學」相對。在關懷倫理學看來，後現代之前整個西方倫理學，無不籠罩在追求公平正義的陽剛思維中，講究個人如何獨當一面進行道德實踐；直到關懷倫理學通過女性獨特的視角，反思體驗到人間情愛才是倫理道德的眞正根源（方志華，2004）。這種體驗可以跟儒道二家思想相互呼應；儒家看重仁愛關係，道家崇尚陰柔境界，「後現代儒道家」正好可以作爲關懷倫理學的哲學夥伴。

後現代學術認同局部、尊重多元，不追求放諸四海皆準的「大敘事」。我們站在中華文化的立足點，通過「中體外用論」檢視，發現西方的關懷倫理學最能爲我所用。倫理學的首要工作是爲道德認識奠基，基礎確立後，道德判斷、道德抉擇及道德實踐始能漸次落實。西方正義倫理學雄心勃勃，他們希望爲倫理道德奠立堅定不移的本質性基礎，因此採用全知觀點，以不變應萬變。放眼看去，無論是德行論、義務論還是效益論，都採用理性、知性作爲道德的基石，從未考慮過感性、情意也有發揮的可能。不管理性之光有沒有宗教信仰賦予力量，正義倫理學總認爲本身適用於所有人類，這是西方傳統論述的特色。後現代關懷倫理學反其道而行，只看重當下眞實的人際情愛流動。生命教育唯有自此出發，方有可能在年輕人多變的世界中產生潛移默化的持久效果。

我們的看法與建議是，從事生命教育，最好盡量避免通過道德教訓爲之，而應自生活體驗的情意感受中貼近。西方倫理學以及儒家的後來發展，很容易走上「原則主義」的道路，認爲可以使用一些基本道德原則以不變應萬變；這正是倫理課程不受學生歡迎的原因，因爲它已經逐漸教條化。與原則主義相對的乃是「脈絡主義」，主張就事論事，一切看情況而定。這才是合乎人情的負責任態度，亦即根據個別差異，去針對每位學生的個別需要推廣生命教育。在倫理教育方面，生命教育教師可以扮演倫理諮詢人員的角色，有求必應，而非像傳道人一樣站上講臺高談闊論。本書提倡「獨善其身」式的道德實踐，相應的乃是「自求多福」的倫理思考。其背景需要最小範圍的人際關係和諧圓融，關懷倫理學的作用正好及於此。

我們主張「獨善其身」，並非要大家劃地自限，而無寧是希望人人盡可能自我實現。其中「獨」字所凸顯的乃是個人無逃於天地之間的主體性，亦即存在抉擇。每個人

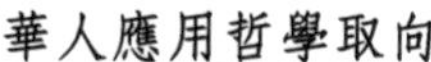

的道德抉擇都必須經過深思熟慮後獨自完成，不能也不應假手他人，尤其是特定的宗教教誨或道德教訓。存在主義倫理學對此有著深刻的反省：

> 在給定的倫理體系內確定某些義務、禁令和責任，相對來說比較容易，因爲它們是體系本身的前提所推出的結果。……當我們注意某種特定的倫理學時，我們很容易發現那些看似絕對的命令，實際上取決於我們對整個體系的接受。（蘇賢貴，1999：7－8）

這種看似陽剛的自決，卻得到主張陰柔的關懷倫理學之青睞，理由無他，擺脫知性、接納情意而已。

以提倡關懷倫理學聞名的當代美國教育哲學家諾丁（Nel Noddings）發現：

> 存在主義經常選擇說故事以取代論證作爲他們溝通的模式。他們之所以這麼做是因爲，他們認爲生命並不是在進行一個理性的計劃，沒有人能夠論證出生命應該是什麼樣子，或者應該怎樣過活。相反的，生命的意義是在我們以反省的態度去過生活時所創造出來的。……如果我們選擇做什麼樣的事，我們就可能變成什麼樣的人。（曾漢塘、林季薇，2000：116）

這裏便接觸到我們所關注的事情重點：生命教育的性質偏

向於情意教育，即使是向學生「說理」，也是以「說故事」而非「推理論證」的型態出現。邏輯論證的主要作用在對事實眞假作出認定，它在處理價值判斷問題時，常因前提的爭議而顯得無效。倫理體系的前提縱使肯定道德優位性，也不必然是理性的產物，情意化的思維同樣可以有其貢獻。

綜合討論

〈綱要〉有云：

> 道德判斷主要可以分爲對行爲者與對行爲所進行者。前者是對人的態度、動機之道德善惡所進行之判斷；後者是對人所抉擇而採取之行爲對錯所進行之判斷。……人的善惡主要在於其存心。好人不只做好事，還該爲了好事的好而做好事。……判斷行爲對錯時應考慮的相關事實很多，例如行爲所涉及的相關事實如何？與行爲相關的道德規範或價值觀有哪些？與行爲相關的人生觀或世界觀有哪些？（核心能力五，三，1-1、2-1、3-1）

此處提及內在動機的「善惡」與外顯行爲的「對錯」；善惡問題可以通過宗教系統或良知系統來解決，對錯問題則是由社會規範與法律規章來認定。至於倫理學探究，和上述四種因素都有關聯，因此必須保持跟哲學與社會科學界，以及宗教團體的良性對話。

在人群中個體的行爲是否「逾矩」，涉及其身處脈絡內的道德規範；然而道德規範紛雜多樣，不一而足，有些規範本身便互不相容，人們運用起來就需要深自考量。〈綱要〉提供的途徑是：

> 當特定行爲所涉及之道德規範互相衝突時，解決之道必須回到前提性的問題去探討規範成立的基礎，從而瞭解各自規範的有效範圍或限制並比較出其間的優先次序。至於比較的標準如何獲得的問題則必須回到道德本質爲何的問題來處理。（核心能力五，三，3-4）

問題於是回到原點：人們對道德本質的認識，構成所有道德判斷的前提；若要作出有效的道德判斷，道德本質的釐清具有決定性的地位。事實上，倫理學史便記錄著不同文化系統的倫理探究是如何進行的。

不過西方倫理史學自有其盲點，當代英美倫理學家麥金太爾（Alasdair Macintyre）便指出：

> 倫理史學家都很不老練，一方面非常傾向於承認道德實踐和道德判斷的內容在不同的社會、不同的個人之間的不同。但與此同時，這些倫理史學家又令人難以捉摸地同化了不同的道德概念，

> 所以他們結果是持這種意見：雖然被認爲正當的或善的東西不總是相同的，但相同的正當與善的概念則大致上是普遍的。（龔群，2003：23）

這裏再次觸及我們在第一節結尾時所提到的，道德價值的主觀性與客觀性，以及相對性與絕對性的問題。本書認同情意取向的關懷倫理學，很自然地會被歸類爲倫理主觀主義與相對主義（何懷宏，2002）。我們不打算陷入這些無謂的爭議中，只想提出一點，那就是倫理客觀主義與絕對主義全知觀點的正當性，同樣可以被質疑。

〈綱要〉所反映的主流觀點，無疑屬於倫理客觀主義與絕對主義，我們不擬加以反駁，只想提出相對的平行論述，作爲生命教育教師的學習參考。本書眞正的努力方向，是開發一套適用於華人社會的「華人生命教育哲學」，這可以說是「華人應用哲學」的教育應用。但中國倫理學史也有其盲點，蔡元培表示：

> 我國以儒家爲倫理學之大宗。而儒家，則一切精神界科學，悉以倫理爲範圍。哲學、心理學，本與倫理有密切之關係。我國學者僅以爲是倫理學之前提。……其廣如此，則倫理學宜若爲我國唯一發達之學術矣。然以範圍太廣，而我國倫理學者之著述，多雜糅他科學說。其尤甚者爲哲學及政治學。欲得一純粹倫理學之著作，殆不可得。（蔡元培，1996：2）

此處多少反映出中國倫理學與傳統哲學及政治學說的糾纏不清。

中國倫理學與人生哲學及政治學脫不了關係，一如西方倫理學具有希臘形上學和基督宗教的淵源，這些都只是「局部知識」，我們必須承認其存在。「局部知識」的概念在人類學當中頗受重視，當代美國文化人類學家吉爾茲（Clifford Geertz），即以詮釋學方法去探討「道德想像的社會史」，對不同民族或族群的道德規範，寄予同情地瞭解（王海龍、張家瑄，2000）。這正是我們所抱持的態度：當我們站在華人社會開發一套倫理學局部知識時，會對西方主流論述寄予同情地瞭解。不過在「中體外用論」綱領的指引下，我們站在「後科學、非宗教、安生死」立場，會更希望融會貫通兩岸的道德教育論述於華人生命教育之中（但昭偉，2002；黃向陽，2001），而非追隨具有宗教色彩和西化觀點的主流論述。

主體反思

1.生命教育教師大多在中小學時代都學過「生活與倫理」、「公民與道德」等課程，你覺得這些課程跟現在介紹的倫理學有何關係？

2.倫理學家賦予道德價值崇高的優位性，你認爲這樣的看法合理嗎？試說明自己的理由。

3.道德規範看重「應然」甚於「實然」，但不同文化卻形成不同的「應然」；具有侷限性的「應然」，又怎能算得上是眞正的「應然」呢？

4.道德的形上學基礎反映出高度的理性傾向，你能想像一種感性、情意的道德的美學基礎嗎？

5.舉例說明倫理學的「原則主義」與「脈絡主義」，並加以評論。

6.有人認爲中國哲學根本就是一整套倫理論述，你認爲這種說法講得通嗎？若講得通又有何意義？

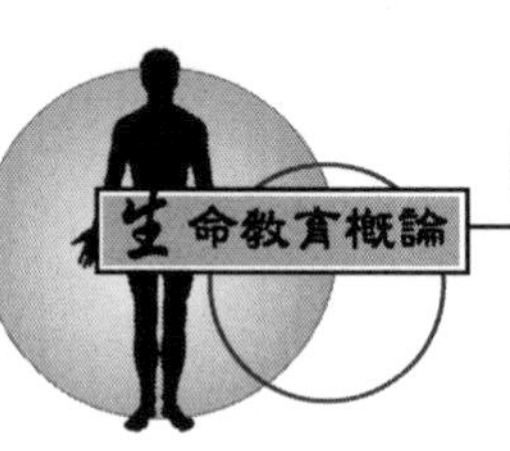

心靈會客室

倫理與科學

我對倫理道德的看法同對宗教信仰的看法一樣，認爲它們都屬於極其個人的事情，壓根兒就沒什麼好談的。宗教講究信奉，道德要求遵守，搬到檯面上來大談特談，不知是何道理。人們常說兩件事少談爲妙：曰政治，曰宗教；立場相同者自然湊在一塊兒，立場不同者既走不在一道更可能不歡而散。如今「不可說」之事似乎又多了一項；討論倫理道德雖然不至反目相待，卻很可能各說各話。二十世紀最了不起的哲學家之一維根斯坦即認爲，倫理學命題說不出個所以然來，因此無甚意義；它們企圖在語言中超越語言、超越世界，註定要徒勞無功。但這並不表示倫理道德不重要；相反地，它們極爲重要，但卻不能說，只能被顯示出來。維根斯坦的意思是這些事情相當神祕，只能做不能說。

生命教育要給中學生講授倫理學，對我這個念哲學的人而言可謂半喜半憂。喜的是哲學總算擁有了廣大的市場，我雖然沒資格教中學生，卻有資格教中學老師；憂的則是害怕被維根斯坦說中，上了講臺言不由衷，盡說些連自己都不相信的空話。專研哲學至今三十一年，我一向喜歡「講清楚、說明白」的哲學問題，所以走上科學哲學的道路，希望通過對科學的反思與批判，增進我對宇宙與人生的瞭解。長期以來，我一直認爲自然科學和社會科學探究的便是宇宙與人生的問題；倘若我能對科學的說法有所把握，豈不就解答了我所關注的哲學

心靈會客室

問題嗎？西方的科學的確是從哲學裏脫穎而出的一系列精密學問，如果連科學都搞不清楚的問題，想靠哲學來解決，恐怕只會是緣木求魚。

科學之所以成功分化爲一門門的學科，靠的便是「劃地自限，自圓其說」的工夫。科學家講求小題大作，問題可以鑽研得很深入，卻陷入見樹不見林之境。尤其是每一門科學都有屬於自己的術語行話，旁人聽起來更覺得隔行如隔山。記得有回我參加了一個國家型整合性科技研究計畫，負責考察基因研究的倫理議題，應邀至中研院和科學家們對話，結果是雞同鴨講，彼此都認爲對方不知所云。這次經驗帶給我深刻的教訓，深感要討論跨學科的倫理問題，討論者本身的通識教育是很重要的因素。科學語言固然難懂，科普讀物及課程卻可以深入淺出地事半功倍。倫理學與其自說自話，不如去尋求跟科技對話。1980年代有位哲學家寫了篇論文，題目就叫〈醫學如何挽救倫理學的命脈〉。從傳統倫理學轉向應用倫理學，學著去跟科學交朋友，或許才是倫理學的出困之路。

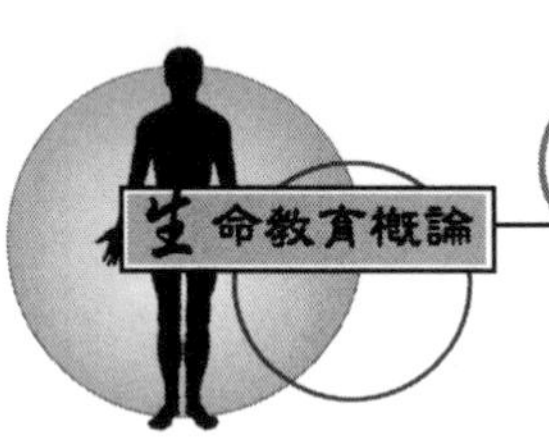

參考文獻

方志華（2004）。**《關懷倫理學與教育》**。臺北：洪葉。

王海龍、張家瑄（譯）（2000）。**《地方性知識——闡釋人類學文集》**。北京：中央編譯。

王錦雀（譯）（2001）。〈倫理學的分類〉。載於黃藿總校閱，**《哲學概論》**（R. P. Wolff著），200－275。臺北：學富。

任劍濤（2003）。**《道德理想主義與倫理中心主義——儒家倫理及其現代處境》**。北京：東方。

何懷宏（2002）。**《倫理學是什麼》**。臺北：揚智。

但昭偉（2002）。**《道德教育——理論、實踐與限制》**。臺北：五南。

胡　適（1996）。**《中國哲學史大綱（卷上）》**。北京：東方。

韋政通（1977）。**《中國哲學辭典》**。臺北：大林。

曾漢塘、林季薇（譯）（2002）。《教育哲學》（N. Noddings著）。臺北：弘智。

黃向陽（2001）。**《德育原理》**。上海：華東師範大學。

萬俊人（2003）。〈道德形上學（上）〉。載於萬俊人主編，**《清華哲學年鑑 2002》**。112－135。保定：河北大學。

蔡元培（1996）。**《中國倫理學史》**。北京：東方。

顏炳罡（1998）。**《當代新儒學引論》**。北京：北京圖書館。

蘇賢貴（譯）（1999）。〈倫理存在的選擇〉。載於萬俊人等譯，**《冷卻的太陽——一種存在主義倫理學》**（H. E. Barnes著），3－29。北京：中央編譯。

龔　群（譯）（2003）。**《倫理學簡史》**（A. MacIntyre著）。北京：商務。

第九章　道德思考與抉擇（二）——進階課題

引　言

平心而論，對於從國小到國中都在接受不同形式倫理教育洗禮的高中生而言，希望他們再選修一門稱作「道德思考與抉擇」的課程，恐怕是不易達成的目標。這並不是說倫理道德相關議題，在高中這個年齡層沒有發揮空間；事實上，我們相信「性愛與婚姻倫理」應該會吸引較多年輕人的注意力，這當然是因為主題的切身性所致。生命教育課程共有八門選修科目，作為入門課程的「生命教育概論」，無疑會受到大多數學校青睞而開授；至於像「道德思考與抉擇」這類進階課程，由於涉及較抽象的哲學思維，的確較不易討好學生。不過從另一方面看，嚴謹的哲學思辨，多少有助於生命教育的師資培育。本章作為倫理學的專論部分，目的正是希望促進教師對於倫理思辨的認知。

嚴格地說，倫理思辨與道德思考有著層次上的差異。道德思考是當一個人面臨眞實情境時，所作出的道德判斷，進而反映在有所抉擇的行為中。而屬於哲學思維一環的倫理思辨，乃是針對前章所指的道德本質認識而言，是對道德思考的基礎所進行的思考，可視為「後設性思考」。後設性思考是就人們的道德思考賴以根據的理念再加以反思，倫理學其實正是對道德思考與抉擇所作的系統反思。從近年學者的歸納中，大致可以看出兩個倫理學的大方向：正義倫理學與關懷倫理學。用最簡單的分類來說，他們分別代表理性與感性、認知與情意等不同取向。本書在立場上雖然傾向關懷倫理學，但是對於〈綱要〉所秉持的正義倫理學主流價值，仍然採取「同情地瞭解」包容態度。我們的理想是擱置主流之爭，提倡多元對話。

概念分析

作爲哲學分支的倫理學，具有人文學科的明顯特質，那便是沒有主導的學科典範。人文學科在這方面，又跟社會科學有所差異；社會科學標幟著「經驗科學」身分，理論即使不能像自然科學般定於一尊，多少還表現出多元典範並列的理論叢林盛況，讓大家見樹也見林。人文學科則無法超出「思辨哲學」的格局，根本談不上理論典範。像西方哲學長期以來都不曾把東方哲學當哲學看待，便顯示出二者根本沒有平起平坐的基礎，更別奢談多元典範了。而即使是在西方哲學的脈絡內，要想成一家之言，就必須盡可能去批評以前或同時代哲學家的觀點。難怪科學史學家孔恩（Thomas Samuel Kuhn, 1922-1996）曾提及，哲學家乃是靠彼此的餿水污垢維生，其他學科則不可能出現如此現象（程起銘，1989）。

二十世紀八〇年代，文化界興起後現代主義，也衝擊到學術界，哲學圈自無法置身事外。「後現代」的「後」字，有如下的意義：

> 術語「後」意指一種歷史順序，在此順序中先前的事件被替代，因此在最初的例證中其功能用作爲歷史分歧的術語。關於後的話語有時與一種帶有啓示色彩和推陳出新的斷裂感相關聯。（陳剛，2002：1）

西方哲學步入後現代時期，多少出現一些海闊天空（anything goes）的可能：

> 20世紀出現的……「後現代道德」……倫理學思潮，人們……可以對之作出一種積極的反應，認爲它們以不同的方式或在不同的理論層面刺激了20世紀倫理學的知識增長。（萬俊人，2002：導論3）

這種趨勢意味著後現代倫理學至少可以開創一些新穎的局面。

不過我們認爲後現代倫理學眞正的意義乃是推陳出新，大陸哲學學者萬俊人考察了一些可能的理由：

> 幾乎所有後現代的觀念和知識都是現代觀念和知識的某種戲仿式或反諷式延伸，並不具有完全獨立的歷史意味。……如果說，後現代的道德的確

> 給現代性道德的知識合法性提出了最嚴肅的理論挑戰，那也是因爲現代性的道德知識合法性僅僅是自許的，其危機也是自生的。作爲一種思潮，後現代主義反對一切知識合法性的訴求，它把這種合法性訴求視爲權力追求的規則遊戲，因而總是由於規則制度本身的權能疑問而使這種規則化遊戲成爲難以清晰解釋的政治權力事件，而非知識理論事件。（萬俊人，2002：導論3－4）

此種理由意味著，倫理學從現代走向後現代，與其說是知識方面的批評與取代，不如說是權力方面的爭取與體現。

西方文明有「傳統的、現代的、後現代的」之分，西方哲學也有「前科學的、科學的、後科學的」之別；傳統的文明與前科學的哲學自希臘時代以後長期受基督宗教影響，現代的文明與科學的哲學則十分看重理性的作用。如今要走向後現代的文明及後科學的哲學道路，並非理性發展的必然結果，而是知識權力的積極爭取。以倫理學爲例，後現代、非理性的關懷倫理學，正是對於集傳統和現代性質於一身、理性知識掛帥的正義倫理學之反動（方志華，2004）。由於關懷倫理學源自於女性主義學者的體驗反思，因此它帶有一種非常具有特色的「性別／知識／權力」視角。由此一視角考察過去整個西方倫理學，甚至其背後的哲學理念，就會發現其中充滿了由男性偏見長期累積而成的知識霸權。

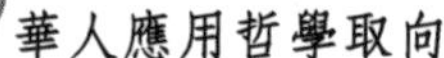

教育學者簡成熙對這種知識霸權有所描述：

> 不論是哲學、心理學或社會學的詮釋，從歷史發展的觀點來看，整個人類文明的建構，是以男性爲主導，而倫理內容又是規範人們行爲重要的準則，甚至是各種制度的淵源。那我們將有理由相信，傳統所建立的各種規範，極有可能只反映了男性的思維，甚至形成了獨斷的性格霸權。……哈佛姬莉根認爲傳統倫理學只反映了男性的思維，不僅忽略了女性之生活經驗，更以男性的標準作道德高下判斷的仲裁。（簡成熙，1997：198－199）

上述「哈佛姬莉根」即是當代美國女性主義心理學家姬莉根（Carol Gilligan），她於1982年由哈佛大學出版其代表作《不同的聲音》，標幟出後現代的「關懷倫理學」，與傳統的及現代的「正義倫理學」之相對狀態與不同聲音。

批判思考

姬莉根在其代表作第二版序言中明白表示：

> 道德問題是人們的關係問題，在追溯關懷倫理學的發展過程中，我解釋了非暴力的人類關係的心理學基礎。這種關係倫理學超越了古老的自私與

無私的對立，這一對立一直是道德討論的主題。許多人對於超越這些錯誤兩分法的聲音的研究，表明了一種努力，即企圖把道德討論的趨向從如何達到客觀性和分離問題轉向如何進行反應和關懷問題。……出去比進來更爲容易，因爲關係需要勇氣和情感投入，這是長期以來一直沒有得到充分注意和受到珍視的婦女的力量。（蕭巍，1999：序23）

姬莉根所指古老的道德討論主題即是正義倫理學，它涵蓋了古希臘時期亞里斯多德的德性倫理觀、十八世紀康德的義務倫理觀，以及英國哲學家邊沁（Jeremy Bertham, 1748-1832）的效益倫理觀。這三種倫理觀加上關懷倫理學，正是〈本科綱要〉所揭示有關道德本質的主要論述。

依歷史發展看，西方倫理學主要觀點的排列順序爲：德性論、義務論、效益論，以及關懷倫理學，不過〈本科綱要〉在「認識主要的道德理論」核心能力中，卻是從康德的義務論講起。其依照重要性，次第點出上述四種理論的關係：

康德倫理學對於近代以來的倫理思想有很深遠的影響，……效益主義可說是康德倫理外，西方倫理學另一主流傳統，……在很多方面，效益主義是與康德倫理對立的主張。……關懷倫理與德性倫理可以說是當代倫理學對於效益主義與康德倫

理纏訟不休的一種反應與另類思考。（核心能力五，一，1-1；二，1-1、1-2；三，1-1）

這種言簡意賅的主流論述，明顯反映出陽剛的知識霸權思維模式，如今已被歸入正義倫理學一派，而本書正是站在〈本科綱要〉所稱的「另類思考」一面，強調關懷倫理學的後現代性，並且嘗試將古典陽剛的德性論轉化爲後現代的陰性論述。

簡成熙（1997）引述了關懷倫理學與正義倫理學的相對性，包括「關懷對正義」、「人際關係對個性神聖」、「責任對權利」、「和諧對相互性」、「憐憫對尊重」、「歸納思維對演繹思維」、「文化相對主義對理性普遍原則」等等，由此可見二者在精神上的差異。不過本書在推動生命教育的大前題下，無意深化二者的差異性，而希望提倡彼此的互補性；只是這種互補性必須在中華文化的脈絡中，透過「中體外用論」的指導綱領所促成。簡單地說，我們嘗試建構一套本土化的倫理學局部知識系統，以陰性的道家思想，融匯具有關懷理想和德性意義的儒家思想，先形成「中國式關懷倫理學」的核心，再將「西方式正義倫理學」的精義納爲己用。相信這才是生命教育落實於本土時，對其發展最有利的文化土壤。

〈本科綱要〉揭示了義務論與效益論的相對性：

康德倫理最具實質內涵的道德第一原理：不論對待自己或他人，都要將之當成目的，而絕不能只

> 當成是手段。……康德倫理重視善意志而忽略行爲結果。效益主義則認爲行爲結果是衡量行爲對錯的關鍵因素。……應注意避免將效益原則與膚淺的享樂原則劃等號。（核心能力五，一，1-1；二，1-2、2-1）

我們認爲這類爭議是理性的高度表現，具有相當的哲學意義；尤其效益論更發展出量化的計算法，更具有科學精神（王錦雀，2001）。但是本書同樣希望爲在地的生命教育教師，引介一套足以與本土文化充分銜接的感性論述。感性乃屬「非理性」而非「不理性」；在中華文化的脈絡裏，它不一定表呈爲知識型態，卻可能體現出常識性的智慧，不應加以忽視。

我們有意發揚關懷倫理和德性倫理的後現代意義，〈本科綱要〉對二者有所說明和評論：

> 關懷倫理的一個重要特點是讓人意識到道德生活動態的關係面，而不只是靜態的道德主體孤獨地面對自己的良心或良心內的道德法則及義務。……德性倫理的特點是將倫理反省的焦點從行爲的道德判斷轉移到行爲者的德性身上。……「關懷」（caring）這個概念是否寬廣到足以涵蓋一切倫理課題，是不無可疑的。……德性倫理……主張的困難是：要如何決定誰是有德者？又如何決定德性的內涵呢？（核心能力五，三，1-2、1-3、2-1、2-2）

此番評論背後隱藏著一種全知觀點和外在標準，在西方傳統裏往往歸於道德形上學或宗教信仰的超越性去處理。身處華人世界，我們對此其實可以走向生活美學境界以及人生信念的內在性而落實。何況本書倡議的是華人倫理學局部知識，因而對西方倫理學的普遍性持保留態度。

意義詮釋

正義倫理學與關懷倫理學之爭，事實上即是西方哲學內部，理性與感性之爭的延續。十九世紀以後，叔本華（Arthur Schopenhauer, 1788-1860）的意志主義和齊克果與尼采（Friedrich Wilhelm Nietzsche, 1844-1900）的存在主義，標誌出感性哲學路線的獨特風格。感性思維看重的是情感和意志，但並不排斥理性，只是不再接受理性的優位性甚至唯一性。我們採取一種辯證式的看法，認爲感性思維可以分爲初階和高階兩層次；初階感性反映常識之見，需要通過理性知識的反思與批判，然後躍昇爲高階感性的悟性智慧之見。用心智的「常識—知識—智慧」三階段，對照於主體的「感性—理性—悟性」三層次，可以超越理性與感性之爭，走向海闊天空的圓融無礙境界。

本書各章皆以「概念分析—批判思考—意義詮釋—綜合討論」的形式書寫，其實也是把我們的常識之見，作一番知識性分析與批判，再轉化提昇爲較內在的「愛智」觀點。哲學書寫不敢言智慧之見，「愛好智慧」表示「雖不能至，心嚮往之」。眞正的智慧反映在知行合一的實踐上，這將是後面會介紹的「人格統整與靈性發展」之主題。而我們再三強調的後現代性，則具有如下特質：

> 後現代主義……並不認爲……必須以消滅現代主義爲基本前提，而是指現代主義僅僅作爲與其他各種話語平起平坐的思想方式出現，其思想中的值得繼承的東西在後現代狀況中依然可以占據一席之地，供人們參考和批評。（張文軍，1999：117）

這正是我們面對臺灣官方「生命教育」主流論述的基本立場。

「生命教育類」八科〈綱要〉草案都有如下的反省：

> 首先，有關價值理念之教學不可能採取純然「價值中立」之立場，因爲就連「價值中立」亦係某種價值立場。其次，價值教學若僅論述各種不同立場，卻對不同立場之良莠或理據不加以理性評估，似乎不能充分達成價值教學之目標。……生命教育教學與教材皆應秉持「態度應當公正，立場不必中立」的原則而爲之。前者是說，自主思考者不應該害怕採取立場，彷彿不認同任何立場就是最好的立場。……「態度必須公正」是說，

> 人應該持有立場，但對另類思想也應該保持傾聽的態度，並對自己所採取的立場保持一種允許反省的距離。

我們認同這種反省，但是希望在後現代思潮下，更進一步打破「主流」與「另類」的區分，讓教師與學生都能從欣賞多元中擁抱多元。

什麼是後現代倫理學的特徵？一位曾受流亡之苦的當代猶太裔英國哲學家鮑曼（Zygmunt Bauman）作出七點歸納：

> 1.……人在道德上是善惡並存的……。
> 2.道德現象在本質上是「非理性的」……。
> 3.道德具有無可救藥的先驗性……。
> 4.道德不能被普遍化……。
> 5.從「理性秩序」的角度來看，道德是並且註定是非理性的……。
> 6.……道德責任……是本我第一位的實在，是社會之起點而非社會產品……。
> 7.……對道德現象的後現代透視並沒有揭示出道德相對主義。（張成崗，2003：12－17）

由此可見，後現代倫理學並非如某些人所想像的顛覆傳統、否定現代的異端邪說。它不過是二十世紀哲學思潮擺向感性一端的自然產物，由於其中具有對於理性傳統的反思與批判，我們視之為更近乎人情的「常識性智慧」。

本章除了肯定後現代倫理學之外，還希望提出女性主義倫理學的觀點；尤其是以後現代的關懷倫理學，去轉化銜接古代的德性倫理觀。簡成熙引介了當代女性主義政治學者特朗托（Joan Tronto）的整合性論述：

> 西方倫理學發展，近年來亞里斯多德取向的德行倫理學（virtue ethics）重新受到正視，特朗托把關懷倫理學安頓在「情境倫理學」中，以別於康德的正義規則取向的倫理學，特朗托認爲情境倫理可以在亞里斯多德的傳統中發現。而諸如關注、責任、能力、和反應等關懷倫理的要素，更是實踐智慧應該培養的公民德行（civic virtue）。（簡成熙，2003：227）

這種倫理理論統整的努力，正是本書有意開發的方向。本於「中體外用論」立場，我們嘗試在下節中統整中外倫理觀。

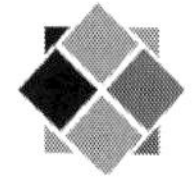

綜合討論

臺灣在地「生命教育」的前身，乃是一所天主教女子中學的倫理教育及宗教教育，具有一定程度的西化色彩。當它轉化爲高中課程綱要時，其內涵仍不脫西化的影響。反觀中華文化上下五千年，充滿著豐富的倫理學旨趣，在〈綱要〉中，卻僅提到一段：

> 判斷行爲對錯時應考慮的相關事實很多，……行爲所影響到的人事物之間的關係也是必須考慮的因素，好比傳統儒家提到的泛愛眾或等差之愛。（核心能力五，三，3-1、3-3）

這段話後來在〈本科綱要〉內又被提及，但放眼看整份〈本科綱要〉，其核心論述無疑是康德的義務倫理觀，由此出發去討論效益論、德性論，以及關懷倫理學。論述中唯一觸及中國倫理思想的，竟然是對道家思想根源的貶抑。

〈本科綱要〉在論及與康德倫理相對的效益主義時，話鋒一轉，提到中國倫理學：

> 注意不要將效益主義與中文常使用的功利主義混爲一談。中文的「功利」二字來自楊朱「拔一毛以利天下而不爲」的功利思想，是一種利己主義（egoism），這種思想完全不同於西方追求最大多數人最大福祉的效益主義（utilitarianism）。（核心能力五，二，1-1）

這種對楊朱功利思想的批評，多少是順著孟子的意見而發；但沒有進一步發揮，可說是〈本科綱要〉有所不足之處。爲了讓華人教師與學生能夠對生命教育擁有更爲寬廣的視野，本書不擬多談大家熟悉的孔孟老莊學說，而把注意力轉移到儒家的荀子、道家的楊子，以及具有批判精神的東漢思想家王充等人身上。這些「另類」觀點在後現代的今天看來，反而是最具啓發意義的。

由於〈本科綱要〉點名批評楊朱，讓我們借用馮友蘭的分析，將上述批評的背景放大來看：

> 楊朱一派有「不拔一毛」、「不利天下」的口號。這個口號可能有兩個解釋。一個是，只要楊朱肯拔他身上一根毛，他就可以享受世界上最大的利益，這樣，他還是不幹。另一個是，只要楊朱肯拔他身上一根毛，全世界就可以都受到利益，這樣，楊朱還是不幹。前者是韓非所說的解釋，是「輕物重生」的一個極端的例；後者是孟軻所說的解釋，是「爲我」的一個極端的例。兩個解釋可能都是正確的，各說明楊朱的思想的一個方面。（馮友蘭，1991：263）

〈本科綱要〉的批評只反映出孟子的觀點，我們卻發現「輕物重生」、「全生避害」等作法，乃是道家思想的根本義理（馮友蘭，2003），而這不能不說也是生命教育的活水源頭。

荀子在倫理學方面的歷史地位，相當程度奠基於他的人性論是站在與孟子相對的立場。孟子主張「性善」，荀子強調「性惡」，二者的爭議可分析如下：

> 性善觀念意味著強調成人過程之由內而外的性質，性惡則更多地注意到了人存在本身的不圓滿

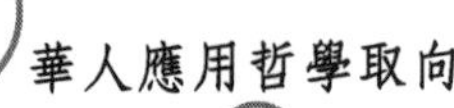

> 性及成人過程由外而內的性質。荀子……對完善人格的倚重，在人性理論中，表現爲對傳說中之制禮作法的聖人堯舜禹湯文武的贊頌，在政治層面，進一步明確化了，不再是傳說中遠古的聖人，而就是現實中的君子成爲政之存亡的關鍵。荀子理論的這種走向啓示我們，現實的力量永遠高於理論的邏輯。（韓德民，2001：337－338）

依此可知，儒家倫理學的重點不全在於性善與性惡，更在於理想與現實。生命教育多介紹一些務實的思想，將會使得推動生命教育更爲務實。

在本章末尾，我們打算簡短引介一位中國歷史上難能可貴的、具有理性批判精神的思想家王充。王充是與耶穌基督同一時期的人物，他的思想評價可總結如下：

> 王充對於鬼神觀念、祭祀活動和禁忌迷信的批判，不僅顯示了他的旗幟鮮明的批判風格，而且表示了他的實事求是的理性精神。……理性的批判……是使人類能保持自己健康地生存、發展的偉大力量。因此，王充的批判及其精神，在今天仍然是很有意義、很有價值的。（李維武，2001：215）

理性批判精神可視爲西方哲學的重大特色，在中國哲學中卻難得一見。倫理學處理的是人際關係，需要這種「愼思、明辨、篤行」的態度。尤其是以下四章所討論的應用倫理學議題，更有待大家用心體察、躬行實踐。

主體反思

1.倫理學有一種研究視角稱爲「後設倫理學」或「元倫理學」，主要針對倫理議題進行詳細深入的概念分析，請對此一進路加以說明並予評論。

2.後現代倫理學質疑現代倫理學的知識霸權並加以顚覆，請舉例說明之。

3.女性主義倫理學所主張的「不同的聲音」究竟爲何？請根據文獻加以闡述。

4.用自己的生命體驗去印證「常識—知識—智慧」的心智活動三階段，如何擴充「感性—理性—悟性」的主體開顯三層次。

5.楊朱學說雖被儒家嚴詞批評，卻形成爲道家思想的活水源頭，請對這些古代思想發展的來龍去脈加以廓清。

6.孟子與荀子的人性善惡爭議已歷兩千兩百餘年，但兩人其實相差七十多歲，無法當面討論。請根據當時的社會變遷，找出造成二人思想差異的外在脈絡動力。

心靈會客室

一息尚存

寫作本章期間，接到電話得知我的一個學生剛剛往生，趕到醫院時正看見兩名護士在幫他穿壽衣，我也戴上口罩手套從旁協助。這時距他斷氣還不到一小時，柔軟的軀體任人擺布，使我想起有回將一名醉酒同事抬上床的景象。這個學生患有肺結核卻不自知，正在爲事業打拼的壯年時期，終因長期操勞而一病不起，去世時才三十五歲，令人相當惋惜。由於死亡證明書上載明是法定傳染病，大家都相當緊張，連運送遺體都用屍袋裝載，更讓我感到去年SARS流行期間的駭人景象浮上眼前。遺體在不到四十八小時之內立即火化，一個有血有肉的人遽爾煙消雲散，只留下親人好友的聲聲祝福。亡者是佛教徒，得以往生爲另一個有情眾生。宗教的來世許諾，的確具有安定人心的作用。

這個事件並非突發，卻令我沉思良久。學生去世前在醫院加護病房足足躺了六週之久，完全不省人事，只靠鼻胃管和呼吸器維生。此種現代醫療科技，雖可以維繫一個人生命的「量」，卻難以改善生命的「質」。當我看見護士一方面小心翼翼地從往生者鼻中抽出長長的維生細管，一方面還不忘說一些安慰亡靈的體貼話語，不由得讓我對護理工作產生高度敬意。同樣的敬意也落在從事禮儀工作的殯葬人員身上。我講授生死學與生命教育課程多年，學生有不少來自護理界和殯葬業。在課堂上他們聽我大談生老病死，這回我卻在醫院的病房和往

心靈會客室

生室看見他們眞正的服務情形，著實讓我上了寶貴的一課。「死者爲大，以病爲師」，這些都是我經常掛在口中的語頭，如今卻成爲眞實體驗，不啻屬於我自己的生命教育。

我雖然也是佛教徒，但是對於往生來世之事不太在意，反倒認爲人死如燈滅，如何在生前發光發熱才是大學問，而倫理學正是一門討論人生在世如何安身立命的實踐知識。我對倫理學的態度很簡單也很務實，亦即主張人只要一息尚存，就必須不斷爲自己爭一口氣。重點不是苟延殘喘，而是獨善其身。生物性的「生命」固然重要，但是病入膏肓用器材維生卻不見得有必要。我所看重的是心理的、社會的、倫理的、靈性的「生命」，生命教育正是教人如何安身立命的方便法門。我自己十分嚮往道家「自然無爲」的人生境界，倫理關係傾向追求「無求於人，亦不爲人所求」的自了漢工夫。只要我一息尚存，就會爲維繫這種生命情調的抉擇而努力。我提倡獨善其身式的倫理學，人們質疑「獨」的不負責任，我卻強調「善」的難能可貴。君不見世上多少政治人物發願兼善天下，卻搞得天下大亂。還是讓生命教育從獨善其身做起吧！

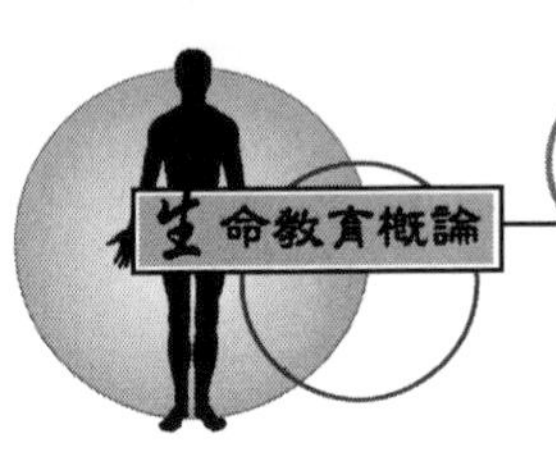

參考文獻

方志華（2004）。**《關懷倫理學與教育》**。臺北：洪葉。

王錦雀（譯）（2001）。〈倫理學的分類〉。載於黃藿總校閱，**《哲學概論》**（R. P. Wolff著），200－275。臺北：學富。

李維武（2001）。**《王充與中國文化》**。貴陽：貴州人民。

張文軍（1999）。**《後現代教育》**。臺北：揚智。

張成崗（譯）（2003）。**《後現代倫理學》**（Z. Bauman著）。南京：江蘇人民。

陳　剛（譯）（2002）。〈後之時代〉。載於陳剛等譯，**《後現代轉向》**（S. Best與D. Kellner合著），1－45。南京：南京大學。

程起銘（譯）（1989）。**《必要的緊張關係》**（T. S. Kuhn著）。臺北：結構群。

馮友蘭（1991）。**《中國哲學史新編（第一冊）》**。臺北：藍燈。

馮友蘭（2003）。**《中國哲學簡史》**。北京：北京大學。

萬俊人（2002）。**《現代性的倫理話語》**。哈爾濱：黑龍江人民。

蕭　巍（譯）（1999）。**《不同的聲音——心理學理論與婦女發展》**（C. Gilligan著）。北京：中央編譯。

韓德民（2001）。**《荀子與儒家的社會理想》**。濟南：齊魯書社。

簡成熙（1997）。〈關懷倫理學與教育——姬莉根與諾丁思想初探〉。載於簡成熙主編，**《哲學和教育——二十世紀末的教育哲學》**，197－232。高雄：復文。

簡成熙（2003）。〈女性主義的教育哲學〉。載於邱兆偉主編，**《當代教育哲學》**，209－246。臺北：師大書苑。

第十章　性愛與婚姻倫理（一）——基礎課題

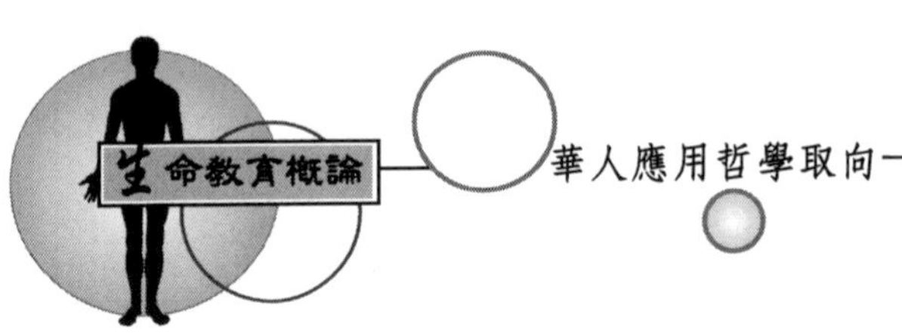

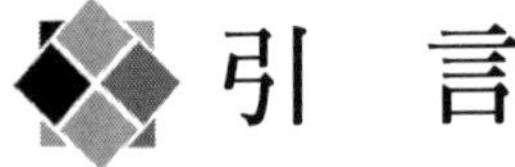

引　言

在〈綱要〉中，把「性愛與婚姻倫理」和「生命與科技倫理」兩科納入生命教育選修課程，是因爲二者屬於「當代應用倫理課題中最爲重要的兩個範疇」。其中「性愛與婚姻倫理」綱要草案所訂定的目標爲：

> 本課程以性的人學爲起點，來建立性愛與婚姻倫理的基本原則，並針對相關的重要倫理議題進行探討，其目標爲：一、培養學生建構正確的性、性別及性愛的倫理觀，進而能於生活中實踐。二、培養學生正確的婚姻倫理觀，作爲婚前教育的一個環節，進而對婚姻有關的倫理議題能進行正確思考。

於高中階段向年輕人推廣適當的性愛與婚姻觀念，有其實質上的重要性。因爲1998年9月中，當生命教育在臺灣正式起步才一個半月，即發生驚人的高中女生廖曼君及其已婚男友殉情事件，引起教育界人士和社會大眾對生命教育的自殺防治功能寄予厚望。

性愛與婚姻倫理原本屬於性倫理，如成則已擴充至性別倫理；原本只言及兩性關係，如今則涵蓋同性及雙性關係。身處於後現代的臺灣華人社會，人們所面臨的性愛與婚姻生活處境，已無法以單一價值觀做出籠統地處理。心理學者劉惠琴表示：

> 後現代思潮……強調生活的複雜性與矛盾性，以至於無法用單一的理論系統觀之。因而，特別強調諸多小系統間的對話關係……。

她並指出：

> 臺灣社會中的父權結構，已被新興的力量所解構著。同時，這些新力量也在定義著什麼才是正確的「性別正義」。（劉惠琴，2002：59－61）

本於這種文化與社會脈絡，我們在這兩章中，將秉持「中體外用論」進路，以作為「中體」思想的「中國人文自然主義」，融攝西方的存在女性主義，對性愛與婚姻議題，提出與官方主流觀點互補的論述。

概念分析

性愛與婚姻的相關議題，相信是生命教育中最能引起高中職以及大專學生興趣的部分；如今這部分議題是放在應用倫理學的架構下來討論，因此有必要先對應用倫理學加以介紹。目前在臺灣各大學中，對應用倫理學研究做得最持久、最有系統的教研單位，便是中央大學哲學研究所。該所下設「應用倫理研究中心」，自1997年1月起出版《應用倫理研究通訊》季刊，至今已發行三十二期。由於受到教育改革時代潮流的影響，臺灣的高等教育便展開「終身學習的回流教育」新頁，自1999年8月起在各大學普設「碩士在職進修專班」，每年提供七千多個名額，讓社會各界人士在職進修碩士學位。中大哲研所於2000年8月成立此類專班，完全以應用倫理學爲教研方向，目前就讀的研究生主要爲中小學教師，可視爲生命教育師資培育的重要管道。

根據中央大學應用倫理研究中心主任葉保強的考察，目前在華人社會，對應用倫理學有一個流行的誤解及兩個普遍的迷思：

> 對應用倫理學的一個常見的誤解，是認爲應用倫理學就是將現成的倫理學的應用。擁抱這誤解的人經常來自學界，而且多來自主流的哲學教研單位。……在倫理學教學或道德教育上一直存在這樣的一個錯誤的看法：倫理學或道德教育是不需要通過一門獨立的課程，只需要用滲透的教學法，在現有的學科中，加插倫理或道德教育就足夠了。……誰最有資格教授……專業倫理？一個流行的答案是：只有在行業內經驗豐富的成員才有資格講授這類專業倫理教育。（葉保強，2004：24－27）

上述誤解與迷思，我們認爲是在處理生命教育中應用倫理課題，首先必須加以釐清的。

與一般主流倫理學探究路線不同的是，本書強調應用倫理學的優位性。換言之，我們不主張用傳統的與現代的倫理學理論，來指導後現代的應用倫理學，反而認爲應用倫理學可以呈現與補充既有倫理學之不足。美國倫理學者圖明（Stephen Toulmin）於1982年曾發表一篇論文，題目即是〈醫學如何挽救倫理學的命脈〉，他發現：

> 倫理問題的最終答案一方面來自於公認的原則和權威性的要求；另一方面來自於可變化的和多種多樣的願望、情感或者是態度；而沒有任何通過合理的論證來解決爭執的方法被雙邊接受。大約始於1960年，哲學家開始注意醫學倫理學，這種努力……使倫理學討論擺脫了這種相持局面……。（張業清，1990：325）

醫學倫理學屬於應用倫理學的一環，它乃是獨立於既有倫理學之外自行發展出來的。

究竟什麼是應用倫理學？葉保強指出：

> 應用倫理學就是對現時人類社會所面臨的重要問題做倫理描述、分析及建構的知性活動。這些問題都是眞實而非空中樓閣的問題，應用倫理學的焦點就是集中在它們的倫理面，進行經驗、規範

> 及觀念的研究。倫理的經驗研究是社會學家的工作，後兩個工作是哲學家的工作，兩者都屬於應用倫理學的範圍。（葉保強，2004：25）

由是觀之，應用倫理學具有跨學科的性質，可以站在「後科學的哲學」立場，對社會科學的研究成果加以去蕪存菁，爲己所用。相對於「前科學的哲學」所呈現的孤立系統，以及「科學的哲學」在科學氛圍中的身不由己，「後科學的哲學」處於後現代，可以揮灑的空間無疑寬廣許多，存在女性主義意義下的追求「主體性」便屬其一。

追求「主體性」是現代倫理中值得保留的價值觀，在性愛與婚姻的人際關係中，培養「互爲主體性」或「主體際性」更爲重要。〈綱要〉強調：

> 人與別人的互動存在是人生尋求意義，追求幸福最重要的場域。人與人互爲主體，有你才有我的關係是最適合人的。……當人與人的關係變成是人與物的關係時，有一方被物化、工具化即無法顯出人的主體性。（核心能力六，一，1-2）

心理學者翁開誠則對「主體性」有所闡述：

> 個人的主體性，不是單獨形成的；與群體、外在的社會結構，甚至於歷史、文化的沈積內化，有著複雜的關係。而經由此交錯滲透，落在個人心理上，在認知、意志與情感上。（翁開誠，

2002：31）

這裏說明了，從「主體性」走向「互爲主體性」或「主體際性」，應該緊緊扣住歷史社會文化脈絡加以考量。

批判思考

臺灣生命教育官方論述在介紹倫理學時，最看重康德思想。香港倫理學者葉敬德指出：

> 康德認爲最高的道德律便是不可以視人爲工具或物。……從道德的角度看，縱使是雙方同意的性交也是在利用對方的身體來滿足自由的欲望。……以性品質或身體來滿足別人或自己的性欲，都是將人用作工具，是不道德的。而康德相信，惟有在一夫一妻的婚姻內，男女雙方均有權利終身擁有對方整個人，包括了對方的性品質，兩人成了「一個意志的一體」(a unity of will)，性交也不再以對方爲工具了。（葉敬德，2002：309）

康德的保守觀點在此明顯可見，如今雖已不合時宜，但仍具有値得參考的哲學深度。至於下述他對於男女本質差異所作的描述，則屬眞正不合時宜的哲學偏見。

葉敬德進一步表示：

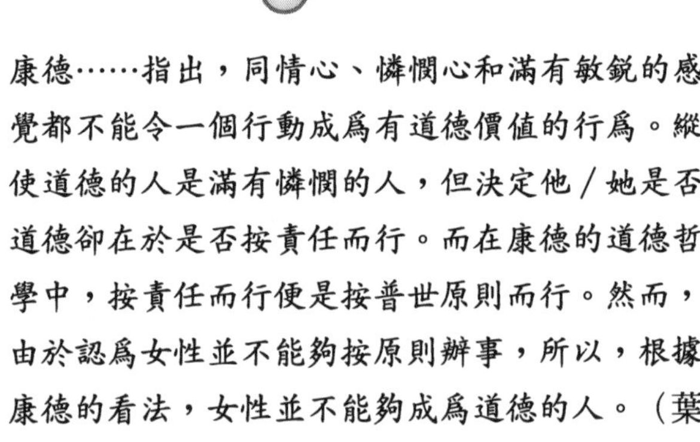

> 康德……指出，同情心、憐憫心和滿有敏銳的感覺都不能令一個行動成爲有道德價值的行爲。縱使道德的人是滿有憐憫的人，但決定他／她是否道德卻在於是否按責任而行。而在康德的道德哲學中，按責任而行便是按普世原則而行。然而，由於認爲女性並不能夠按原則辦事，所以，根據康德的看法，女性並不能夠成爲道德的人。（葉敬德，2002：310）

面對作爲主流論述意識型態的如此看法，我們打算提出相對的另類觀點，那便是以同情心、憐憫心及敏銳感受爲核心價值的關懷倫理學，在其中大家可以盡情擁抱脈絡、少談原則。做人有原則並非壞事，但是用「原則主義」去否定女性的道德地位，不能不說是道德偏見。十八世紀的康德心存偏見無可厚非，二十一世紀的我們倘若仍舊食古不化，就有必要虛心檢討了。

康德的思想反映出西方人受到基督宗教影響下的負面性愛觀，並由此貶抑女性。根據科學家的觀察：

> 西方文化一直未把性整合到文化之中，而只是把它邊緣化……。我們大部分的西方人，一直有一個傳統，性只有在家庭領域內才受到認可，目的在於傳宗接代；色情行爲及同性戀存在的必要性，則不受到正式認可，只默許他們在暗地裏存在。（潘勛，1993：13）

這些話出自一位身爲美國國家科學院院士的女性生物學家之口，屬於西方歷史文化反思，多少讓人們看見西方性倫理學的侷限性。不過西方文化最爲可貴之處，也在於這種自我反思批判的能力。我們認爲，二十世紀西方思潮最值得肯定的，便是存在主義、女性主義、以及後現代主義。

存在主義、女性主義、後現代主義的最大特色，乃是對本質主義、性別主義、現代主義的「破」；而且「大破」之後並未「大立」，爲世人的身心自由保留了極大的發揮空間。平心而論，性愛與婚姻倫理的出發點，其實是每一個人的身體；沒有了身體，一切討論都無從著落。生命教育講求尊重生命，理當從尊重身體著手；落實「主體際性」，必須從相互尊重彼此的身體出發。尊重身體並不意味縱容身體，而是正視身體的存在，並視其爲一切有關「人」的知識探究之基礎。〈本科綱要〉所列第一項核心能力，便是「探索與理解性的人學與基本的性倫理觀」，其中所指的「人學」，正是對「人」的知識探究。

「人學」的知識傳統是典型西方的，且有哲學與科學不同的進路。科學進路如今歸於行爲社會科學，一般稱爲「人類學」；哲學進路保留著「前科學的」傳統，近年在哲學界喜稱其爲「人學」，以示與科學知識有所區別。不過在臺灣的生命教育中言及「人學」，尚可反映出一份天主教傳統。生命教育的天主教淵源，在第一章已經述及，如今一位天主教大學副校長更清楚表示：

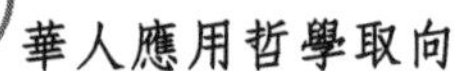

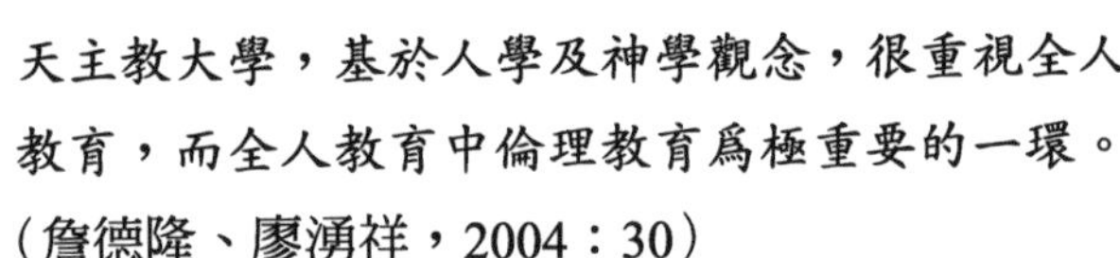

> 天主教大學，基於人學及神學觀念，很重視全人教育，而全人教育中倫理教育爲極重要的一環。（詹德隆、廖湧祥，2004：30）

此處與「人學」伴隨相至的學問乃是「神學」。由於本書對宗教信仰相關事物秉持「存而不論」的態度，因此「人學」在我們的知識建構中，第一步必須要與「神學」脫鉤，然後再將其轉化至本土文化脈絡內推陳出新。

意義詮釋

本書所提倡的「人學」概念，乃是人本的、世俗的人間學問。我們認爲肯定自己的「主體性」無與倫比，看重關係的「主體際性」更彌足珍貴，這些正是倫理學所關注的人際關係問題。人際關係在男女之間、親子之間，已經有可能出現宰制與被宰制的現象，亟待從每個人的自我觀念心態改善起。爲了讓大家對於「人」作爲個別「主體」的意義與價值有所體認把握，我們提出「生物／心理／社會／倫理／靈性一體五面向人學模式」；其中以認知上描述整體的斜線符號“／”使用，取代過去慣用的本質上指涉多層的連字符號“—”使用，目的正是凸顯全人觀點（鈕則誠，2003）。換言之，每個人都是一個整體，拆解開來考察只是認知上的方便法門，並非從根本上即予差別對待。

本書認同關懷倫理學，從而關注作爲人際關係基礎的身體，亦即人的生物面向。身體在當代加拿大社會學家奧尼爾（John O’Neill）的眼中，乃是倫理道德的基礎：

> 我們應關注的是最基本的交往身體，它不僅是所有社會的道德基礎，也是任何一種社會科學實踐的道德基礎。……從生命的最初一刻起，我們的身體就將我們交付給了成年人的呵護……。……他人呵護我們、滿足我們的身體需求絕非僅僅出自某種私己的快感，毋寧說這是一種人類的關愛傳統（tradition of caring）；成年後的我們也往往將此種我們曾享有過的關愛回贈給下一代。這是社會得以成立的一個最根本的條件。（張旭春，1999：8）

此處讓我們深切反思，倫理學的生物性根源是何等重要。

奧尼爾對身體的社會學探索，從區別生理身體與交往身體開始；但是這種區分並非要貶低生物性身體的重要性，而是要加深生物學與文化之間的聯繫。人類身體從生理身體擴充爲交往身體的關鍵性發展，乃是以直立姿態行走及活動。因爲如此一來，人類的視聽能力得以有效開拓出一個符號世界，更進一步豐富了自身的體驗，從而超越其他物種（張旭春，1999）。人體的直立姿態對於性愛與婚姻倫理，尚且產生一項獨特的啓發意義，那便是人類乃是唯一可以面對面性交的物種；藉著表情和語言的溝通，性事得以從傳宗接代的本能，擴充爲情慾流動的文化。在這種身體的不同體現下，奧尼爾乃更細緻地將身體再分判出五種形態：世界身體、社會身體、政治身體、消費身體、醫學身體，每一種形態都有助於性愛與婚姻倫理的考察。

以女性瘦身、整型、美容的行爲爲例，這便涉及了社會身體、消費身體和醫學身體的概念。當女人從過去滿足男性觀看的「女爲悅己者容」，轉向滿足自我觀看的「女爲己悅者容」，多少反映出一種女性主義「意識覺醒」。正是這種意識覺醒，在仍舊瀰漫著濃厚男尊女卑價值觀的華人社會，倘若得以盡量落實於性愛與婚姻倫理的實踐中，相信能夠收到一定振聾啓聵的效果。女性主義處於這種實踐脈絡中，又是具有十足的政治意涵：

> 女性主義既是抽象的意識形態，又是具體的政治綱領。各種流派的女性主義學說都有政治性，因爲都是基於女性對男權的認識來闡述改造社會的可能性。（柏棣，1995：14）

性愛與婚姻倫理倘若缺乏對「性別政治」作出反思批判，則只能視爲未搔著癢處的泛論。

〈綱要〉對性愛倫理有如下反思：

> 性不只與個人相關，它還涉及他人。性與人性的一些經驗息息相關，例如人我的親密、喜悅、愛

> 情、家庭、生育、互爲主體的彼此豐富、自我實現等。它也能包含一些殘酷、暴力、欺騙、不正義、自私、利用別人身體等處境，因此性與人性價值一樣，具有道德意義。（核心能力六，一，2-1）

把這種反思放在當下社會脈絡中，可知所言不差。對十五至二十五歲的年輕人而言，性啓蒙的內涵其實就包括上述種種經驗；只是有些人在這些經驗中成長，有些人卻從此墮落。性經驗無疑具有道德意義，屬於應用倫理學的重要議題；但接下去的問題必須先予深思：究竟要採用何種觀點，方能在性愛與婚姻倫理的探討上無過與不及？

綜合討論

「性愛與婚姻倫理」作爲生命教育的七大主題之一，且納入應用倫理學的範疇加以探究，我們建議採用「存在主義—女性主義—人文主義—自然主義」一系進路從事考察。存在主義和女性主義對於生命教育的啓蒙，分別爲「自由與責任」及「性別與權力」（鈕則誠，2004）。將存在主義、女性主義、人文主義視爲反思性愛與婚姻倫理的辯證三階段，反映出它在眞實生活實踐中所遭逢的情況；存在主義可以提供一對有性關連的男女雙方個別的「主體

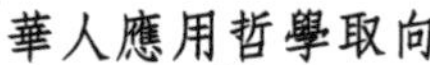

性」（正），但是女方立即可以通過女性主義視角察覺到無所不在的「性別權力」宰制（反），唯有當雙方調整心態互相關懷始能產生人文主義意義下的「主體際性」溝通和分享（合）。至於自然主義則是對性愛與婚姻生活美學最高境界的描述。

把存在主義樹立主體性視爲建構性愛與婚姻倫理的第一步，乃是最起碼的條件；倘若連這點都做不到，那就不必奢談生命教育的落實了。至於提出女性主義，則可視爲知識上與生活上的策略運用；只要「性別權力」宰制存在一天，女性主義的撥亂反正價值便存在一天。但是標榜「女性」並非終極論述，畢竟世界上還有一半人類是男性。然而人文主義、自然主義亦非終極論述，它只代表我們追求「止於至善」理想的辯證揚昇歷程，其意義乃是不斷地開放。由於「性愛與婚姻倫理」的生命教育，涉及年輕人的生活體驗和現實處境，我們不希望好高鶩遠，談論一些不切實際的大道理，所以提出上述理論建構與人生實踐的辯證三階段，作爲教師與學生學習成長、改善現狀的可行途徑。

〈綱要〉對於在地現狀有所描述：

> 近年來性經驗、濫交、性病等之年齡層愈來愈低；婚姻制度受到挑戰、離婚率愈來愈高、未婚同居、婚外情；性暴力、性商業化等現象愈來愈多。人應該對性加以倫理反省，而對傳統性規範

> 的解構時代，如何重構性倫理更屬必要。（核心能力六，一，2-2）

我們認同主流論述「重構性倫理」的呼籲，但是建議轉向更具有批判意識的「建構性別倫理」。傳統文化的十六字箴言：「男大當婚，女大當嫁；不孝有三，無後爲大」，在華人社會仍具有一定影響力；但是大環境已經改變，「結婚生子」作爲人生唯一選項，在當前必須考慮較多的風險。有些人或許的確不適於走進婚姻生活，聽從古訓冒然步入禮堂，結果很可能損人誤己。對於終身大事，我們主張愼重其事，畢竟選擇不婚總比失婚來得好。

如果照康德的說法，唯有在一夫一妻制婚姻關係中的性愛活動，才具有倫理學意義，才是道德的行爲，而當前世界上也的確有無數人在追求婚姻關係，以作爲性愛生活的歸宿。〈綱要〉爲婚姻賦予了極爲理想、崇高的意義：

> 婚姻是最能實現性的人性意義的場所，在身心靈的整合下，生命得到滋潤，得以發揮。人具社會性，要與別人一起，人才能成爲人。兩人的生活使彼此相互成全，相互成爲對方的一個善。共同學習愛，共同邁向至善。婚姻之愛是一個蘊含多重因素的完型，其中包括友誼、愛、婚約、性、生育與神聖。（核心能力六，三，1-2）

這雖然是許多人嚮往的幸福人生，但也無法掩蓋天下有情人會分手、離婚的事實。應用倫理學理當正視事實，發掘眞相，進而尋求改善之道。

當代英國社會學家吉登斯對於親密關係的轉變有所反思，其要點爲：

> 兩個主體本來在自由中的結合，經協商評估後選擇在一起，然而最終竟然還是分手，這個分手的動作把原來的情感著色，使人覺得原先只是虛情假意或根本就是騙局，因此更令當事人難以接受。……愈是自主投入的關係，在分手時就愈形痛苦。而且唯有當人們反思認識了這個內在的張力，他們才可能調整心態和互動，打造更能爲雙方接受的關係狀態。（何春蕤，2001：xiv－xv）

在這種現實情況的啓示下，我們建議生命教育教師，應當鼓勵年輕人擁抱理想主義，但是務必要避免陷入完美主義。完美主義是兩極化思考的產物，這種人看事情非黑即白，但是性愛與婚姻卻是充滿各種色彩的生人處境，又何苦選擇走向極端呢？

主體反思

1.如果應用倫理學不完全屬於既有倫理學的應用，那麼它的理論基礎活水源頭又在何處？

2.在高中開設「性愛與婚姻倫理」選修課程可謂創舉，這不只是性教育，更是性別教育，請對此加以闡述。

3.請解釋何謂「主體性」和「主體際性」，並說明二者之間的關係。

4.本書各章作業皆強調「主體反思」，瞭解「主體」的意義後，請再指出「反思」的重要性。

5.西方的「人學」與「神學」相呼應，中國則「人文」與「天文」相對照，請比較二者的異同。

6.試著觀察你自己的生活週遭，舉實例說明「性別權力」的無所不在。

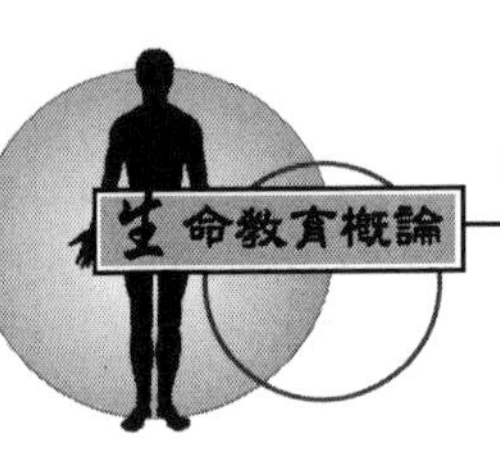

心靈會客室

愛情你我他

我在大學中任教，長期靠講授通識課程爲生；學生把通識課當營養學分來修，我只好不斷在其中添增心靈的養分，讓他們覺得不虛此行。印象裏有兩門課既叫好又叫座，曰「生死學」與「愛情學」。生死學的作業是寫遺囑，愛情學當然要寫情書啦！前者大家尚能有感而發，後者有時不免強人所難；畢竟不是沐浴在愛河中的男女才會選修此課，似乎有更多的人是抱著尋求指點迷津的心理而來。記得有一回開授愛情學，來了一對大四男女同學，每次上課都坐在前面跟我對話。原先以爲是情侶，後來才曉得兩人爲患難之交。他們過去並不熟悉，卻因先後失戀，而成爲相濡以沫的好朋友。一學期下來，我從他們身上學到許多。看見他們滿意而去，我也覺得是功德一件。

愛情也許是人間最難參透的學問，我自不量力，膽敢開授愛情學，說穿了無非是打著這塊招牌吸引學生選課罷！但是招牌既然已經打出去，總不能言之無物，自毀名聲，於是我經常努力在想如何教好這門課。積多年之經驗，我發覺個案教學最討好，也就是在課堂上多講故事，大家聽得津津有味，教師和學生雙方也就各取所需，皆大歡喜。不過最近這幾年我感到跟學生漸漸出現代溝，原來E世代大學生的情場經驗及愛情觀，跟我們那個時代的年輕人比起來，可說是大異其趣。年輕時讀李敖、王尚義他們那一代的故事，發現那時候流行寫情書，而我們則流行打電話；我就曾經躲在被窩中，跟女友在電話裏聊了一整晚。如今呢？網路和手機明顯當道，彷彿結合了情書與電話，內容卻絕對推陳出新，令我們這些LKK望塵莫及。

理想的愛情乃是「你」與「我」之間的小天地，容不得另外一個「他」或「她」涉足，偏偏聽到的故事大多是剪不斷、理還亂的愛情你我她。最讓我印象深刻的故事發生在十三、四年前，一個女孩子愛上了我的大學同學，但是我同學的心另有所屬，女孩苦戀一年，見男生不爲所動，竟然切腹自殺。所幸傷勢較淺，未及要害，住院月餘後黯然離去。我曾代表我同學到醫院送花致意，回來後的結論爲：她是一個偉大的靈魂，但走錯了方向。愛情故事很難講誰對誰錯，而且即使修成正果結爲夫妻，也有失和的可能。這幾天在電視上看見中年人殺妻再跳樓，老年人殺妻再喝農藥的連續兩樁家庭慘劇，令人不禁對性愛與婚姻的結局竟是如此不堪而深感疑惑，不知道生命教育如何看待這些層出不窮的「愛者欲其生，恨者欲其死」人間憾事？

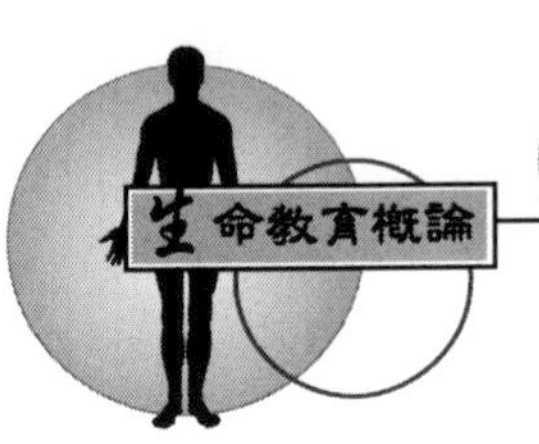

參考文獻

何春蕤（2001）。〈反思與現代親密關係——親密關係的轉變導讀〉。載於周素鳳譯，**《親密關係的轉變：現代社會的性、愛、慾》**（A. Giddens著），iii－xvii 臺北：巨流。

柏　棣（1995）。〈平等與差異：西方後現代主義女性主義理論〉。載於鮑曉蘭主編，**《西方女性主義研究評介》**，1－18。北京：三聯。

翁開誠（2002）。〈覺解我的治療理論與實踐：通過故事來成人之美〉。**《應用心理研究》**，16，23－69。臺北：五南。

張旭春（譯）（1999）。**《身體形態——現代社會的五種身體》**。瀋陽：春風文藝。

張業清（譯）（1990）。〈醫學如何挽救了倫理學〉（S. Toulmin著）。載於石毓彬等譯，**《現代世界倫理學新趨向》**，323－343。北京：中國青年。

鈕則誠（2004）。**《教育哲學——華人應用哲學取向》**。臺北：揚智。

葉保強（2004）。〈有關應用倫理學的誤解與迷思。**《應用倫理研究通訊》**，29，24－29。桃園：中央大學。

葉敬德（2002）。〈一夫一妻、性愛一家與男女平等〉。余涌主編，**《中國應用倫理學（2001）》**，305－315。北京：中央編譯。

詹德隆、廖湧祥（2004）。〈輔仁大學「專業倫理」課程的推行與展望〉。**《應用倫理研究通訊》**，29，30－43。桃園：中央大學。

劉惠琴（2002）。〈助人專業與性別實踐〉。**《應用心理研究》**，13，45－72。臺北：五南。

潘　勛（譯）（1993）。**《性的歷史》**（L. Margulis 與 D. Sagan 合著）。臺北：時報文化。

第十一章　性愛與婚姻倫理（二）——進階課題

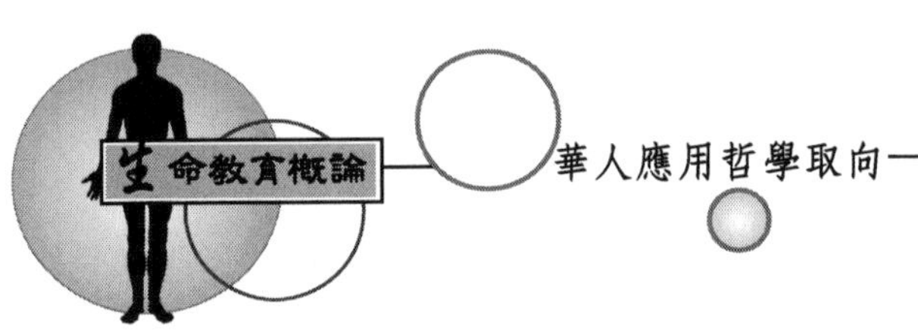

引　言

「性愛與婚姻倫理」和「生命與科技倫理」兩科，在生命教育的脈絡裏，是歸於應用倫理學探究的課題，而應用倫理學則屬於更廣大範圍的應用哲學之一環。本書標幟出「華人應用哲學取向」，無疑會對應用倫理學議題格外重視。不同於傳統及現代哲學的討論，我們走的是後現代哲學的道路。在後現代的氛圍中，我們嘗試建構一套「六經註我」式的局部知識，應用倫理學和應用哲學在這種建構下，便不全然屬於既有倫理學和哲學的應用，更好說是落實於本土、適用於在地的新倫理學、新型哲學。當然人間知識並非從天而降的啓示教誨，它必然有其歷史文化的傳承。因此我們秉持「中體外用論」的主體意識和人文精神，努力在華人社會爲應用哲學扎根。

上一章大致可視爲「應用倫理學概論」，本章則進入專論部分，主要針對〈本科綱要〉的文本，進行「華人應用哲學」的反思與批判。綜觀〈本科綱要〉主流論述所蘊涵的意識型態與價值觀，所反映的乃是「性愛—婚姻—家庭」一系線性思考，主軸之外的選擇皆不被視爲人生的圓滿。我們對這種主流思維不表反對，因爲它畢竟是許多人設定要追求的幸福目標。但是我們本著後現代尊重多元的精神，覺得有必要向生命教育教師引介各種多樣與多元人生選項的可能。像上述線性生活型態之外，性愛方面至少有「結婚生子、成家無後、未婚生子、單身生活」四種選項，而單身者更有「獨身、獨居、獨處」三種可能。這些多樣或多元的生活方式，很難說是絕對道德或不道德的。重點在於「自由與責任」必須兼顧，否則人生便難以安頓。

概念分析

〈本科綱要〉一開始便指示：

> 從現象學、生物學、心理學、社會學及文化人類學等學科知識探索性的人學意義。（核心能力二，一，1）

此與本書所主張視「人類存有」為「生物／心理／社會／倫理／靈性一體五面向」的概念模式大致吻合。尤其〈本科綱要〉更建議以文化人類學：

> 探討文化對性愛、婚姻、獨身、性別的觀念與不同文化的共同點、個別文化（中國文化）的特色及歷史上和現在各大宗教對性愛、婚姻、家庭、性別的觀念。（核心能力二，一，1-5）

這裏考慮到文化差異性，是十分具有建設性的想法。若將之對照於人的「靈性」面向，更能呈現出意義；因為在以漢民族為主的中華文化脈絡下，「靈性」乃傾向「內在精神性」而非「超越宗教性」，這是與其他民族文化相當不同之處，值得生命教育特別關注。

至於對於人的特質，〈本科綱要〉有如下的推敲：

> 身心靈的整合是人安頓自己生命的重要目標，它可以使人做眞實的自己，追尋生命的意義而不易迷失。……人最重要的關係是與其他人的關係(人際關係)，此即人的社會性。……人的時間性有：「過去」、「現在」、「未來」三個階段。……因為有「未來」使人有機會不斷的統整，以達到至善的可能。（核心能力二，二，1-1、2-2、3-1、3-4）

其中包括兩項課程內容：「探索人是怎樣關係性的存在」、「探索人是怎樣時間性的存有」，分別可以通過女性主義關懷倫理學和存在主義主體倫理學加以深化實踐。事實上，我們在西方當代思潮中，特別挑出存在主義、女性主義和後現代主義，作為「華人應用哲學」的「外用」部分，目的正是為了契合中國哲學「從人生看宇宙」的理論與實踐進路。

在人生諸多際遇與活動中，「性」的根源力量不能忽視，而需加以疏導化解。〈本科綱要〉有云：

> 性是一種使人願意相遇的力量，它部分是屬於本能的，是一種驅策力……。那些各種神秘難解的力量等著我們去接受、疏導，把它們與其他的人性因素，如愛和友誼的理想、價值觀、信仰整合起來。……個人在性方面對自己的責任是將人的性（開放的動力、慾望）與人性的其他部分統整。……性整合的人在與別人交往時會自問的基本倫理問題是：「在此時此景面對此人有此表達是否尊重對方，尊重自己，是否對彼此的眞實自我眞誠？」（核心能力二，三，3-1；五，1-1、1-2）

其對「人在性方面與所有人的基本責任」之結論包括三點：尊重、不傷害、眞誠負責，這與下兩章要介紹的生命倫理學基本原則——尊重自主、不傷害、造福增益、公平正義，可說有異曲同工之妙。

〈本科綱要〉提出「性整合的人」行事三大基本責任，也就是必須遵循的基本原則，並以此來培養學生三項核心能力：「探索兩性關係、友誼與戀愛的倫理議題」、「探索與瞭解合乎倫理的性行爲與性關係」、「探索與婚姻有關的倫理議題」。一般而言，時下的年輕人有許多是循著「戀愛—性愛—婚姻」三部曲的模式成長發展的。婚前性行爲乃是常見而非特殊情況，但〈本科綱要〉對它的評價則是：

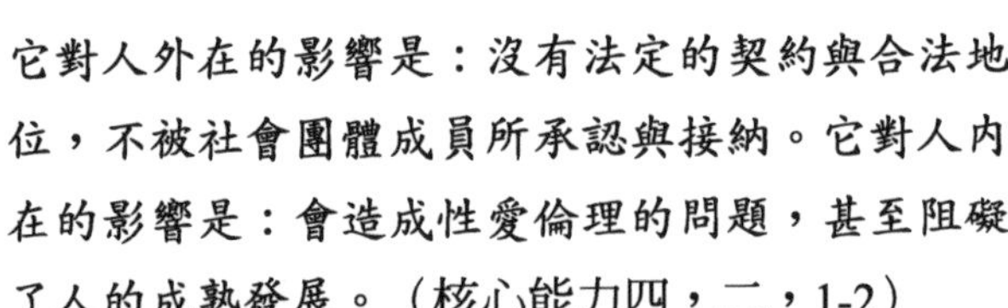

> 它對人外在的影響是：沒有法定的契約與合法地位，不被社會團體成員所承認與接納。它對人內在的影響是：會造成性愛倫理的問題，甚至阻礙了人的成熟發展。（核心能力四，二，1-2）

其涵蓋範圍更包括試婚與同居。換言之，只要是非婚的性關係，在生命教育看來都是不圓滿的。

華人社會一向看重禮教，「男大當婚，女大當嫁」更是重要的倫理規範，因此站在生命教育立場，鼓勵年輕人選擇成家立業的生涯方向並不為過。但是如何彌補性愛關係的理想與現實之鴻溝，恐怕有待教師們集思廣益，共商對策。〈本科綱要〉針對「性」與「愛」的關係，提出一套有關激情（passion）的分析：

> Eros——是指對某特定異性的愛慕與追求。……Philia——是指人與人之間的親密關係，彼此互相喜愛、共分憂樂、共剖心曲。……Agape——是指我們一貫所懂悟的相知相惜，視對方爲獨一無二的個體，願爲對方鞠躬盡瘁、奉獻心力。（核心能力四，一，1-1）

由此可見，性愛的激情只是兩人情愫發生的第一步，其後尚有愛情、友情、恩情的漸次開展，性愛與婚姻便是在這種關係的開展中接近圓滿的。

批判思考

上述通過性與愛的關係所定義的性愛關係，具有相當參考價值。以下我們嘗試將它加以擴充，建構一套性愛與婚姻「兩階段四層次」考察模式，希望有助於增進大家的瞭解。簡單地說，所謂「四層次」，即是在“eros”、“philia”、“agape”之前，加上“libido”一層，以示性慾作爲盲目意志所形成的本能衝動，這也就是前面曾提到「神秘難解」的「驅策力」。我們把“libido”、“eros”、“philia”、“agape”分別代表「生物層次」的「性慾」、「心理層次」的「情愫」、「社會層次」的「眷戀」，以及「倫理層次」的「恩愛」，可簡稱「性、情、戀、愛」四層次；其中前二層次屬於兩人私密的「愛情階段」，後二層次則提昇爲社會認可的「婚姻階段」。愛情階段由性慾所驅動自不待言，但是可以保持在「發乎情、止乎禮」的地步，也可能發展出性愛關係；至於婚姻階段便以愛情階段爲基礎，向上開花結果。

在後現代多元社會裏，有可能發展出兩性、同性、雙性各種關係；而在沒有結婚以前，它也不一定是「兩個人的事」。像〈本科綱要〉所提到的單戀、同性戀、三角戀、失戀、自慰等情形，都是愛情階段內的諸多現象；只要不涉及婚外情，這些現象均與婚姻階段無甚關聯。不過話雖如此，夫妻間理想的關係也指向百年好合、永浴愛河，但是婚姻生活畢竟是動態而非靜態的；此時維繫彼此關係的方法，可參考〈綱要〉所提及的性愛原則：

> 性愛的積極原則是：願意無私地以全力幫助所愛的人達到無限的善。其消極原則是：性不可以有慾而無愛，利用別人。（核心能力六，二，1-3）

此處雖然指的是性愛，但是因爲官方論述不贊同婚姻以外的性愛關係，所以就等於是婚姻規範原則；它的根本意思乃是：夫妻應互相扶持，不可彼此利用。

「性愛與婚姻倫理」所探討的課題，其實包括性、愛情與婚姻三方面，只是將「性愛」二字連用，不免會讓年輕人過度聯想。若以本書所倡議的「兩階段四層次」考察模式，就不容易混淆其中的差別。我們可以把「性、情、戀、愛」四層次，分別指涉「性事、愛情、婚姻、家庭」四種不同的人生境界。其中「性事」歸於性慾的滿足，自慰、嫖妓、一夜情皆屬之；「愛情」便有其特定對象，但也包括單戀和多角戀情；至於「婚姻」乃是爲社會所接納的合法關係，彼此必須付出信諾，即使爲同性婚姻也當如此；到了組織「家庭」時，則意味倫理上的分工，無論生兒育女與否。不過家庭的功能仍然指向傳宗接代，因此當夫妻志同道合共組家庭，即表示兩人擁有「愛的結晶」。

以「兩階段四層次」對照〈本科綱要〉來看，有些觀念值得再斟酌，尤其是第一層的「性事」問題，例如：

> 性行爲……是一種具體的生理需求，其目的在感官上的快慰。……性不可以有慾而無愛，爲了自己感官的滿足，進行……縱慾行爲……，甚至導致墮落的人生。……自慰是一種……自我中心的性慾滿足，使人難能把自己交給愛的對方……。性幻想的對象常常有許多，而非專一。……在人格上容易產生內外不協調的緊張與問題。（核心能力四，一，1-2；三，1-1；四，1-1、1-4）

這些籠統的說法，發生在年輕人身上可能有很大的落差，像性幻想自慰與縱慾濫交，應該屬於兩種極端情形，不可一概而論。若照〈本科綱要〉的說法，「性的自我演出」比起「將人工具化」，其不道德性似乎較不明顯。此時教師需要先讓學生瞭解，如何妥善處理「性事」的過與不及，而後再進一步培養執中道而行的能力。

再看第三層的「婚姻」問題，〈本科綱要〉強調：

> 婚姻是一個承諾與決定，是與所愛的伴侶攜手共創人生的生活方式。……婚姻是最能實現性的人性意義的場所，在身心靈的整合下，生命得到滋潤，得以發揮。……性愛有忠誠排他性。因此一對一的婚姻狀態是最適合人性發展的狀態。……性愛要求人把自己完全交託並完全接納對方。在

> 這完全交託與接納中，不可能再有空間給第三者。……每個人一生中會與無數的異性朋友來往，與婚外異性的友誼宜有適度的距離。（核心能力五，一，1-1、1-2；二，1-1、2-1、3-1）

這是高度理想的說法，彷彿走進婚姻生活就不應有婚外情；而一旦出現婚外情，人們往往怪罪第三者的介入。我們根據逆向思考，認爲婚外情的關鍵不在「外」而在「婚」。有些人的人格特質不甚穩定，貿然結婚的結果只會造成不幸福與傷害，還不如保持單身來得單純些。

意義詮釋

〈本科綱要〉草案的「規劃理念」指出：

> 倫理課題所關懷的是，在性愛與婚姻的範疇中，什麼樣的內在態度與外在行爲使人活得像人，趨向完整、止於至善。依此，相關的基本原則或理想應以吾人對全人的理解爲基礎，換言之，深刻而完整的人學應是性愛與婚姻倫理討論的前提或出發點。而完整的人學（holistic anthropology）應包含身心靈三個層次以及結構、過程與關係三個向度。

主事者已經根據此一理念，提出一套完整的課程綱要。我們秉持「兩階段四層次」考察模式，建議生命教育教師依照官方架構教學時，應對愛情階段課題增添幾分理想性，而對婚姻階段課題賦予一些現實性。如此一來，相信較易爲學生接受。畢竟對E世代年輕人引介性愛與婚姻倫理，不能陳義過高，否則曲高和寡，反而收不到教學效果。

尤其對高中生而言，性愛體驗都不見得人人具有，婚姻恐怕更是遙遠的故事。倒是教師可以藉著討論婚姻與家庭課題的機會，讓學生反思自己成長的家庭，以及父母的婚姻關係，或可就此展開機會教育。總體來說，我們認爲本科應將重點放在「愛情」層面，這或許正是高中職至大專青年心之所嚮。對此本書提出「愛情水火相容論」作爲引申：愛情要像火，理當熱情如火，但應避免慾火焚身，因此必須加入水的條件；水太少會被火蒸發，太多又容易把火澆熄，因此最好拿一容器裝水，在下面慢慢加熱；此一容器便是「禮」，「發乎情、止乎禮」，再說「禮者，理也」，有了愛情卻不能不講理，否則一切都可能成爲過眼雲煙。「水火相容論」雖然是一套象徵的說法，但相信可以提供大家反思的空間。

除了象徵的「愛情水火相容論」，我們還想進一步提出具體的「婚姻恩愛消長論」：夫妻相處日久，浪漫的愛情難免會褪色，「你選擇了我，我選擇了你」的感恩心情卻可能與日俱增，爲「年少夫妻老來伴」下了最佳註腳。

「恩愛消長論」讓人意識到浪漫愛的稍縱即逝，倘若要使人間情愛歷久彌新，必須調整心態，作一些分辨的工作。我們主張以「六情論」來擴充愛情的奧義：愛情該當具有「熱情」和「溫情」兩種效應，在安全範圍內上下擺盪，但要避免過與不及；愛情過頭變「激情」成「濫情」，不及則流於「寡情」甚至「無情」，均非大家所樂見。這些道理淺顯易懂，可是需要用心去判別，更重要的是躬行實踐。〈本科綱要〉對愛情之種種作了不少闡述，我們也藉此機會逕自發揮，目的都是希望讓年輕人心領神會。

且看文學家曾昭旭眼中的愛情功能：

> 愛情關係由於位居感情生活的最核心處，最不能依靠理智、形式、慣性的安排來支撐，而只能靠純粹無私的愛本身來維繫。這使得愛情關係一方面最爲脆弱，但另一方面也因此最能夠時時提醒人不要忘了那根本的眞情、善意、愛。如果人能夠從認眞的愛情關係中，時時獲得這種本質的提醒，人便不至於昏沉太久、墮落太久，便可能及時把已經微弱乃至熄滅的愛重新點燃、煽旺。這時，人再去接觸其他的人際關係，便也比較能夠以眞心相待，而不致變質爲虛假了。這便是在人際關係、感情生活中所具有的地位與功能。（曾昭旭，1999：218－219）

這是一位當代新儒家學者對生命教育的反思，生命教育的情意教育內涵在此清晰可見。

文學家提供人們性靈的感動，科學家卻用比較務實的話語諄諄善誘，一位泌尿科醫師江漢聲指出：

> 兩性教育，可分成兩大層面：一方面是誠懇的兩性交往教育，另一方面是實在的兩性知識教育，合起來說，也是要大家記在心裡的是「誠實的兩性教育」。（江漢聲，1996：14）

他所說的「誠懇的兩性交往教育」包括：眞心誠意、相互尊重、適度關懷、態度莊重、順其自然等，至於「實在的兩性知識教育」則包括：避孕常識、懷孕和流產知識、性病常識、男女性生理、對未來生育的計畫等。本書倡議「生物／心理／社會／倫理／靈性一體五面向」模式的整體論人學，因此兼顧來自科學與人文兩方面的論述。以下我們就回到「華人應用哲學」的脈絡裏，來建構適用於生命教育的性愛與婚姻倫理學。

綜合討論

「一體五面向」的整體論人學是從生物面向講起的，當代英國生物學者莫理斯（Desmond Morris）發現：

> 不管你喜不喜歡，個體美在挑選配偶時扮演了極

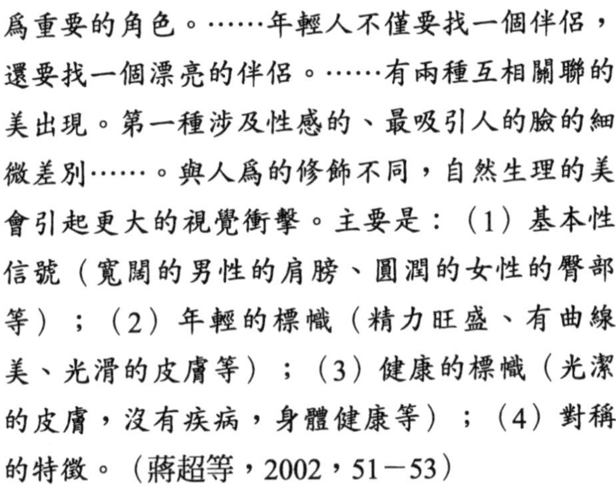

> 爲重要的角色。……年輕人不僅要找一個伴侶，還要找一個漂亮的伴侶。……有兩種互相關聯的美出現。第一種涉及性感的、最吸引人的臉的細微差別……。與人爲的修飾不同，自然生理的美會引起更大的視覺衝擊。主要是：（1）基本性信號（寬闊的男性的肩膀、圓潤的女性的臀部等）；（2）年輕的標幟（精力旺盛、有曲線美、光滑的皮膚等）；（3）健康的標幟（光潔的皮膚，沒有疾病，身體健康等）；（4）對稱的特徵。（蔣超等，2002，51－53）

科學告訴大家，性的吸引力源於自然美，外加人工美。年輕人可以由此得到啓示，今後在順其自然當中，應不忘爲自己增添幾分人文氣質，將愛情融入生活美當中，方能長長久久。

在心理面向方面，我們強調性別意識覺醒。新聞工作者張娟芬對臺灣社會男尊女卑現象的考察發現：

> 「愛情是男人的一部分，卻是女人的全部」，這樣的陳腔濫調正是許多行業要販賣給女人的東西，……它們龐大的規模與深廣的根基，構成了整個「愛情產業」。透過「愛情產業」的驚人威力，這種「愛情至上」的意識形態對於女人的社會角色造成了重大的衝擊。……在父權架構下，男人的情慾驅力強化了他的成就動機。女人的情慾驅力

> 卻摧毀她的成就動機，強化她的依賴意識、次等意識、被保護意識。（張娟芬，1999：49－50）

倘若情況果眞如上述所言，則生命教育的責任，就是必須先行摒除這些觀念上的男女不平等價值觀，然後再向學生提供一幅性別平等的理想圖像。

性別意識覺醒雖然必須一一落實在個別主體身上，但是整個價值觀卻是社會產物。大陸社會學者李銀河闡述了一種後現代論點：

> 社會建構主義最重要的觀點是認爲，一個人的性狀態是有意識的自由選擇的結果。人們可以有意識地做出選擇，接受或者是放棄某種性認同、性取向或性慾。無論是性身分認同還是性慾都是社會和歷史力量的產物。人類需要通過異性戀接觸來繁衍後代這一點本身並不意味著人類就一定存在著這種繁殖的衝動。（李銀河，2002：序3）

李銀河（2000）更在華人社會引介「酷兒理論」，而「酷兒」乃是指「所有在性傾向方面與主流文化和占統治地位的社會性別規範不符的人」。這種多元論述不應爲生命教育所忽視；尤有甚者，在地的生命教育同樣屬於社會建構產物，主流論述必須能夠同另類論述對話，方能顯出有容乃大的教育理念。

如今女人果眞獲得解放了嗎？當代美國政治學家帕

特曼（Carole Pateman）發現，當下的性愛與婚姻倫理，其實是西方世界引以爲傲的、由社會契約論引申而出的政治與社會倫理被遺忘的一頁。她分析道：

> 原始契約是一種性的——社會的公約，然而性契約的故事一直遭到壓制。對社會契約論的標準闡釋並沒有涉及故事的全部，……從原始契約中所誕生的新公民社會是一種男權的社會秩序。……社會契約的故事被視爲是對公共的公民自由領域的創立的解釋。另一個領域，即私人領域被視爲與政治無關。這樣，婚姻與婚姻契約也被認爲與政治無關。忽略婚姻契約就是忽略了一半的原始契約。（李朝暉，2004：1－3）

「性別權力」論述的根源由此可見，柏拉圖認爲「人是政治動物」的倫理意涵亦在其中。

本書認同關懷倫理學，因此在哲學的體會上，是由女性重視人際關係的觀點出發，去承接存在主義以情感情緒作爲人性首要的存在體驗與表達（方志華，2000）。上述「一體五面向」整體論人學諸多論述均來自西方，本書基於「中體外用論」精神加以善用；而我們的思想根源則是「後現代儒道家」，以推廣「知識分子生活家」人生境界爲己任。在後現代的華人社會，新儒家已經開出「愛情學」（曾昭旭，1987），新道家也對道家倫理學意義下的「自我」與「自由」概念有所闡述（葉海煙，2004），更有學者提出儒道融通的論述（陳德和，2004）。這些努力都爲「華人應用哲學」與「華人生命教育」的建構帶來莫大助力。我們相信中華文化正是本土人學靈性面向的活水源頭。

主體反思

1.你認為人是怎麼樣的「關係性存在」？又是怎樣的「時間性存有」？

2.請以你自己的體驗，試著說明如何方能成為一個「性整合的人」？

3.精神科醫師佛洛伊德曾說了許多性驅力（libido）、情色（eros）、死亡（thanatos）的事，請闡述三者的關係。

4.以「兩階段四層次」模式來考察性愛與婚姻倫理，對你而言，是否能夠帶來較新、較多的體認？

5.「六情論」將愛情從「有情」與「無情」的二分法擴充為六種可能，你認為是否允當？或有其他意見？

6.有人說「讀書可以變化氣質」，你覺得「貌美」與「氣質」如何搭配，才會讓人百看不厭？

心靈會客室

話「情」

1988年我在很偶然的機緣中踏進銘傳商專任教，當時它還是一所純女校，有一萬一千多名學生。這是我正式擔任教職的起點，已結婚三年，年屆三十五，才開始爲家庭事業打拼。有些人羨慕我到女校教書可以欣賞漂亮女生，我承認每天看見一群十五到二十出頭的女娃兒，的確讓我的心情年輕不少。但是現實中最大的困擾，還是下課時找不到廁所可用。因爲小女生仗著人多勢眾，早就攻陷了每一座稀有的男性空間，我必須等到她們上課就座後，方能步其後塵，匆匆如廁。這種有趣的教學生活只歷經兩年，銘傳便升格爲男女合校的管理學院，一切逐漸恢復常態。我如今仍在同一所學校服務，走在相同的樓梯步道間，看見年輕人一朵朵帶著歡笑的臉龐上下其中，男生女生卿卿我我，不禁會勾起我念大學時的感情築夢與逐夢。

早年銘傳有一盛況，便是眾多男生在傍晚下課時，佇立於校門口守候，人皆戲曰「站衛兵」。這種日子我也待過，回想起大學時代在女生宿舍外等候女友的情景，不禁點滴在心頭。那個年代尚未見手機流行，聯繫起來甚不方便，於是和女友每天話別時，便約定次日相見的時間地點，否則心裏便會覺得忐忑不安，彷彿一鬆手就像斷線風箏不知去向。三十年前的小兒女情愫，如今看來多少有些童騃，不過我相信這是人生必經的途徑。我在年輕時也會對身邊女孩感到心儀，尤其念的是

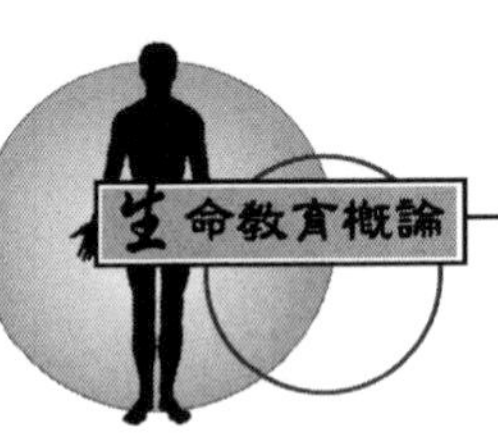

陰盛陽衰的哲學系。印象裏有一回站在三樓教室門口，看著一名可愛的學妹走向校門，遙遠的身影已經消失在某棟大樓之後，我仍流連駐足觀望，似乎在期待她能夠奇蹟似地回頭返來。

愛情是什麼？對我而言，大概是對一個身影的無限嚮往與追逐罷。大四時交了個大一的學妹，愛情長跑五年半，到頭來竟然勞燕分飛，多少跟沒有及早結婚有點關係。兩個人從交會到平行線，然後漸行漸遠；故事在各地不斷上演，年輕人樂此不疲地到處尋尋覓覓；有人修成正果，有人自求多福，而地球仍一樣在打轉。二十多年過去了，有時我在講授「愛情學」課程時，用自己平淡平凡的故事去跟學生分享，居然也在他們回饋的心得中，彷彿看見自己年輕時的身影。討論「性愛與婚姻倫理」課題時，教師和學生可能會面對不同的生命弔詭：你不確定將來會嫁或娶眼前的他或她，你也不曉得當年爲什麼一定要嫁或娶眼前的他或她；這或許都屬於只發生一次的「生命中不能承受之輕」。

參考文獻

方志華（2000）。**《諾丁關懷倫理學之理論發展與教育實踐》**。臺北：臺灣師範大學教育學系博士學位論文。

江漢聲（1996）。**《解性書》**。臺北：聯合文學。

李朝暉（譯）（2004）。**《性契約》**（C. Pateman著）。北京：社會科學文獻。

李銀河（2000）。〈譯者前言：關於酷兒理論〉。載於李銀河譯，**《酷兒理論：西方90年代性思潮》**（G. Rubin等著），1－14。北京：時事。

李銀河（2002）。〈性是無限可塑的（代序）〉。載於馬永波譯，**《吻與傾訴——20世紀性學報告》**（J. A. Ericksen與S. A. Steffen合著），序1－4。哈爾濱：北方文藝。

張娟芬（1999）。〈「人盯人」式的父權〉。載於顧燕翎、鄭至慧主編，**《女性主義經典：十八世紀歐洲啓蒙，二十世紀本土反思》**，48－55。臺北：女書文化。

陳德和（2004）。〈儒道互補論的環境思維〉。**《鵝湖月刊》**，30（1），11－21。臺北：鵝湖雜誌社。

曾昭旭（1987）。**《不要相信愛情》**。臺北：漢光。

曾昭旭（1999）。〈感情謎題——怎樣修鍊愛情學分？〉載於李遠哲等著，**《享受生命——生命的教育》**，215－234。臺北：聯經。

葉海煙（2004）。〈道家倫理學的方法論問題〉。**《東吳哲學學報》**，9，17－36。臺北：東吳大學。

蔣　超、孫　慶、杜景珍（合譯）（2002）。**《男人和女人的自然史》**（D. Morris著）。北京：華齡。

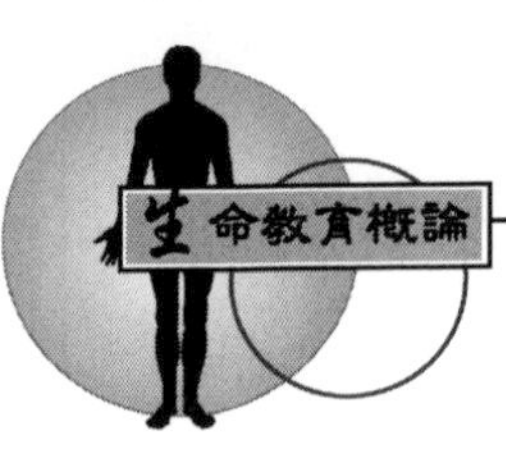
生命教育概論

第十二章　生命與科技倫理（一）——基礎課題

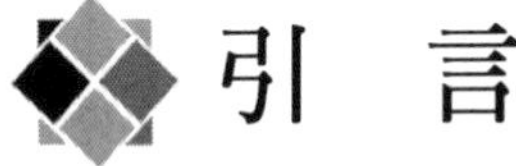

引　言

「生命與科技倫理」是生命教育的核心議題，早在2001年所頒布的〈計畫〉「十年展望」內，即有具體的構想：

> 因應生物科技及網路科技帶來之倫理衝擊，在後六年長程計畫中可推動設置生命倫理研究中心，俾能對現代科技引致的倫理爭議，提出較具有生命教育精神之解答。

至於將此一議題列入生命教育的重要性，〈綱要〉有所闡述：

> 生命與科技倫理議題影響的……是所有的人，因此宜於普遍培養國民普遍具備瞭解與探討相關議題之基本能力，使相關議題與政策之制定能在集思廣益的基礎上進行。……爲實現民主社會，對科技的利用做出知情抉擇，從事生命及科技倫理探討，並具備相關知能實屬重要。（核心能力七，一，2-1、2-2）

本科包括「生命倫理」與「科技倫理」兩部分，實以前者爲主要內涵。

生命教育將「性愛與婚姻倫理」及「生命與科技倫理」，視爲當代應用倫理課題中最重要的兩個範疇，我們也認爲二者有其密切相通之處。尤其是通過女性主義視角看問題，更能夠將生命教育轉化爲「愛」的教育：

> 以女性主義生命倫理學爲哲學基礎的性別生命教育，教導年輕人瞭解愛的眞諦，同時也要懂得珍惜生命。這些看似老生常談的教誨，在通過性別意識覺醒的洗鍊後，會變得別有一番新意。帶有性別意識的生命教育，可以視爲兩性之間「愛」的教育。在女性主義批判觀點下，兩性情愛的前提是尊重與分享，而非物化與宰制。以女性主義生命倫理學分析愛的教育三項議題：生育、避孕、墮胎，得以爲這些行爲賦予道德上的意義。（鈕則誠，2004a：130）

這些議題已列入「生命與科技倫理」希望學生認識的十大主要倫理議題中的兩項。

概念分析

「生命與科技倫理」的目標：

> 培養學生對科學（特別是生物醫學）研發與應用

> 所涉及之倫理議題有所認識與關懷，進而培養基本的道德思考與批判能力。

此種說法似乎暗含從應用倫理學走向一般基本倫理學的可能，這也正是本書所倡議的後現代學問途徑。第十章曾提及，有一位美國哲學家在1982年發表了一篇論文，標題就叫〈醫學如何挽救倫理學的命脈〉。論文認爲，從傳統到現代的倫理學分析，已經走進一條不食人間煙火的死胡同裏面去，唯有像醫學每天所處理的各種生死攸關問題，才足以把倫理學帶回到現實人生中來，爲世人善盡指點迷津的責任（張業清，1990）。葉保強（2004）也強調，應用倫理學已發展出自己的理論系統，不全然等於一般倫理學的應用。

不過〈本科綱要〉還是秉持中庸之道，將既有的規範倫理學理論和新興的生命倫理學理論交相爲用，希望：

> 介紹目的論、義務論、關懷倫理與德性倫理等規範倫理學……之理論。……以原則主義爲例，介紹生命與科技倫理的主要典範，探討：自主、正義、行善與不傷害等原則。（核心能力三，一，1；二，2）

我們在此要指出，「關懷倫理學」不應納入既有的規範倫理學之中，它不但與目的論和義務論所組成的「正義倫理學」相對，更以「脈絡主義」而與生命倫理學之中的「原則主義」相對；至於傳統的德性倫理觀，則是關懷倫理學希望結盟的對象。義務論指的是康德倫理觀，眾所周知，康德哲學以強調「原則」爲特色，因此原則主義生命倫理學在精神上直追康德，反倒不似後現代的新興思潮，這些乃是大家在對理論的瞭解上必須具備的分判。

〈本科綱要〉希望培養學生的核心能力共有三點，首先是瞭解主題的意涵及重要性，繼之是掌握主題探討的原則與方法，最後則提出十大議題來加以分析。生命倫理學的前身爲醫學倫理學，醫學倫理學首創於1803年的英國，生命倫理學則遲至1970年始在美國問世。醫學倫理學一開始乃是「醫德學」，目的是爲了規範醫師的專業行爲；半個世紀後，它促成了美國醫學會的「醫學倫理守則」；又經過一百年，「守則」發展成「原則」。至於新興的生命倫理學可視爲廣義的醫學倫理學，其課題已擴充至醫學之外的生命科學研究。生命倫理學所探討的乃是人類及動物生命、生存、生活攸關的道德抉擇問題，它並非無視於時空脈絡的道德規範與教訓，而是無逃於天地之間的倫理反思與實踐（鈕則誠，2004b）。

有關生命與科技倫理的思考方法，〈本科綱要〉指示應採取既有規範倫理學和原則主義爲基礎。由於主流論述把關懷倫理學也一併納入規範倫理學考量，本書願尊重之，再由此發展出平行的另類論述。在原則主義方面，〈本科綱要〉對著名的「四原則說」有扼要的介紹：

> 自主：……讓別人做他們自己的選擇。……正義：……恰如其分地配給……。……行善：關心並促進他人福祉。……不傷害：避免傷害或造成他人傷害。（核心能力三，二，2-1）

大致而言，這些基本原則用於宏觀政策的考量，多少有其必要；但是對於微觀情境的處置，恐怕就不容易恰到好處了。因爲用在實際情況中，原則本身可能會互相衝突；例如爲了讓病人自主作選擇，因此明白告知病情，但是這麼一來卻可能造成心理傷害，反而不利於病情改善。

至於〈本科綱要〉所列十大倫理議題，大致可分爲五方面：有關「資訊科技」的網路倫理；有關「生命尊嚴」的人之位格、墮胎爭議、生死倫理等；有關「醫療活動」的醫病關係、生殖技術、器官移植等；有關「科學研究」的研究倫理、動物實驗等；有關「生態保育」的環境倫理等。這些議題屬於生命與科技倫理學的專論範圍，留待下章再予介紹。至於本章仍以通論爲主，僅就本科主題和應用倫理學的介面加以反思與批判，目的則是爲了奠定進階討論更爲寬廣的基礎。本書寫作因爲採取「華人應用哲學取向」，所以非常重視應用倫理學於華人社會的應用。倫理學在西方傳統裏具有深厚的道德形上學基礎，但在中國傳統內卻意味人生哲學的實踐，像胡適（1996）即認爲倫理學與人生哲學是一回事，目的在於指引「人生在世應該如何行爲」。

批判思考

應用倫理學研究在臺灣集中於三方面的議題：生命倫理、環境倫理、企業倫理，〈本科綱要〉指出：

> 不同的實踐領域可能有不同的核心倫理議題，比如生命醫學倫理關注醫學研究與醫療活動中的倫理議題，商業倫理關注的是企業經營與商業往來行爲的倫理議題。……應用倫理學即探討各實踐領域倫理議題的學問。（核心能力三，二，1-1、1-2）

此處雖未明列環境倫理，但是在十大議題中有「探討生態與環境倫理」一項，討論「人類生活型態與科技所造成的環境影響」，詢問「人類爲何有責任維護環境」，同時「介紹爲維護環境與生態已擬定的國際公約……、國內法規等，並加以倫理批判反省」。這表示本科確實清楚對焦於應用倫理學重要議題上，只是將環境倫理融入更廣義的生命倫理探究中。

倫理學相關的課程與教學，在臺灣各大專院校已逐漸普及流行，哲學學者黃柏翰將其區別爲一般倫理學、應用倫理學、專業倫理學三者，並作出分判：

> 一般倫理學，主要關心普遍有效的概括理論及原則的討論，……凡是應用一般的道德原則去釐清或解決具體道德問題的企圖，都是屬於……應用倫理學的涵蓋範圍。……專業倫理學……也是一般道德原則的應用，只不過，它應用的對象特別限定於某一專業領域的人員或問題。（黃柏翰，2004：60－61）

對此我們一方面贊成作出三元分判，一方面也要提出應用及專業倫理學並不完全等於一般倫理學的應用之說。至於「專業」一辭，在大陸上泛指任何一門學科教學下的細部分類，例如哲學系之下有倫理學專業等；臺灣則特指必須考授證書與執照以執行專業的專門職業人員，例如醫師、護理師、律師、會計師等。

上述應用倫理學乃是「應用一般的道德原則去釐清或解決具體道德問題的企圖」，反映出原則主義途徑，與此相對的則是脈絡主義途徑，二者非但不必要衝突且應當互補，醫學倫理學者范瑞平對此的理解如下：

> 原則主義……採用的乃是試圖將一般的道德原則應用於具體事件的「自上而下」的道路，而脈絡主義……則倡導首先審視個別事件發生的細節來做出道德判斷進而應用於其他類似事件的一種「自下而上」的方法。……因爲道德思維總是涉及原則與細節兩者，所謂原則主義與脈絡主義之

> 間的區別其實並不是很大。平常的情況下「直覺地」應用原則，特殊的情況下「批判地」修正原則。（范瑞平，2001：2）

我們認爲此乃持平之論，但在本書中仍以關懷倫理學的脈絡主義，作爲與原則主義主流論述相對照的平行觀點。

根據教育學者方志華的領會：

> 關懷倫理學是女性主義重要的倫理學理論之一，它在道德哲學上的學理基礎，提出相對於男性精神的女性精神、相對於道德推理的道德態度和不同於父親語言的母親語言。……以女性觀點重新詮釋存在體驗，以關懷關係中的對話和述說，去開展教育的新局面。……關懷倫理學以女性的生活實踐體驗出發，批判地繼承存在主義存在體驗，提出——「關懷」爲人存在的全幅基底，而「關懷之情」就是人的道德基礎。……道德不是高懸在上的外在之理，而是內在於我們心中的觸動之情，由這點也可以說明：關懷倫理學是以人的內在「情意」作爲道德的根本。（方志華，2004：104－105）

我們建議將整個生命教育都轉化爲情意教育，而非走到「人格統整與靈性發展」一科的教學中，才開始統整學生的知、情、意、行。

關懷倫理學雖然緣起於女性主義意識覺醒，但是放在更大範圍的人文自然主義層面看，它可以被視爲西方陰性倫理學甚至陰性哲學的典範，而與作爲中國陰性哲學典型的道家思想相互呼應。源於西方的人文自然主義，主張價值乃是基於自然情境而爲人類所建構，通過經驗研究則可以肯定由人性形塑倫理與審美價值的看法，自此激勵人們經由互助快樂地生活；而這種自然而然的價值觀，並不需要任何超自然力量的支持或認可。人文自然主義提供了一幅不同於傳統嚴肅圖像的另類人性面貌，即是基於情意而非理性的感性生活（鈕則誠，2004c）。「華人應用哲學」的核心理念即是「中國人文自然主義」，它的「外用」部分乃轉化西方「科學人文主義」以銜接「人文自然主義」，「中體部分」則屬於「儒家人文主義」與「道家自然主義」的融會貫通；這正是在本土文化中實踐關懷倫理學的理念基礎。

意義詮釋

當前的生命倫理學由傳統的醫德學轉型擴充而來，除歷史社會變遷的原因外，多少也反映出理論系統的內部矛盾，亟待推陳出新。大陸科學哲學學者邱仁宗作出分析：

> 醫德學……都是道義論的……，……把醫生的義

> 務作爲絕對的要求提出，把道德的價值理所當然地作爲適用於一切人的預設前提，而不引用任何價值理論。而……生命倫理學則……基於更自覺的價值理論。……生命倫理學的興起就是由於原來作爲絕對要求的道德本身成了問題，或者相對立的道德觀念、價值觀念發生了衝突需要解決。這樣就要求系統地批判、審查傳統的和現今的道德觀念，不僅要承認價值在作出決定中的重要作用，而且要證明作爲決定基礎的價值的正確性。（邱仁宗，1988：8）

由此可見「自上而下」的原則主義之有限性，以及「自下而上」的脈絡主義之必要性。

不過生命與科技倫理學畢竟涉及科學與人文兩方面，需要彼此對話方能達成共識，否則只屬於片面之詞。在對話過程中，科學具有消極和積極雙重作用，法國生物學家古永（Pierre-Henri Gouyon）站在科學立場表示：

> 科學沒有倫理的方向。它最多只能駁斥錯誤的斷言。……科學應該爲完成這項任務而武裝起來是很重要的，生物學家對哲學家進行培訓是當務之急。與此同樣緊急的是，很有必要讓哲學家和心理學家瞭解生物學其他方面的知識……。（任立榕，2001：176）

由於科學知識的高度專門化，使得科學家很自然地傾向於要求，進行跨學科研究的人文與社會科學家向自然科學補課。但是基於對話的互惠性質，我們也主張科家應該向人文學問補課，以避免專問知識見樹不見林之弊。

至於原則主義倫理學的侷限性，香港哲學學者黃慧英有所考察：

> 傳統的規範理論，尤其是原則倫理，近年備受質疑，主要的理由是它在道德抉擇上不能提供指引。上述的質疑包括兩方面：首先，從一般的原則能否演繹出具體的道德判斷？其次，這些理論有否敏銳地覺察到特定處境中有關脈絡的變數……，並給予這些變數應有的重視？……上述的困難，對於應用倫理學來說尤其嚴重，因爲應用倫理學所特別需要的「界域特定性」……是傳統規範理論所欠缺的。……反理論……的倫理學者所指的傳統規範理論，乃由效益主義與康德學說分庭抗禮。（黃慧英，2001：6）

這種反理論的觀點，指出了生命教育賴以維繫的基本倫理學之無以爲繼。而具有「界域特定性」的生命倫理學「四原則說」，情況似乎也好不到那裏去。

黃慧英闡述了加拿大應用倫理學者溫克勒（Earl Raye Winkler）對「四原則說」的批評。溫克勒稱「四原則說」爲「典範理論」，他批評該理論：

> 在解決醫療界的道德問題時有嚴重的限制。首先，典範理論並沒有爲「甚麼要求構成道德地位……？」提供說明。……欠缺這方面的說明使得此理論無用。再者，雖然典範理論較之傳統的規範理論爲特定，但是在不同處境中，均以同等份量，將這些原則應用出來，對可能影響原則之道德份量的有關脈絡之變數，仍未給予足夠的重視。由此看來，典範理論與傳統規範理論有著相同的問題，它們的分別僅是程度之差而已。（黃慧英，2001：8）

生命教育若要以傳統規範理論和典範理論，作爲倫理思考方法的基礎，必須對上述批評作出有效回應。

持平地看，本書並無意追隨「反理論」學者對原則主義全盤否定，而是認同儒家生命倫理學所秉持的中庸之道。當代新儒家哲學學者李瑞全指出：

> 有道德兩難的情況出現……，儒家基本上以孟子所提出「經權原則」作爲主要的對策。……經權原則主要是回溯到道德的根源的一種道德的反省和批判的表現，一方面是基於一更高層的義務來解決低層規則的義務衝突，最後則依於不忍人之心的判斷，另一方面也是回歸到日常生活中的共

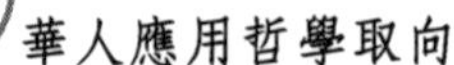

> 同道德性來解決衝突。……這種權變實即回歸日常的良知良能或良心的呼喚，回到對他人的痛苦的不麻木，對他人的傷害有惻隱之感，及對他人的生命有同情共感上。（李瑞全，1999：82－84）

我們相信，儒家所肯定的「同情共感」，可與關懷倫理學的「關懷」相互呼應。

綜合討論

本書是用哲學觀點去看待生命教育的。倫理學屬於哲學的一支，而哲學又屬於人文學的一脈；人文學問不同於自然科學，難以放諸四海皆準，事實上也無此必要。基於人文學術的本土關注和在地脈絡，我們乃標幟出「華人應用哲學取向」，並自視爲「局部知識」之建構。由此觀之，華人倫理學自有其特色，香港哲學學者余錦波表示：

> 現代人所說的道德，中國舊日稱爲「倫理」。所謂「倫理」，其實代表了一套中國人獨特的道德觀念。按照這套道德觀念，道德建基於人倫關係。對應不同的人倫關係，有不同的行爲原理。所謂「倫理」就是人倫之理——不同的人倫關係有不同的行爲原理。這種著重個別關係的道德觀

念與西方道德哲學中對普遍原則的追求大異其趣。（余錦波，1997：3－4）

本書正是立足於這種本土倫理觀而進行反思與批判。

但是生命與科技倫理學畢竟是西方社會的產物，根據美國哲學學者卡拉漢（Daniel Callahan）的歸納，它具有五大基本問題和兩項任務：

- 我們如何因應這種史無前例的醫藥、技術和文化變遷所帶來的道德困境？
- 誰應該對新技術加以有效控制？
- 醫療科技進步爲人類所帶來的利益如何合理分配？
- 人類有哪些德行或特性最足以導引我們善用新技術？
- 有哪些制度、法律或規範足以管理不斷變化的道德型式？
- 向既有的科學與醫學訓練所教導的信念挑戰。這種信念認爲，做出好的醫療決策，就等於做出好的道德決策。
- 發展一套處理新的道德難題的良方。

這反映出後現代生命倫理學推陳出新之道（鈕則誠，2004a）。

站在後現代、後科學的立場看，於尊重多元文化的背景下，其實還是可以開出一些具有普遍意義的論點；這種論點與其說是大型倫理原則的應用，不如說是人類共同利益的關注。女性主義哲學學者蕭巍考察了「全球生命倫理學」的概念：

> 全球生命倫理是指在生命倫理學領域中，維護全人類共同利益所需要的共同的或者普遍的倫理原則……。它是人類面臨日新月異的生命科學技術發展所帶來的各種危險，爲了共同利益而產生的一種整體的意識和普遍的話語。與其說它是在尋求一種無所不包的，意識形態化的世界倫理體系，不如說它是在尋求一種人類在生命倫理學領域的最基本的道德共識。（蕭巍，2002：198）

這種把全球人類以及各物種當做命運共同體的倫理論述，我們沒有理由不加以支持。

全球生命倫理學要成爲可能，依邱仁宗（2000）的分析，需要具有五項條件：對技術及其應用的熱愛；對多元價值的容忍；醫學家長主義的弱化；社會的相對穩定和繁榮；有一批生命科學家、醫學家、哲學家、法學家直至決策者熱心於發展生命倫理學的工作。這其中關鍵性的因素應屬決策者，尤其是科技與衛生政策的制定者。依照我們的觀察，海峽兩岸華人社會各有一些生命倫理議題，具有極大發揮空間。例如臺灣官方推動的「基因醫藥衛生尖端計畫」及其後續研究（王汎森，戴華，2001），以及大陸爲避免成爲愛滋病高發國所做出預防醫學的努力（邱仁宗，1999），可以各自深化爲基因倫理和愛滋倫理論述，讓華人生命倫理學的內涵變得多元且豐富。

華人生命倫理學的建構並非劃地自限，而是關心本土；其實在本土與全球之間，還可以探討區域性的倫理議題。例如中央大學即曾舉辦過有關亞洲應用倫理學的研討會，其意義一如李瑞全所言：

> 生命倫理學所面對的雖是現代醫療科技所帶出的倫理困惑，但是，對於這些問題的回應同時必帶上相關的文化與價值背景。因此，研習這些課題的專家，……很自然會感覺到其間的差異，看出西方學者在做出理解、分析和推論時，實有特定的價值取向隱含在內。另一方面，在這些新的倫理問題面前，西方倫理學家也常有束手無策之感。因而在近年有所謂亞洲倫理學或亞洲生命倫理學的呼聲。（李瑞全，1998：II）

其實無論是亞洲倫理學或是華人倫理學，我們所關注的還是如何在儒家的「差等之愛」理念下，漸次落實世間的人道關懷；「關懷」無疑可作為生命教育的核心價值。

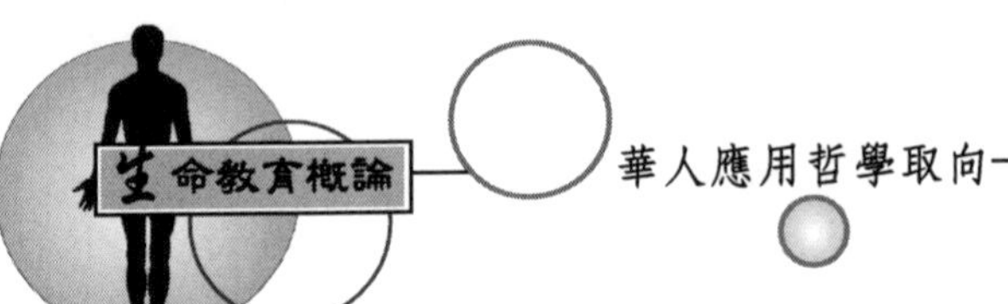

主體反思

1.你有沒有聽說過「醫師誓言」？這是每一個醫學生進入專業時必要的宣告，請查閱文獻，以闡述其倫理意涵。

2.如果把環境倫理學也算作是生命倫理學的一環，請問它關注的是哪一層的「生命」議題？

3.有人認爲原則主義與脈絡主義的相對性沒有想像中來得大，你覺得呢？請舉例說明之。

4.西方的「人文自然主義」是善用科學並揚棄宗教的，但是轉化到中國來，並沒有需要被揚棄的宗教，請對此加以引申。

5.把「四原則說」視爲「典範理論」，是否意味它是生命倫理學的正統觀點？有沒有「典範革命」的可能？

6.依你之見，有沒有顯著的華人生命倫理學議題，足以對亞洲甚至全球的生命倫理學做出貢獻？

心靈會客室

關懷之情

我對於「關懷」理念的認識，並非來自哲學，而是來自護理學。跟護理學結緣是我生命中的一段奇遇，可說是無心插柳的結果。1991年我因爲地利之便，到距自己服務學校十分鐘車程的臺北護專去兼課，竟然意外地接觸到從未謀面的護理學哲學。在這以前，我於哲學領域長期鑽研的乃是十分冷門的科學哲學，很難在同行中找到對話的對象，久之我也就泰然處之，不假外求。在護專其實也沒有可以談論的同好，倒是圖書館內不乏值得發掘的材料。一開始我還是用既有的科學哲學理路去貼近護理學哲學，畢竟在我心目中護理學仍屬於一門應用科學。然而當我通過護理學文獻的解讀而契入女性主義思潮時，知性世界竟然奇妙地爲我開了一扇寬廣的窗，回頭照見了心靈深處的感性世界。

年輕時嚮往讀哲學，多少是受到當時流行的存在主義思潮影響。存在主義撼動了我的感性心靈，但是哲學系強調理性思維的教育型態，逐漸影響了我的探索途徑，當然這也跟我個性上喜歡清晰的理路有關。我對兩類哲學始終無法契入，一類是把簡單道理說得極其複雜，一類則是板著臉說教；碰到這些哲學家我一向敬而遠之，至今猶然。好在古今中外還是有許多可愛或者特立獨行且成一家之言的哲學家令我心儀，足以效法。其中最能夠讓我在苦悶中得以釋懷的便是叔本華，因爲當我悲觀時，發現有人居然想爲自己的悲觀找理由而成爲

「悲觀哲學家」，我就變得豁然開朗了。話雖如此，我在哲學上還是找了一位開朗的哲學家努力追隨之，那便是當代英國著名科學哲學家波普。

波普的哲學以清晰易懂見長，但是最令人感動的卻是他那躍然紙上的人道關懷，以及一股希望解放人類身心的理想，難怪日後我在女性主義中感受到那種解放女人身心的理想，會覺得似曾相識。女性主義原本是一種爲女性爭取出頭天的社會運動，被幾乎全爲女性的護理專業所吸納可說理所當然。女性主義在護理界帶動了以「關懷」爲其核心理念的專業認知，以與醫療界注重「治療」取向有所區隔。事實上，護理人員在臨床實務上表現出無微不至的關懷之情，的確屬於無與倫比的愛心體現。受到女性主義啓蒙，我從科學哲學走向生命倫理學，再通過生死學踏上生命教育的講壇，眞正讓我有感而發的，其實是自我生命教育。身爲一名教師，我希望能夠把生命中的關懷之情推己及人，在學生的心田中醞釀出潛移默化的效果；果眞如此，則於願足矣。

參考文獻

方志華（2004）。**《關懷倫理學與教育》**。臺北：洪葉。

王汎森、戴 華（策劃）（2001）。**《打開潘朵拉的盒子？——基因科技的人文議題》**。臺北：時報文教基金會。

任立榕（譯）（2001）。〈生物學和道德毀壞〉（P.- H.Gouyon著）。載於卞曉平等譯，**《科學與哲學的對話——I》**，173－176。北京：三聯。

余錦波（1997）。〈倫理與道德〉。載於陶黎寶華、邱仁宗主編，**《價值與社會（第一集）》**，3－13。北京：中央編譯。

李瑞全（1998）。〈導言〉。載於李瑞全主編，**《倫理與生死：亞洲應用倫理學論集》**，I－IX。桃園：中央大學。

李瑞全（1999）。**《儒家生命倫理學》**。臺北：鵝湖。

邱仁宗（1988）。**《生死之間——道德難題與生命倫理》**。香港：中華。

邱仁宗（1999）。**《愛滋病、性和倫理學》**。北京：首都師範大學。

邱仁宗（2000）。〈21世紀生命倫理學展望〉。載於倪慧芳、劉次全、邱仁宗主編，**《21世紀生命倫理學難題》**，16－47。北京：高等教育。

胡 適（1996）。**《中國哲學史大綱（卷上）》**。北京：東方。

范瑞平（2001）。〈導言：生命倫理學——跨文化研究的進展〉。**《中外醫學哲學》**，3（4），1－4。香港：浸會大學。

張業清（譯）（1990）。〈醫學如何挽救了倫理學〉（S. Toulmin著）。載於石毓彬等譯，**《現代世界倫理學新趨向》**，323－343。北京：中國青年。

鈕則誠（2004a）。**《生命教育——倫理與科學》**。臺北：揚智。

鈕則誠（2004b）。〈生育活動〉。載於鈕則誠主編，**《醫學倫理學——華人應用哲學取向》**。臺北：華杏。

鈕則誠（2004c）。**《教育哲學——華人應用哲學取向》**。臺北：揚智。

黃柏翰（2004）。〈應用倫理教學課程在臺灣公私立大學中的發展概況〉。**《應用倫理研究通訊》**，29，58－66。桃園：中央大學。

黃慧英（2001）。〈生命倫理之方法論的考察〉。**《中外醫學哲學》**，3（4），5－29。香港：浸會大學。

葉保強（2004）。〈有關應用倫理學的誤解與迷思〉。**《應用倫理研究通訊》**，29，24－29。桃園：中央大學。

蕭　巍（2002）。〈「全球生命倫理」是否可能？〉。載於余涌主編，**《中國應用倫理學（2001）》**，194－205。北京，中央編譯。

第十三章　生命與科技倫理（二）——進階課題

引　言

上一章討論到生命與科技倫理學的來源和性質問題，我們認為它主要來自生物醫學科技發展日新月異，導致倫理抉擇及道德判斷經常面臨兩難的局面，傳統式「以不變應萬變」的倫理規範在此顯得捉襟見肘，亟待相關領域的學者集思廣益，推陳出新，應用倫理學因此應運而生。應用倫理學不全然是既有倫理學的應用，它具有跨學科的特色，甚至在傳統的思辨演繹方法之外，也採用經驗歸納的研究成果，這些都較既有規範倫理學的途徑更為寬廣。尤有甚者，本書處於生命教育脈絡內，尚有意提倡女性主義關懷倫理學，以有利於生命倫理學的開展。存在主義揭示「主體性」的意義，女性主義打破性別權力宰制而建立「主體際性」，後現代主義在尊重多元的精神下提倡知識建構，這些都是本書寫作所秉持的根本理念。

我們提倡關懷倫理學的理由，乃是它屬於採用「關懷模式」的陰性倫理學，而與道義論、後果論、契約論、正義論、原則論、世俗多元論等，採用「工程模式」的陽性「正義倫理學」相對立。女性主義關懷倫理學的批評主要體現於三方面：關係自我與獨立自我、情境倫理與原則倫理、關懷視角與利益視角；至於它與生命倫理學的互補則有三點：經驗對原則、特殊性對普遍性、情感加美德對規範（王延光，2001）。關懷倫理學的情意取向，較正義倫理學的認知取向，更適於生命教育的理論與實踐。以下我們便基於關懷倫理學的立場，進一步討論生命與科技倫理學的進階課題，它們涵蓋資訊科技、生命尊嚴、醫療活動、科學研究，以及生態保育等五方面，每一處都需要誠懇地從事人文與科技的對話。

概念分析

由於「資訊科技」進步所形成的網路倫理議題，最近十年才在華人社會受到重視，可說是一套相當新穎的論述。網路倫理主要涉及使用網路的社群或共同體，但是由於近年上網成爲全民運動，因此網路倫理已經同社會大眾的福祉利益息息相關。社會學者吳齊殷對此有所分析：

> 電腦網路組織及運作的方式，……是以基層使用者爲主體，讓電腦網路的每一位使用者，都有同等的權利與義務，共同形成電腦網路社會的價值與規範。因此，整個網路社群運作，絕大部分是依賴網路使用者的高度自制與自我規範。固然這將是有史以來，人類第一次有機會獲得完全自由的可能場域，但……同樣給予網路使用者誤用乃至濫用此完全自由權利的空間。網路社群的倫理問題即是由此而衍生出來。（吳齊殷，1998：10）

相較於資訊科技所帶來的新興課題，關心「生命尊嚴」乃是中外哲學相當古老的傳統，也就是探討「人之所以為人」的理由，在西方稱為「人的位格」問題。但是除此之外，墮胎爭議與生死決策等問題，相對便屬於十分晚近的倫理反思，大約在1970年代以後才浮上檯面；這也是生命倫理學興起的年代。生命倫理學的焦點正是生命尊嚴，由此可開授生命教育通識課程，哲學學者游惠瑜闡述其意義：

> 生命倫理的課程能幫助學生反思與建立自己生命的價值與意義，尤其能對這些曾是自己或周遭其他人生命的生死議題的分析與探究，更能讓學生感受深刻……。而這樣的課程，……可以……讓學生思考與學習「怎樣存在」……，而不只是學習「怎樣做事」……。（游惠瑜，2004：55－56）

生死尊嚴的課題自二十世紀下半葉以後，便與「醫療活動」緊密結合。過去老一輩人都是生在家裏、死在家裏，後來的人則是生在醫院，死在醫院，生老病死的「醫學化」由此可見。生命教育在這方面提出醫病關係、生殖技術、器官移植等課題。其中醫病關係內涵的特徵包括四點：強調病人為主之醫療；強調權利與義務為基礎之倫理；強調病患之知情同意與選擇；強調醫療的商業化、消費者主義及契約化（蔡甫昌，2002）。而基本的生殖技術則有三種：人工授精、體外受精、無性生殖（邱仁宗，

1988）。至於器官移植必須考慮的因素也有五項：對捐贈者或接受者可能的危害問題、器官分配問題、同意權的問題、複製人的問題、動物器官移植的問題（郭旭崧，1997）。

生命與科技倫理學之所以能構成足以讓社會大眾普遍關注的議題，還是由於科學技術在整個二十世紀突飛猛進的結果。例如1903年萊特兄弟才實現人類遨遊天空的夢想，一百多年後的今天，人類發明的太空器早已經遨遊到外太空而不知所終了。「科學研究」所衍生的倫理問題有研究倫理和動物實驗等；前者涉及後設探究，後者則與動物權有關。研究倫理涵蓋研究者與研究對象兩方面；前者是問研究者有沒有依照「行規」在作研究，例如不造假、不抄襲等；後者若是以人類爲對象，則必須受到知情同意和保護對象免遭傷害兩個要求的規範（李奉儒，2004）。至於動物權問題，原本屬於環境倫理學的一環，後來發展成爲動物保護運動，便直接介入使用動物進行科學研究實驗是否合乎倫理的爭論了（王湘齡，2000）。

最後是有關「生態保育」的環境倫理議題。環境倫理納入生命教育課程講授，哲學學者程進發提出了課程設計的定位：

> 環境倫理學作爲當今應用倫理學的一個議題，除了凸顯出人類道德關懷、責任的擴展外，更顯示出人類共同面對地球生境，究竟應該要如何與自

> 然共處？一般而言，對環境倫理的進路也可以從人類對生態的破壞所造成的環境污染等議題著手，探究其倫理學上的相關意涵。因此，這樣的課程強調知性的理解與實踐關懷，對基本環境倫理概念、代表人物與著作、世界環境倫理議題的認識之外，終究歸聚在學生生態素質的提升，期能眞正體現一種符合環保永續的生活方式。（程進發，2004：46）

此一議題的可操作性極高，而且當下就可以實踐，亦即「隨手作環保」。

批判思考

以下即對上述五方面的倫理課題，進行哲學性的批判思考。首先是網路議題，二十世紀最後十年網際網路普及流行，爲人類提供了一種前所未有的全新體驗，英國倫理學者葛拉漢（Gordon Graham）描述了此種存在意涵：

> 簡言之，我們不只能去「觀察」（observe）網際網路世界；還能存在於（exist）網際網路世界，並在裡頭活動（act）。這就是所謂的「網際空間」（cyberspace），一個由模控學家創造出的全新「空間」（spatial）面向概念，我們甚至可以在其

> 中生活。如果「存在」（being）於網際空間是一種新的存在經驗，不同於形而上地以肉體的形態存在，那麼毫無疑問的，網際網路確實是一種創新的科技。……是一個「全新存在的領域」……。（江淑琳，2003：26－27）

我們關心的是，身處其中，人的「主體性」是「御物」還是「御於物」？

論及生命尊嚴方面，我們認為人的位格問題在華人社會甚至亞洲地區，必須先行擱置「西方猶太基督教傳統」，否則討論將無以為繼（李瑞全，1998）。進一步看，在生命教育的脈絡裏，生命尊嚴課題可以消融在墮胎與安樂死的討論中。〈本科綱要〉有如下說法：

> 男女雙方的自決權或身體自主權不能證成殺害未謀面兒女之行為。……任何形式的安樂死都是為瞭解決問題而將人解決掉，而不是為了人去解決問題。……在思考安樂死法律問題之前，國家似宜先將更多資源投注於安寧療護之多面向體系之建構，以達生死兩無憾的理想。（核心能力四，三，3-1；四，3-1、4-3）

我們對於這種主流論述寄與「同情地瞭解」，但是希望發展出「華人應用哲學」的多元論述，上述觀點在其中仍有極大討論空間。

走進醫療活動領域，醫病關係、生殖技術、器官移植等議題，無不涉及生命倫理意義下的醫學倫理學。〈綱要〉指示：

> 介紹當代醫學倫理最常訴諸的四原則之意涵，並介紹其應用。並說明當代許多醫學組織之倫理守則及指導綱領均以此爲基礎發展而成。（核心能力七，三，1-1）

身爲醫師的蔡甫昌與謝博生對「四原則說」有所引申：

> 其理論所建立之道德規範（moral norms）架構是由四個初確原則（prima facie principles）爲基礎，……根據此四基本原則去做道德的判斷。在特定個案中，藉由此四個基本原則的引導，可發展出更詳細的規則（rules）或指引（guidelines）、建議行爲（recommended actions）、以及政策（policies）。（蔡甫昌、謝博生，2003：143）

這無疑是一種「自上而下」的思考，在基礎上即具有許多爭議，而不像〈綱要〉所言那般肯定。

在「研究倫理」議題上，〈本科綱要〉有明確的說明：

> 「研究倫理」即與科學研究有關之倫理。例如研

> 究的目標是否促進社會或人類福祉？研究手段是否剽竊或抄襲他人成果？研究若涉及人體試驗，是否善盡風險告知與未雨綢繆之努力？……應根據科技研發與應用之目標與手段兩方面來探索其倫理原則。……目標方面應指出科學研究應以服務人類爲目標，而非只是滿足科學家之成就感與好奇心或野心人士之目標。……手段方面應探索科學研究造假、剽竊之界定，人體試驗對象之知情同意……等課題之倫理原則。（核心能力四，八，1-1、2-1、2-2、2-3）

至於「動物實驗」議題，則作出三點建議：盡可能減少不必要的動物實驗、盡可能提升實驗動物受到的照護品質、研究設計應減少實驗動物的痛苦。這些說明同時涵蓋關懷倫理與正義倫理的精神，表示這些議題相當適於從事不同立場間的對話。

〈本科綱要〉也扼要地闡述了環境主義的道德意義：

> 近年，環境主義……運動興起，提倡保護天然生物物種、群落、生態系、甚至整個生物圈，理由不是基於個別生物體的特徵，而是該物種在其所處生態系中所扮演的角色。……環境主義運動者又可分表面的環境主義者……及深刻的生態主義者……，前者仍嚴守人類中心主義的觀點，認爲只有人類才具有道德地位，但生物多樣性和良好

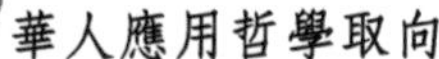

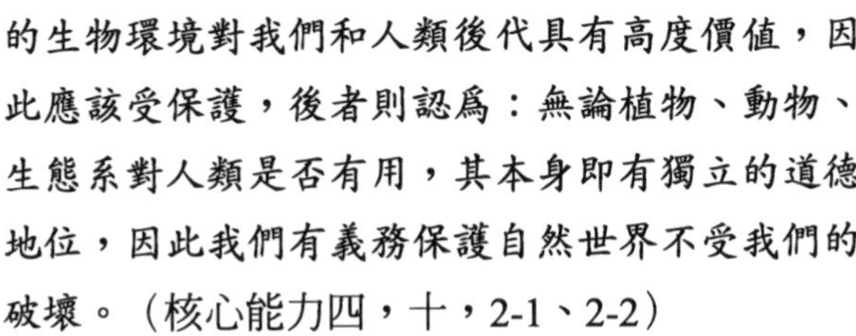

> 的生物環境對我們和人類後代具有高度價值，因此應該受保護，後者則認爲：無論植物、動物、生態系對人類是否有用，其本身即有獨立的道德地位，因此我們有義務保護自然世界不受我們的破壞。（核心能力四，十，2-1、2-2）

我們站在「華人應用哲學」立場對此的看法是：從環境主義走向生態主義，跟從人文主義走向自然主義，可以有一定程度的呼應，值得深究。

意義詮釋

網路倫理屬於資訊時代的倫理議題，哲學學者戚國雄考察其內涵：

> 資訊技術的進步，形成了所謂資訊時代。……在資訊時代，資訊本身形成了我們形塑生活、維護尊嚴的思想資本（intellectual capital）。但此一思想資本的建構卻在許多方面容易受到侵害。……這些侵害威脅到人的尊嚴，也涉及形形式式的倫理議題。其中較爲顯著且重要的議題有四項，分別爲隱私（privacy）、資訊精確性（accuracy）、財產權（property）和資訊擷取或接近（accessibility），英文簡稱之爲“PAPA”……。（戚國

雄，1998：12）

而在生命教育脈絡裏，網路倫理可以銜接上本書第十、十一兩章所處理的性別倫理問題（蔡祝青，2000）。善用網路資源，能夠增進兩性關係；另一方面也要避免誤用網路所形成對人際關係的取代與傷害（黃有志，2000）。

生命教育主流論述根據位格人（human person）的理念，深入反思墮胎與安樂死等生命倫理學重要議題，並對其抱持反對態度。我們對此的建議乃是「退一步海闊天空」。事實上，墮胎只是限制生育的一種選項，在這之前其實還有避孕、絕育等傷害程度較輕的方式可供選擇，生命教育理當正本清源，教導學生採用多元觀點看待問題，莫要陷入墮胎與反墮胎的爭議中見樹不見林（鈕則誠，2003）。至於安樂死問題，更可以和醫助自殺、安寧療護等議題，納入更大範圍的「死亡權利」觀點來加以討論。死亡權利秉持「主觀條件操之在我，客觀形勢成之於人」的「盡人事，聽天命」態度，來選擇自己離開人間的方式；它可以是人道的安寧療護，也應當考慮法律允許下的安樂死及醫助自殺（鈕則誠，2004）。

醫病關係既屬於倫理問題，也涉及法律責任。根據法律學者侯英泠的分析：

> 醫病關係的變化就像父母子女關係的變化，從不對等的關係變遷為對等關係……。無論醫病關係如何隨著社會變遷而改變或緊張化，醫病關係的

> 良性化應該回到醫病間信賴關係的建立，畢竟醫病關係仍是人與人之間的互動關係以及疾病所伴隨的生活風險和醫師個人的醫療過失問題。（侯英泠，2002：36－37）

同樣的道理，生殖科技與器官移植也具有倫理與法律的兩面性。孫效智（1997）認爲，生殖科技相關立法應保障人工生殖過程符合人性尊嚴，並使人類初始生命受到應有的尊重。戴宇光（1997）則對器官移植的民法及刑法法理問題加以爬梳，並強調應該在尊重人權的社會中，找到醫療與法律的平衡點，以示對於醫學發展、法律地位、人性尊嚴三者無所偏廢。

前面曾提及研究倫理涉入研究者與被研究對象雙方的關係；倘若研究對象是人，則無論是自然科學還是社會科學、無論是量化研究還是質性研究，都有一些相互對待方式需要遵循。陳向明（2002）曾對質性研究的倫理道德，歸納出四項基本原則：自願和不隱蔽原則、尊重個人隱私和保密原則、公正合理原則、公平回報原則，值得推廣至各種研究型態加以參考。從尊重人權到尊重動物權，道理似乎相通，但是實踐起來卻有天壤之別。動物保護運動是西方環境主義與生態主義發展下的產物，一旦放在華人社會似乎陳義過高、曲高和寡。華人幾乎任何動物都能吃，因此有人認爲肉食問題才是動物權最大問題，動物保護運動理當從素食運動著手（謝德熾，2000），這不能不

說是一種有意義的另類觀點

在生態保育方面，生命教育所討論的環境倫理議題，可以跟中小學九年一貫課程重大議題內的環境教育相呼應：

> 環境教育是概念認知和價值澄清的過程，藉以發展瞭解和讚賞介於人類、文化、和其生物、物理環境相互關係所必需的技能和態度。環境教育也需要應用有關環境品質問題的決策及自我定位的行爲規範。（教育部，2003：35）

而後者正是環境倫理問題。程進發指出：

> 環境倫理學探討人與自然環境之間的應然關係，直接會浮現出人類對自然的評價，更確切地說是人類對待自然而同時顯示出的某種價值觀；因爲它總是要面對自然是什麼？人類與自然的關係是什麼及人應該如何恰切地對待自然等問題。（程進發，2001：64）

把環境倫理的反思放進環境教育的架構中，可以看出人文與科技對話的重要與必要。事實上，整個應用倫理學都呈現出跨學科對話的特質，這正是既有倫理學所缺乏的動力。

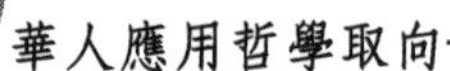

綜合討論

本書以連續六章的篇幅討論倫理學相關課題，目的是爲了銜接應用倫理學與生命教育。本章在探討生命與科技倫理學的進階課題時，依照〈本科綱要〉將這些課題分爲資訊科技、生命尊嚴、醫療活動、科學研究、生態保育等五方面，但是從其所包括的議題來看，可說大致涵蓋應用倫理學的生命倫理、環境倫理、企業倫理三大面向。以網路倫理所屬的資訊科技課題爲例，它已形成爲全球性的主要商業活動；像世界首富是靠電腦軟體起家、臺灣股票市場每天都隨電子股的漲跌而起落等。從過去二十年應用倫理學的發展來看，與其說它是理論倫理學或規範倫理學的應用，不如說它是一門完整自足的獨立學科，當然其中也不存在純理論優位的問題（甯應斌，1997）。

雖然應用倫理學可以獨樹一幟，但只要它掛上「倫理學」的名號，就不能說與倫理學毫不相干。本書曾將倫理學依時期分爲三階段：傳統倫理學、現代倫理學、後現代倫理學。傳統階段指西方啓蒙運動以後，現代階段包含啓蒙運動至1980年代的兩百年間，後現代則是近二、三十年的事。應用倫理學即屬於後現代倫理學的體現，香港應用倫理學者范瑞平（1997）也是採用上述三階段分類法，並舉出後現代應用倫理學的四種模式：現代理性模式、政治學模式、相對主義模式、自由合作主義模式。他並強調，哲學家身處後現代，在多元論述百家爭鳴的情況下，根本無法定於一尊，只好尋求自由合作，並由此發展出三個層次的倫理學：一般倫理學、共同體倫理學、文化倫理學。本書所楬櫫的「華人應用哲學」，在此可視爲與「文化倫理學」同調。

大陸哲學學者廖申白的一段話，爲「華人應用哲學」下了明白的註腳：

> 對倫理學理論來說，「我們」是普遍的主體；對應用倫理學來說，「我們」的普遍性則具有地方性且不能脫離這種地方性。……應用倫理學對「我們」這一重要考量因素的處理顯示出極大的複雜性。一方面「我們」意味一具體的倫理社會，即具有穩定的、時空的、歷史的（宗教的、文化的）地方性的倫理共同體；另一方面，「我們」是複數的第一人稱主體，意味某種「交互主體性」。（廖申白，2002：7）

此處所言的「地方性」，即是本書所強調的「局部知識」下之本土性及在地性。我們認爲，生命教育原本即是臺灣在地的全人情意教育實踐，本書有心將之推廣擴充至所有華人社會，包括兩岸四地及東南亞國家。因爲這些華人大多秉持漢民族的「中華文化」在生活，而這正是「我們」的普遍性與地方性。

「華人應用哲學」的具體成果之一，是開出具有本土文化色彩的「儒家生命倫理學」，李瑞全對此的闡述爲：

> 孔孟的先秦儒家是以道德爲中心的人文主義，這一思想主要是回應春秋戰國的歷史與思想發展的挑戰，由此開展一幅人文社會的構想，作爲個人進退出處之道，同時，經歷數代儒者在思想上、政治上和教育上的努力，使儒家在民間社會生根發展，成爲中國文化思想的主流。……當代新儒學主要秉持儒家的傳統，以人爲本位的人文主義精神，回應當前的世局人心問題，發展儒學的現代哲學系統。……西方的現代發展，也慢慢的顯示出一些現代社會的內部問題，亟待新的社會構想，尋求思想和文化的出路，這就是一般的從現代到後現代社會的建構問題。其中一個具體而又急切的現代社會問題是由現代科技所引起的倫理問題。（李瑞全，1999：1－2）

以中華文化反思生命與科技倫理，其實還有一個本土活水源頭，那便是中醫學。華人社會普遍表現爲中西醫並存互補的局面，此一現象對生命教育頗具啓發作用。大陸歷史學者朱端強即發現：

> 由於孔子和先期儒家基於人本和社會論人，因此，其哲學思想對我國傳統醫學理論有過直接的影響。和西方醫學的起源及發展史不同，緣於生

> 命體驗和經驗科學的中醫，可以說一開始就十分重視純醫學之外的人文和社會因素……。如果說，人體科學和陰陽五行說構成了中醫理論的內核，那麼道家和儒家理論則共同構成了中醫理論的外延。（朱端強，2000：287－288）

當前臺灣有不少年輕人渡海去大陸學習中醫，雖然可能只想習得一技之長，但是倘若能自其中領悟出一套「中國醫學倫理學」，則不啻為「華人應用哲學」開出另一方新天地。

主體反思

1.有人將正義倫理學的思維方法視爲「工程模式」，而與關懷倫理學的「關懷模式」相對，試申其義。

2.何謂「位格人」？胚胎是人還只是一堆細胞？胎兒從什麼時候成爲人的？這些分判在墮胎爭議中有何意義？

3.現今各級學校教師和學生都必須學習電腦、使用網路，你對這種「天涯若比鄰」的資訊化社會有何評價？

4.「隨手作環保」，對你而言只是一句口號，還是生活中的具體實踐？請賦予自己的行爲以倫理涵義。

5.安樂死、醫助自殺、安寧療護三者，都屬於「死亡權利」的選擇，你對此有何看法？自己可能選哪一項？

6.試反思之前這六章有關倫理學的內容，它們對你瞭解生命教育有何啓發？請舉例說明。

心靈會客室

醫學與哲學

從踏進哲學系當學生到如今擔任哲學教師，前後已超過三十一年，我一向不敢說自己是「哲學工作者」，勉強稱得上的頭銜爲「哲學教育工作者」。走上教哲學甚至教書這條路絕對是偶然，回想當年退伍後本想去美國改行讀心理學，因爲補學分而留在臺灣邊做事邊念書。有三年時間我是在電視臺附屬的雜誌社打工，爲軟性雜誌寫稿、替綜藝節目和社教節目編撰腳本，甚至自己下場去擔任助理主持人及助理製作人。不是說笑，我曾在沈春華主持的兒童節目「快樂小天使」第一季播出中，扮演過頭戴面具、手握長劍的串場人物「圓桌武士」，出場照例必須踩到香蕉皮滑一跤，這招還頗得小朋友歡心呢！有個笑話是說念哲學的人找不到工作而去馬戲團化妝當野獸，這對我來說絕對是年輕時寶貴的生活體驗。

在電視臺混跡三年，留學之夢漸漸淡化，蠢動的心卻仍然不安於室。眼見演藝圈的風花雪月逐漸化成片片鏡花水月，我就知道自己該起身離去了。但是要去那兒呢？所幸母校博士班收留了我，從此與哲學結下不解之緣。老實說，我對哲學的認同感始終不高，主要是認爲它眞的沒啥用處，喜歡就自己念，犯不著拿它謀生糊口。高中時代我曾經有一度想習醫，倒不是爲賺大錢，而是打算鑽研精神醫學，以治療自己揮之不去的顚倒夢想。但是天生的不專心毛病使得功課奇差無比，根本不

心靈會客室

可能考上醫學院，剛好又讀到學醫的年輕作家王尚義一句話：「醫學和哲學是一條線上的兩個極端」，就這麼決定去考哲學系。誰又會料到後來我竟然在醫學院教了四年哲學課。

說來也絕，我進博士班時已經三十一歲了，照理來說該當踏踏實實地作學問，但是念了一年老毛病又犯，因爲看見補習班廣告，知道還有所謂「學士後中醫系」可以報考，年齡且限定在三十五歲以下。這下子我又躍躍欲試，甚至還跑去補習了幾個月，終因數理化讀起來太吃力而宣布投降。不過我學不成醫的憾事，居然在三年前被一個學生實現了。那是一名經濟系畢業的商管女碩士，年近三十突發奇想要念中醫，還眞的憑著碩士學歷申請進入北京中醫藥大學，從大學數理化讀起，最近已完成三年的學習。看來「有志者事竟成」並非空話，更可以作爲生命教育激勵人心的例證。至於我，年過半百後心情逐漸沉潛，倒也慢慢體會出哲學箇中三昧，不再被心頭上的各種顚倒夢想所左右了。

參考文獻

王延光（2001）。〈女性主義關懷倫理學與生命倫理學〉。**《中外醫學哲學》**，3（4），117－134。香港：浸會大學。

王湘齡（2000）。〈從動物權談動物實驗〉。**《應用倫理研究通訊》**，13，36－40。桃園：中央大學。

朱端強（2000）。〈孔子人論與人的健康〉。載於張開寧、鄧啓耀主編，**《多學科視野中的健康科學》**，283－293。北京：中國社會科學。

江淑琳（譯）（2003）。**《網路的哲學省思》**。臺北：韋伯。

吳齊殷（1998）。〈電腦網路的社會衝擊：以倫理議題爲例〉。**《應用倫理研究通訊》**，5，7－11。桃園：中央大學。

李奉儒（譯）（2004）。〈質性教育研究之基礎〉。載於黃光雄主譯，**《質性教育研究：理論與方法》**（R. C. Bogdan與S. K. Biklen合著），5－68。嘉義：濤石。

李瑞全（1998）。〈導言〉。載於李瑞全主編，**《倫理與生死：亞洲應用倫理學論集》**，Ⅰ－Ⅸ。桃園：中央大學。

李瑞全（1999）。**《儒家生命倫理學》**。臺北：鵝湖。

邱仁宗（1988）。**《生死之間—道德難題和生命倫理》**。香港：中華。

侯英泠（2002）。〈良性醫病關係之建立〉。**《應用倫理研究通訊》**，21，36－40。桃園：中央大學。

范瑞平（1997）。〈後現代應用倫理學——以生命倫理爲例〉。**《應用倫理研究通訊》**，2，1－3。桃園：中央大學。

孫效智（1997）。〈代理孕母的倫理與法律問題〉。**《應用倫理研究通訊》**，4，8－11。桃園：中央大學。

戚國雄（1998）。〈資訊時代的倫理議題——兼談網路倫理〉。**《應用倫理研究通訊》**，5，12－18。桃園：中央大學。

教育部（2003）。**《國民中小學九年一貫課程綱要重大議題》**。臺北：教育部。

郭旭崧（1997）。〈從醫療倫理看器官移植〉。**《應用倫理研究通訊》**，2，26－28。桃園：中央大學。

陳向明（2002）。**《質的研究方法與社會科學研究》**。北京：教育科學。

游惠瑜（2004）。〈生命倫理學在通識教育的教學〉。**《應用倫理研究通訊》**，29，50－57。桃園：中央大學。

程進發（2001）。〈共同體作爲人類與自然價值的根源是一種存有論的解釋〉。**《應用倫理研究通訊》**，20，64－68。桃園：中央大學。

程進發（2004）。〈「環境倫理」作爲通識課程科目的架構與教學實例之反省〉。**《應用倫理研究通訊》**，29，44－49。桃園：中央大學。

鈕則誠（2003）。**《醫護生死學》**。臺北：華杏。

鈕則誠（2004）。**《醫學倫理學——華人應用哲學取向》**。臺北：華杏。

黃有志（2000）。〈網路的兩性倫理〉。**《應用倫理研究通訊》**，16，18－21。桃園：中央大學。

甯應斌（1997）。〈「應用倫理學」是「理論倫理學」的應用嗎？〉。**《應用倫理研究通訊》**，2，8－9。桃園：中央大學。

廖申白（2002）。〈應用倫理學的一些重要性質及其「應用」倫理學理論的方式〉。載於余涌主編，**《中國應用倫理學（2001）》**，2－18。北京：中央編譯。

蔡甫昌（2002）。〈引言——醫病關係與執業倫理〉。**《應用倫理研究通訊》**，21，13－18。桃園：中央大學。

蔡甫昌、謝博生（2003）。〈醫師專業精神與醫療組織倫理〉。載於余玉眉、蔡篤堅主編，**《臺灣醫療道德之轉變——若**

干歷程及方案探討》，133－166。臺北：國家衛生研究院。

蔡祝青（2000）。〈網路的性／別倫理〉。**《應用倫理研究通訊》**，16，13－17。桃園：中央大學。

戴宇光（1997）。〈器官移植的法理問題〉。**《應用倫理研究通訊》**，2，37－39。桃園：中央大學。

謝德熾（2000）。〈動物權——人類沒有宰制其它生命的權利〉。**《應用倫理研究通訊》**，13，15－18。桃園：中央大學。

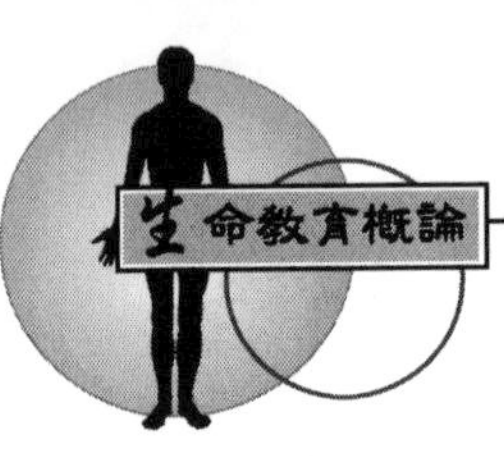
生命教育概論

第十四章　人格統整與靈性發展（一）——基礎課題

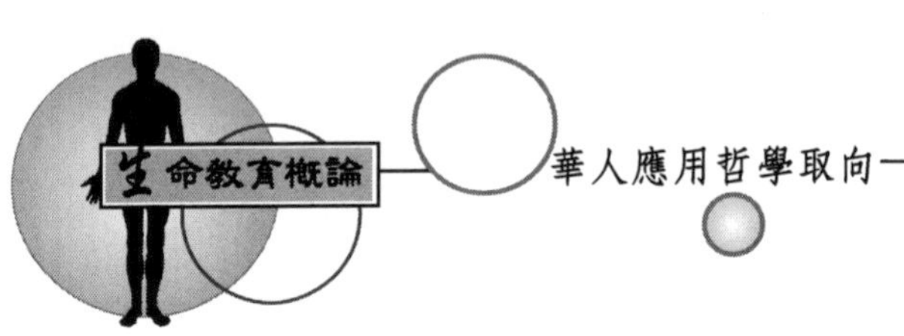

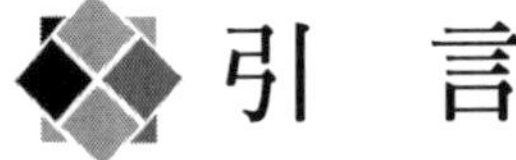

引　言

本書作爲生命教育師資培育的參考用書，主要考察的文本乃是高中「生命教育類」八門科目的課程綱要。此八科除「生命教育概論」爲基礎課程外，其餘七科皆爲進階課程，且按照生命教育課程三大基本理念而建構：終極關懷與實踐、倫理思考與反省、統整知情意行，這三大理念正是生命教育所涵蓋的三個向度。在討論過前兩個向度所涵蓋的六門科目外，現在我們要進行對最後一個向度中最後一門科目的介紹。「人格統整與靈性發展」的目標是：

> 協助學生追求正向的自我觀念，增進人格與心靈的成長。

其意義則見於草案「整體規劃理念」：

> 將生命知識内化爲生命智慧，使人能夠在「實踐」面「誠於中、形於外」，而將知情意行統整起來。

生命教育進階課程的七科中，「哲學與人生」、「道德思考與抉擇」、「性愛與婚姻倫理」、「生命與科技倫理」等四科可歸於哲學類科；「宗教與人生」涉及宗教學；

「生死關懷」銜接上生死學；至於「人格統整與靈性發展」的學理背景則與心理學相互呼應。西方心理學自1879年脫離哲學獨立成爲一門科學學科，發展至今一百二十五年以來，在理論與實踐上先後形成四股重大勢力：行爲主義、精神分析、人本心理學、超個人心理學。像〈本科綱要〉便要求學生能夠：

> 瞭解心理學中精神分析學派、行爲主義學派、人本主義學派與超個人心理學派對人性的基本假設。（核心能力二，二，1）

尤其是被稱作心理學「第四勢力」的超個人心理學，更是本科在探討「靈性發展」方面的活水源頭。

概念分析

「人格統整與靈性發展」雖然屬於一門強調知行合一的進階課程，但是爲了便於瞭解與討論起見，本書擬以兩章篇幅，分別討論「人格統整」與「靈性發展」兩部分，並視其爲次第開展的基礎與進階課題。在「人格統整」部分，與主題有關的概念包括人格、人性、行爲、自我、情緒、品格等，這些都是心理學及輔導學關注的焦點，本書此部分大致圍繞上述概念發揮。根據〈綱要〉所示，人格統整：

> 是指一個人在道德上的知行合一，也指一個在人格內部如身心靈或知情意行上的一致與和諧。孔子所說的「從心所欲不逾矩」可以說是一種知行高度合一或人格高度統整的境界。（核心能力八，一，1-1）

探討這種境界內涵的研究工作，與其交給心理學，倒不如讓心理學與倫理學合作來得更恰當。

事實上，倫理學與心理學早在十九世紀初期便已成功合作，統整開創出一門影響深遠的學科——普通教育學。根據教育學者梁福鎭（1999）的考察，普通教育學是德國哲學家赫爾巴特（Johann Friedrich Herbart, 1776-1841）於1806年所創立，這門學科企圖從倫理學觀點來決定教育的目的，並且以心理學的觀點來發展教育的方法，將普通教育學建立成爲一門嚴謹的教育科學。普通教育學的內容包含有人格教育理論，並由此發展出道德教育學和教育倫理學。由於心理學後來自哲學中獨立爲科學學科，步上實驗科學、經驗科學的道路，促使普通教育學的心理學面向走向實驗教育學的途徑，而其倫理學面向也形成今日的教育哲學。在臺灣，當〈計畫〉指示「各級學校應……建立以生命教育爲教育核心之共識」，生命教育理當進一步瞭解以教育爲研究對象的教育學。

〈本科綱要〉一開始就著手「探討人性的本質和定義」，並舉出「食色性也」、「人之初、性本善」、「性善」

或「性惡」等儒家觀點，來引發學生探問人性的本質。接下去便要求學生能夠分辨「本能」、「驅力」、「需求」、「動機」等觀點對人類行爲的影響，並指出：

> 「本能」與「驅力」可以解說人類較爲「生物性」的行爲，而「需求」與「動機」則可以用來解說人類較爲高等具人性光輝的行爲。（核心能力二，一，2-2）

此處顯示出人性本質問題屬於倫理學探討，人性的作用則歸爲心理學研究。〈本科綱要〉對心理學問題採用四大勢力作爲解決方案，並強調人類行爲的多因性與多樣性，但肯定人有意志自由，可以選擇向善。一個人努力向善的前提是必須有一個清明的自我，能夠有效管理情緒，並開創健全品格。

〈本科綱要〉對四大勢力的看法分別爲，行爲主義：

> 強調善行與惡行是源自後天環境中行爲與增強或是懲罰之間機械式的聯結制約而成。（核心能力二，二，1-2）

精神分析：

> 以本我、自我與超我的人格結構說，來說明人性中「惡」的本質。（核心能力二，二，1-1）

人本心理學相信：

> 每一個個體都有發揮個人潛能，達到自我實現的動機與需求。（核心能力二，二，1-3）

超個人心理學則屬於：

> 對人本心理學說的補充與超越。認爲……人應該探索自我的靈性，尋求個人與自我、他人、自然環境與造物者之間的和諧關係。（核心能力二，二，1-4）

由此可見，本科課程設計的架構，是以儒家人性論開展出問題本源，再採用心理學四大勢力的觀點進行探究，奠定「人格統整」的理論基礎，最後特別藉由第四勢力的超個人心理學進路，以掌握「靈性發展」的步調。

人格統整的重要性，乃是「它使人邁向至善與眞實快樂的人生」。但是人格統整並非一蹴可幾，大多數情況下人們都是人格不統整的，〈綱要〉發現：

> 人格不統整可以表現爲許多形式：例如知行不一、心口不一、理性與感性（包括情緒與情慾）的衝突、理性本身所肯定之價值或原則間衝突等。（核心能力八，一，1-2）

當人格統整涉及人類行爲時，〈本科綱要〉的作法是探討與反思四大勢力與特定人類行爲之間的對應關係，並認爲：

某些行爲適合以精神分析的觀點來解釋，某些行爲則適合用行爲主義的觀點來解釋，但是對於發揮人類高尚情操的行爲，則較適合以人本主義及超個人主義的觀點來解釋。（核心能力二，二，1-5）

在本章以下各節中，我們將對心理學四大勢力的內涵作出反思與批判，並嘗試找出中國古典人性論與當代「華人應用哲學」的銜接之處。

批判思考

心理學「四種勢力」的提法，源自1960年代的美國，一些標幟著人本主義的心理學者爲了自立門戶，乃宣稱與行爲主義和精神分析兩大學派劃清界限，形成第三種勢力；至於作爲第四勢力崛起的超個人心理學，則是七〇年代一部分人本心理學者，受到反主流文化運動和非理性主義的影響，另起爐灶的產物（楊韶剛，2003）。事實上，心理學論述遠多於這四派，甚至形成多元並列的理論叢林景象。而作爲第一勢力的行爲主義學派，如今可以視爲廣義的科學取向之綜合性旗幟，其中尚包含近年頗受矚目的認知科學及神經科學等研究進路的成果。科學心理學自1879年由哲學中分化而生，二十世紀初期強調以外顯行爲爲探究對象，乃發展出行爲主義；六〇年代至八〇年代間，受到自動控制學和神經生物學的啓發，更走出嶄新的科學化途徑。

相形之下，精神分析的傳統原本並不在科學心理學之內，而是歸於精神醫學的一環；我們甚至可以說，因爲精神分析應運而生，才使得精神醫學發揚光大。精神醫學由醫師出身的佛洛伊德所創，他的學說是特定歷史社會條件下的產物，反映出十九世紀歐洲猶太人在兩性關係諸多禁忌下，性本能受到壓抑所形成精神疾病的解決之道（王國芳，2003a）。佛洛伊德學說一開始相當偏向泛性論，但是後來他受到叔本華的影響，把後者的意志哲學轉化爲自己的潛意識理論，從而開展出獨樹一幟的人格學說（高宣揚，1993）。叔本華深深影響了尼采，使得叔本華哲學成爲存在主義的先驅思想；它們的特色都是非理性主義，這點也出現在精神分析理論中，使其近於哲學而不似科學。

然而無論是精神分析，還是後來因爲不滿行爲主義和精神分析充斥於美國心理學之中，而試圖獨樹一幟的人本心理學，畢竟仍屬心理學家族的成員，並非哲學方面的論述。人本主義學派雖然借用了一些哲學思想，尤其是存在主義及現象學，其內部成員仍多屬受過完整科學心理學訓練的科學學者。但是他們既排斥行爲主義的機械決定論，又反對精神分析的生物還原論，而強調以人爲本，並以整體的人爲探究對象，且十分關注人性價值與尊嚴，希望發現健康人格和促進自我實現，因此自稱爲心理學「第三勢力」（車文博，2003）。此外，人本學派在1960年代興起於美國，多少跟當時爭取人權、反對越戰，以及中產階級出現價值危機等社會現象有關，可視爲美國心理學在「意識覺醒」之下的產物。

物極必反，人本心理學在六〇年代以反對主流的聲音異軍突起，一時之間吸引住相當多的追隨者而蔚爲大宗，至1971年終爲主流學界所接受，而其本身也逐漸出現主流化的弊病。有些心理學家便嚴厲批評人本主義學派過度看重自我的作法，斥之爲「自戀狂文化」或「自私文化」，並指其已變成一種宗教，不斷進行自我膜拜。爲了擺脫侷限於小我的格局，有人嘗試走向發展大我，從而帶動超個人心理學的出現（車文博，2003）。這兩種學派的差別在於：

> 如果說，人本主義心理學是渴望以人爲中心、崇尚自由和尊嚴的心理學，那麼超個人心理學則是以宇宙爲中心、超越人類和人性的心理學。超個人心理學更強調以超越自我或自我超越作爲一種高級價值的社會意義。（王國芳，2003b：368）

人本心理學繼承了西方人文主義和人性理論的傳統，認爲人具有潛在的善性，而惡則來自社會與文化；至於超個人心理學則屬西方心理學與東方思想融匯的結果，其所擷取的東方思想包括中國的道家與禪宗哲學，以及印度的吠陀與瑜伽哲學等（車文博，2003）。本書站在「華人應用哲學」立場，採取「中體外用論」觀點，認爲「人格統整」課題的重心在於人性論，而中國哲學內對於人性論討論最多的當推儒家。如今我們先將古典儒道二家融會貫通，建構出以「中國人文自然主義」爲中心理念的「後現代儒道家」，再自此去涵攝西方心理學的四大勢力，相信可以收到樹立「華人主體性」的「人格統整」效果。在此一課題上我們不主張一味隨西學起舞，因爲長此以往將會走向人格分裂，而非人格統整。

意義註釋

本書引介生命教育係採取「華人應用哲學取向」，並由是建構一套「生物／心理／社會／倫理／靈性一體五面向人學模式」。若依此考察心理學四種勢力，則行爲主義著眼於生物面向的外顯行爲，精神分析與人本心理學分別對個人心理的現實面和理想面有所發揮，而超個人心理學便是以靈性面向爲擅長。面對西方科學心理學的多元論述，我們提出本土化的「華人應用哲學心理學」作爲呼應。哲學心理學即是哲學人學，我們的人學觀乃是「華人應用哲學」取向的，主張「後現代儒道家」思想可以大幅著力於考察人的「心理／社會／倫理／靈性」諸面向。

「後現代儒道家」對人本心理學所蘊涵的人文主義和存在主義精神表示認同，但是對超個人心理學的神祕主義傾向則有所保留。

對超個人心理學走向靈性神祕主義的批判是下章的主題。我們認爲此一學派自視爲心理學第四勢力尚言之過早，不過臺灣生命教育的主流論述，似乎營造了一股宗教信仰的神祕氛圍，很容易跟超個人心理學彼此唱和。但是正如本書所指，我們一向對宗教教義存而不論、對團體活動進行觀察與批判，而對個人的信仰抉擇則保持同情地瞭解。身處後現代華人社會，我們鼓勵關注生命教育的教師與學生，認眞反思以不拘形式的人生信念，取代形式教條化的宗教信仰之可能。宗教信仰的問題不在信仰而在宗教，教團中人自認爲得到神聖力量的加持便覺得高人一等，因此衍生出時下種種宗教亂象。倘若連最強調人性光明面的人本主義心理學者，在形成一派學術團體後，都有可能步上宗教化而自我膨脹，一般世俗之人又那能抵擋宗教團體的蠱惑人心呢？

平心而論，西方科學心理學對於人性的探索，確實有值得參考之處。大陸心理學史學家車文博歸納指出：

> 西方現代心理學發展的趨勢是，現代心理學日益從封閉意識的研究進入開放機能、行爲的研究，從元素分析的考察進入整體綜合的研究，從表層心理現象的研究進入深層需要、動機、人格的探

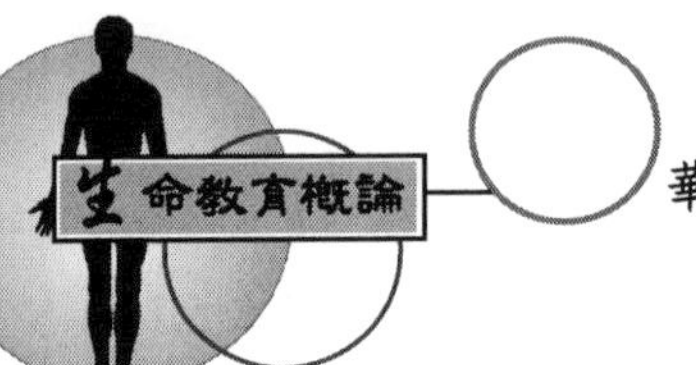

討，從靜態的研究進入動態的研究，從低級心理功能的研究進入高級心理功能的研究。（車文博，2002：168）

科學心理學之所以得以於十九世紀下半葉獨立發展，有賴生理學在上半葉趨於成熟；生理學在感官生理和神經生理方面的研究成果，爲實驗心理學的出現奠定了基礎。畢竟人類具有身心一體的特性，心理學研究不可能永遠停留在思辨哲學的範疇內，走向經驗科學道路實爲必然結果。

由於生命教育在心理學方面看重的是「人格統整」課題，因此人格心理學便成爲核心觀點。根據美國人格心理學教科書的分類，有關人格的理論至少可分爲六個學派：精神分析、特質理論、生物學理論、人本主義、行爲主義暨社會學習理論、認知理論等，其中精神分析學派乃是人格方面科學研究的嚆矢（陳會昌，2000）。精神分析在本質上屬於一種臨床研究方法：

其實就是關注我們每個人內心上演的生活劇，關注我們患上的難以解釋的病症和我們做的莫名其妙的事情，關注爲什麼我們有的人趨於成功而有的人不能成功，關注我們怎麼會既渴望有親密關係但同時又怕有親密關係。（周榕，2001：6）

由此可見，精神分析理論的可能貢獻，應當是對「人格不統整」所提出的解釋。

〈綱要〉指出，「人格統整」的價值乃是「使人邁向至善與眞實快樂的人生」，對於「有意義與快樂的人生最重要的質素」，〈綱要〉的說明爲：

> 人作爲一種具有「身心靈」的結構以及在關係與時空中的存有者，其所追求的意義與快樂涵蓋許多層面，才能讓完整的人得以圓滿發展及實現。這些層面包含身心的健康、物質的富足、社會成就與肯定、親密關係的建立、靈性的醒覺與開悟等。（核心能力八，二，1-1）

這套理想與人本心理學研究途徑不謀而合，因爲人本心理學：

> 豐富了關於人類精神生活研究的內涵，如人的價值、生活意義、自我實現、意識轉變狀態、超越自我、高峰體驗、生死體認、宇宙覺知、人類協同等等。（車文博，2003：538）

我們站在「華人應用哲學心理學」立場，同樣欣賞「人格統整」的理想，但是寄望「靈性發展」可以走向清風明月，而非神秘渾沌。

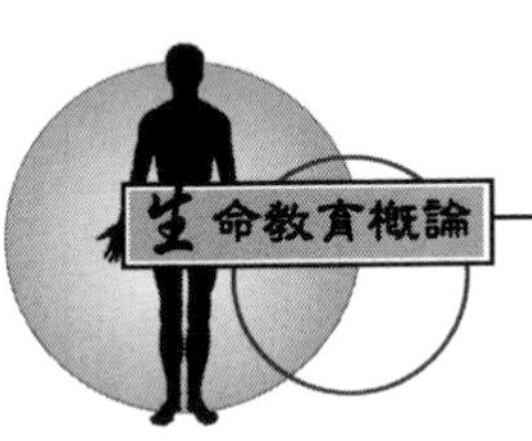

綜合討論

「人格統整與靈性發展」的「人格統整」部分，自心理學考察人性的人格理論契入，次第探究人性、自我、人格、情緒和品格等議題，可視爲本科的基礎課題。〈本科綱要〉草案原有「關照人類的行爲與成因」一項核心能力，在其中曾分析說：

> 人類的行爲可以分爲認知、情意、意向和行爲等四個層面，這些層面之間常會有不一致的情形存在。……人能認知到環境的侷限力，並擁有自由的意志，就是在意志上能自我決定不向環境屈服，掙脱環境的限制，而力求向善而力爭上游。

此處將行爲分爲知、情、意、行四層，並以意志自由貫穿其間，通過認知這種自由並爲情感所悅納，方能知行合一地體現出來。「自由意志」是西方哲學上重大問題，與其相對的理念乃是「決定論」。行爲主義和精神分析都被人本心理學視爲有決定論傾向而加以反對；人本學派主張人生的最高境界，乃是在自由意志選擇下所開創的自我實現。

「自我實現」觀經由人本心理學家馬斯洛（Abraham Maslow, 1908-1970）而發揚光大，他曾提出著名的「人類需求五層次論」，將需求分爲生理、安全、歸屬和愛、尊重，以及自我實現五個層次（彭運石、丁道群，2003）。根據馬斯洛自己的說法：

> 「自我實現」……是一種人的自我發揮和自我完善的慾望，也就是一種使自己的潛力得以實現的傾向。這種傾向可以說是一個人越來越成爲獨特的那個人，滿足他所能滿足的一切慾望。（許金聲，2003：137）

此一最高境界並非一蹴可幾，而是自我不斷發展揚昇的結果。〈本科綱要〉指出，心理學家艾里克森（Erik Homburger Erikson, 1902-1994）的「人生發展八階段說」，可作爲分析人生階段與任務的重要參考。先前草案則另提出教育心理學家郭爾堡（Lawrence Kohlberg, 1927-1987）的「道德發展理論」作爲對照。

艾里克森和郭爾堡分別把人生發展及道德發展依照年齡層來加以區別；對於年輕學生而言，郭爾堡的理論可以讓大家反思自己在兒童時期是如何進行道德判斷的，而艾里克森的學說則可以使人們對生涯加以規劃。但反思與規劃都需要「合理地」進行，偏偏我們經常會做一些不合情理的事情。生命教育屬於情意教育，它可以教導我們安頓情感，避免情緒用事。情緒調適是現今社會大眾亟需培養的能力，以有效與他人相處。〈本科綱要〉提出美國輔導學家艾里斯（Albert Ellis）的「理性情緒行爲治療法」，以協助學生摒棄與轉換非理性信念，重建合理的想法。總之，艾里斯的作法是讓當事人重建自己的人生哲學觀，以改變不良功能的人格特質，可視爲一種哲學治療技術（李茂興，1999）。

最後談到品格教育議題，〈本科綱要〉指示：

> 品格教育是強調「人應如何生活？」這個問題比起抽象的道德原則或理論更爲根本，目標是培養學生的價值（values）、態度（attitudes）或德行（virtues）……。（核心能力六，一，1-1）

而其所列出的品格教育過程中，較常被強調的特質有：責任感、誠實、尊重、信賴、關懷、公平、公民道德、仁慈、同理心、自重、自律、勇氣等。根據美國教育哲學家諾丁的分析，品格教育屬於道德教育一種特殊的取向，其源頭可以上溯至亞里斯多德。不同於強調推理、解決問題、判斷思考的知性教育，品格教育著眼於德性的發展。諾丁發現，品格教育在二十世紀初期的美國，就已經有系統地在推動課程設計，當時規劃出來的品格特質共有三十一項德目（曾漢塘、林季薇，2000）。我們認爲德目多寡不是問題，問題在於實際作法；把德行倫理觀融入關懷倫理學而非正義倫理學，品格教育方能以情意教育型態落實。

「人格統整」的課題講究「知、情、意、行」無所偏廢，我們通過「中國人文自然主義」的反思，發現西方文化從哲學衍生出科學，不斷強調理智、理性、推理的重要，如此一來雖然因為科技發展而改變人類生活，但也造成知性思維一支獨秀、情意感受相對萎縮的局面。為了重新開發人性的情意構面，達到眞正「人格統整」的效果，本書提出以「後現代儒道家」的「知識分子生活家」作為生命教育所追求的典型人格。「知識分子生活家」秉持良知良能，實踐「中體外用論」，體現中華文化的主體性。當代新儒家哲學家梁漱溟（1893—1988）曾歸納出中華文化的十四項特徵，其中與生命教育最直接關聯的一項，即是中華文化內「幾乎沒有宗教的人生」（梁漱溟，2000）。下章我們即立基於此一特徵，來反思與批判有關「靈性發展」的主流論述。

主體反思

1.行爲主義學派有一個著名的實驗，稱爲「巴甫洛夫的狗」（Povlov's dog），請說明其內容，並加以評論。

2.佛洛伊德主張，人生下來便有戀父情結或戀母情結，有些人對此一說法嗤之以鼻，你認爲呢？

3.人本心理學相信一個人充分發揮潛能，便有機會達到「自我實現」的境界，請根據自己的體驗反思其可能。

4.近年有人提出在「智力商數」之外，應看重「情緒商數」，並據以倡議EQ管理，請對此加以闡述。

5.心理學對教育學的形成影響甚大，如今念教育的人無不修教育心理學的課，請反思二者的關係。

6.有沒有可能發展出一套以中國哲學爲基礎的「華人品格教育」？有哪些德目可以作爲其內容？

心理學之戀

我雖然是一個「純種」的哲學學者、「正宗」的哲學博士，但三十多年來始終不務正業，自願站在主流之外，甘於長期成爲哲學邊緣人。我受過完整的哲學訓練，除此之外，正式有系統地涉獵過的知識領域還包括生物學、心理學、管理學三門學問，目前則在從事教育學的教學研究工作。在這五門學科中，如果有那一科跟其他四科，都維繫著密切的關聯，那就非心理學莫屬了。事實上，我於考大學時即面臨在哲學與心理學之間猶豫不決，大一下學期很想轉入心理系，拿到哲學碩士後還曾經跑到美國讀了一學期心理系，但終究沒有走上心理學的道路，理由大概是我不想也不能做一名科學家。科學對我而言太過於一板一眼，我受過的自然科學與社會科學訓練告訴我，自己的確不屬於此道中人，到頭來我還是選擇揚棄了心理學之戀，回歸哲學的懷抱。

科學史學家孔恩說得對，沒有那一門學問像哲學一樣，可以完全靠批評別人起家。科學對自然與社會現象進行探究，文學藝術走的是創作的道路，唯獨哲學工作者是拿別人的哲學當材料來作學問，做得好不好但憑「論證」是否嚴謹。講究「論證」是哲學界的遊戲規則，我隨之起舞多年，總覺得很難得心應手，自忖這套哲學工夫還是跟自己的生命不相應。好在於拿到博士學位八年半以後，順利通過教授升等，走出事業生涯最後一道瓶頸，迎向人生海闊天空的階段。由於沒有太多後

顧之憂，近年我開始從事哲學「創作」，素材還是我一度心儀的心理學。只是我不再有興趣鑽研科學心理學，反而想重新建構哲學心理學。在我看來，哲學心理學所反映的正是人生哲學。

我把人生哲學視爲一套應用哲學，當我發現心理學之外也有應用心理學的時候，一度對它寄予厚望。後來發覺作爲應用心理學一支的輔導諮商活動，在處理人生疑難雜症時，營造出相當濃得化不開的氛圍，對於我這種粗枝大葉的人而言，簡直如坐針氈，難以消受，終於選擇敬而遠之。這讓我回想起念小學時，聽說一位大姊姊讀的是臺大心理系，立刻嚇得不敢講話，甚至躲到房間去，深怕自己一言一行、一舉一動會被「心理學家」看透。長大後我修了一大堆心理學的課，瞭解到輔導諮商乃是「助人專業」，而非專門看透別人內心的可怕巫術，卻仍舊擺脫不掉那種疑懼感。仔細想想，我的心理學之戀深層意義似乎是想擺脫她，而非擁有她，這不能不說源自於我的某種心理矛盾罷！

參考文獻

王國芳（2003a）。〈精神分析心理學〉。載於楊鑫輝主編，**《新編心理學史》**，281－315。廣州：暨南大學。

王國芳（2003b）。〈人本主義心理學〉。載於楊鑫輝主編，**《新編心理學史》**，363－387。廣州：暨南大學。

李茂興（譯）（1999）。**《諮商與心理治療的理論與實務》**（G. Corey著）。臺北：揚智。

車文博（2002）。**《西方心理學史》**。杭州：浙江教育。

車文博（2003）。**《人本主義心理學》**。杭州：浙江教育。

周　榕（譯）（2001）。〈導論：人格的科學研究〉。載於黃希庭審校，**《人格科學》**（L. A. Pervin），1－32。上海：華東師範大學。

高宣揚（1993）。**《佛洛伊德主義》**。臺北：遠流。

梁漱溟（2000）。**《中國文化要義》**。上海：學林。

梁福鎮（1999）。**《普通教育學》**。臺北：師大書苑。

許金聲（譯）（2003）。**《馬斯洛傳——人的權利的沉思》**（E. Hoffman著）。北京：華夏。

陳會昌（譯）（2000）。〈什麼是人格〉。載於陳會昌主譯校，**《人格心理學》**（J. M. Burger著），1－13。北京：中國輕工業。

彭運石、丁道群（2003）。〈馬斯洛心理學體系〉。載於龔浩然主編，**《心理學通史（第五卷）》**，248－286。濟南：山東教育。

曾漢塘、林季薇（譯）（2000）。**《教育哲學》**（N. Noddings著）。臺北：弘智。

楊韶剛（2003）。〈人本主義心理學概述〉。載於龔浩然主編，**《心理學通史（第五卷）》**，218－247。濟南：山東教育。

生命教育概論

第十五章　人格統整與靈性發展（二）——進階課題

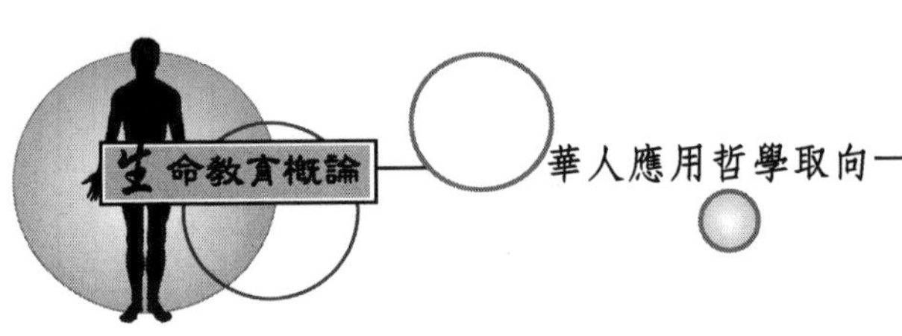

引　言

普通高級中學「生命教育類」選修課程共有八科，本書屬於基礎課程「生命教育概論」師資培育的參考教材，內容則是對其他七門進階課程的內涵進行「分析、批判、詮釋、綜合」方式的引介，這種方式大致反映在每一章節的「起、承、轉、合」書寫過程中。本章所引介的主題，乃是七門進階課程中最後一科「人格統整與靈性發展」的「靈性發展」部分；倘若「人格統整」作爲本科的基礎課題，「靈性發展」便是進階課題。由於〈本科綱要〉是通過對西方心理學「四種勢力」的次第舖陳，來對相關課題的論述加以建構；換言之，有關「人格統整」部分，主要是引用行爲主義，精神分析、人本心理學的理論來開展；到了「靈性發展」部分，則大多歸於超個人心理學。

超個人心理學自視爲心理學「第四勢力」，根據〈本科綱要〉的說明：

> 超個人心理學派乃出自對人本心理學說的補充與超越。認爲人不應該只限於「個人」、「小我」的實現，容易引發自私自利及危害他人與環境的行爲。人應該探索自我的靈性，尋求個人與自我、他人、自然環境與造物者之間的和諧關係。

（核心能力二，二，1-4）

而原先草案曾對此有進一步的闡釋：

> 實現仍舊侷限於有限物質、資源與潛能的營造與成就。超越則是著重於精神、靈性上的突破與人性的完成。實現是物質面的、超越是靈性面的。……自我實現的個體是侷限於身心的統整與實現，是尚未統整完全的個體。自我超越的個體則是完全「身心靈」統整的全人個體。

本章即對上述觀點，對之進行「華人應用哲學」的反思與批判。

概念分析

〈綱要〉主題有一項爲「探索人格統整與靈性發展的途徑」，其內容則包括：

> 認識「人生的目的在於追求意義與快樂」，並探索有意義與快樂的人生最重要的質素有哪些。（核心能力八，二，1）

> 探索慈悲與智慧交互爲用，是通往意義與眞實快樂的重要途徑。（核心能力八，二，2）

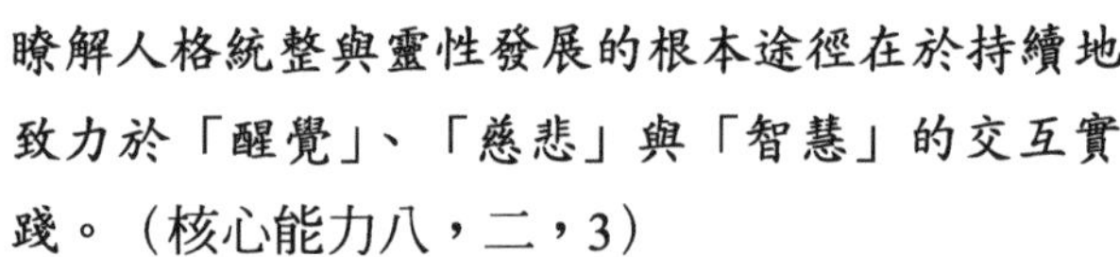

> 瞭解人格統整與靈性發展的根本途徑在於持續地致力於「醒覺」、「慈悲」與「智慧」的交互實踐。（核心能力八，二，3）

我們對於此一途徑及進路內容表示贊同，但是建議教師們考量超個人心理學以外的其他理論觀點；尤其是華人社會的讀者，可以嘗試循著本書所倡議的「華人應用哲學」取向，採取「中體外用論」爲方法學綱領，自主地建構「中國人文自然主義」的「後現代儒道家」思想，最終以「知識分子生活家」的典型來落實人格統整與靈性發展。

超個人心理學乃是西方心理學爲適應解決人的高級精神活動奧秘之社會需要產物，有彌補人本心理學不足的特定目的，其作法之一即是融入了東方思想（車文博，2003）。與過去其他西方心理學說相較，它明顯具有跨領域、跨文化的特色：

> 超個人心理學一開始就試圖超越單一的西方自然科學的侷限，試圖整合不同文化在有關增進對人性的理解、提升人的精神品質、解決各種病痛等方面的知識和智慧。超個人心理學尤其重視東方傳統的哲學和宗教，包括印度教、佛教（包括禪宗）、道家學說等。它通過對東方宗教哲學及其實踐體驗的研究，試圖在心理學的架構中融合東西方人性理論和通向良好狀態的踐行策略。（郭永玉，2003：159）

超個人心理學的出現，有一部分力量來自人本心理學內部，尤其是馬斯洛晚期的觀念轉變。〈本科綱要〉草案就指出：

> 馬斯洛在晚年對於需求理論的修訂，增加了「靈性需求」爲人類最高層次的需求。

心理史學家車文博對此有所闡述：

> 馬斯洛在其後期著作中曾多次提出超越性動機的概念，具有明顯的「超個人」的發展傾向。他區分兩類自我實現，認爲高級的自我實現本身是非激勵的（unmotivated）。它不是由於某種滿足體內匱乏性需要所引起的，而是一種對於不斷成長的追求。因此，自我實現本身便帶有自我超越的傾向。特別是高級的自我實現是帶有更多自我超越特徵的動機。（車文博，2003：480）

草案則進一步下了簡潔的註腳：

> 實現是自我（小我）的，超越是大我的。

不過西方式從小我通過靈性啓蒙超越至大我的歷程，在中華文化中卻有著截然不同的發展。大陸歷史學者馬小虎分析道：

> 上古氏族部落時期的「自然個體」演變爲西周至春秋中後期的「宗族社會個體」，在春秋後期、

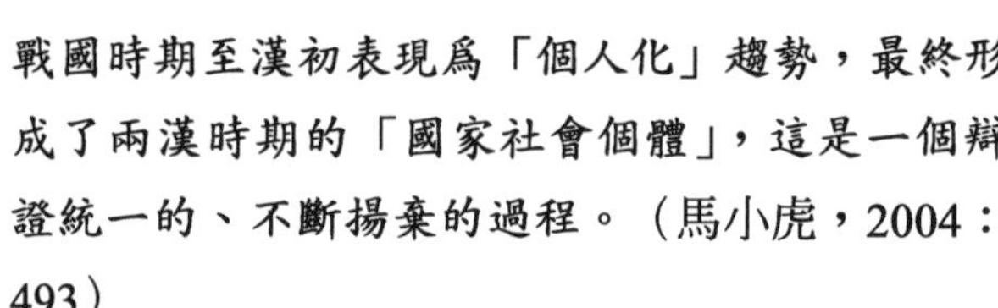

> 戰國時期至漢初表現爲「個人化」趨勢，最終形成了兩漢時期的「國家社會個體」，這是一個辯證統一的、不斷揚棄的過程。（馬小虎，2004：493）

由此可見，華人由小我朝向大我擴充的推動力量，始終具有社會集體性質，至今猶然。換言之，西方人由小我超越至大我，可視爲是靈性的開顯；華人的小我卻必須通過大我的觀照，始呈現出意義。我們舉出這些對照情形，是想讓大家反思西方的「靈性發展」進路，是否爲華人在「人格統整」之後，必然會走上的途徑，還是有其他可能。

可是話說回來，華人社會受到西風東漸的影響，奠基於「個體性」的「靈性發展」如今並非不可能。以道德教育爲例，但昭偉分析道：

> 大體而言，臺灣的主要人口仍以漢人爲主；換言之，以儒家爲本位的道德教學應仍是道德教育的「一部分」……，但基於儒家體系的式微和受到西方個人主義的「侵蝕」，故個人主義道德觀也應是道德教育的一部分。（但昭偉，2002：209）

道德教育相當於倫理教育，而倫理教育乃生命教育之大宗；華人生命教育固然正視儒家思想的根源性，但也不能無視於西方個人主義的深遠影響。生命教育主流論述根據西方心理學的歷史進程，提出以超個人心理學爲基礎的

「靈性發展」觀點。我們無意批評此種觀點之不是，但是願意將其重新建構，以轉化爲華人社會的教育論述。

批判思考

「靈性發展」是西方社會文化脈絡中的產物，〈本科綱要〉引述英國教育界對「靈性發展」內涵的八項界定：

- 靈性是人類的本質，超越生理與物理極限。
- 發展個人內在心靈世界的洞察能力。
- 傾向相信超越我們感官世界的經驗。
- 對上帝、上天或終極存有的回應。
- 促進人類美好的特質，如愛、忠誠、良善等。
- 內在創造能力及想像能力。
- 尋求生命的意義、眞理及終極的價値。
- 建立自我認定及價値觀，並且尊重他人。（核心能力七，一，3-1）

根據這些內涵，〈本科綱要〉建議：

> 透過靈性發展，協助學生瞭解我是誰、對自我的探索與期待、對生命意義的建構與追尋，及對信仰的盼望等的追尋。（核心能力七，一，3-2）

這種論點無疑是十分個人主義式的，我們承認它在生命教育中的正當性，但也要強調華人社會並不完全是如此看待個人的成長與發展。

中華文化脈絡下的「靈性發展」具有非常不一樣的背景，並且受到極爲不同的價值觀主導，當代新儒家哲學家方東美（1899—1977）指出：

> 中國人的生活興趣是寄托在「此世」，認爲在這現實的人間世中，就可以充分完成人類所追求的一切價值。假如在宇宙中有一個可能設想的最好世界，那麼就是此世……。中國人的生命目的在完成大我，至大至公……。每一個人不會也不能只爲自己而活。我們須盡量發展普遍的同情心來拯救世界，汎愛人類，然後才能充分領悟生命的意義與價值。（方東美，1985：237）

上述看法表明了，華人的「小我」意義乃融入於「大我」之中，鮮有實現「小我」以超越至「大我」的問題；再者，華人對終極存有與終極價值的追求都是落在「此岸」而非「彼岸」，這也說明了宗教信仰在華人社會只是人生的充分而非必要條件的原因。

靈性不必然要指向宗教，它可以是更爲寬廣的體驗，〈本科綱要〉提出如下的可能：

> 「靈性智慧」……是個人能夠反思與掌握環境中的各種影響力，回歸個人本性，找到生命的定位

的一種智慧表現。……靈性是多元智慧的一種，也是人類「最終的智慧」……。「靈性智力」爲「人類探索生命意義的終極問題，同時並親身體驗個人之間和個人與外在世界之親密關係能力。」……靈性……是與「宗教」有所不同的，靈性的經驗更爲寬廣，是指對我們的個人的情緒、人格、諾言及對生命不同所賦予以意義等層面的沉思與探索。（核心能力七，一，2-2）

其中論及的「多元智慧」即是「多元智能」，乃是美國心理學家加德納（Howard Gardner）於1983年所提出的重要教育理論。他把「智能」描述爲：

解決問題的能力、爲自己所在的社區文化做出貢獻的能力，以及追求新的挑戰的能力。（劉竑波、張敏，2003：5）

根據多元智能理論，人類智慧中解決問題的能力是多方面的，遠超過傳統智能觀所界定的語言和數理邏輯智能。加德納一開始提出了七種智能形式：語言智能、數理邏輯智能、視覺空間智能、身體運動智能、音樂智能、自我認識智能和人際交往智能。後來他又陸續添增了兩種智能：自然智能與存在智能；前著指向認識及區分自然現象與人工現象的能力，後者指向人類理解和追尋人生終極問題、意義及其奧秘的渴望（劉竑波、張敏，2003）。正是最新被提出的「存在智能」，與「靈性發展」產生了相互呼應、密切銜接的可能。事實上，早在〈計畫〉之中，對於「未來趨勢預測」，即有「學校提供多元學習、發展學生多元智慧」一項，並強調若將多元智能理論付諸實踐，可以「使學生都能擁有成功的機會和完美的人生」。

什麼是「完美的人生」，〈綱要〉指出：

> 人生的目的在於追求意義與快樂。……眞正的快樂必須從精神與靈性層次的自覺與開悟來開始，覺與悟能讓人分辨什麼是眞正的快樂，什麼是帶來害處的享樂。所謂的「覺」就是時時刻刻與自己的意念、情緒、思想、立場保持一種觀看與反省的距離。（核心能力八，二，1、1-2）

此處的「覺」就是我們所提倡的反思與批判工夫。本書雖然認爲生命教育屬於情意教育，最好盡可能落實於體驗感受之中。但是作爲師資培育參考教材，我們還是十分強調對傳統既有觀點及官方主流論述的反思與批判。奠基於西方心理學的「人格統整與靈性發展」，主張知情意行無所偏廢。然而要在本土文化和在地社會中付諸實現，接受「華人應用哲學」的反思與批判實有其必要。

意義詮釋

普通高中「生命教育類」選修課程，大致是依照哲學學者孫效智的規劃而設計，他在2000年3月即已提出初步構想：

> 生命教育應幫助學生探索與認識生命的意義、尊重與珍惜生命的價值、熱愛並發展個人獨特的生命、實踐並活出天地人我共融共在的和諧關係。依本人看法，若以如此勾勒之目標爲依歸，生命教育的內涵在學理上應涵蓋（一）人生與宗教哲學、（二）基本與應用倫理學以及（三）人格統整與情緒教育三個領域。（孫效智，2000：7）

值得注意的是，在這份原初的構想中，如今「人格統整與靈性發展」的「靈性發展」部分，乃屬於「情緒教育」之修正，再加上「多元智能」的相關論述。我們認爲，原初構想的內容，較陳義甚高的「靈性發展」觀點來得務實許多。

孫效智對生命教育的落實，有一套完整且平實的看法：

> 生命教育在學校教育中的落實大概應包含「深化人生觀」、「內化價值觀」、「整合知情意行」三方面。此外可以再加上「尊重多元智能」的環境，以幫助學生在潛移默化中瞭解，每一個人獨特的「所是」(to be)，遠比外在財富地位的「所有」(to have)，要來的重要：（一）深化人生

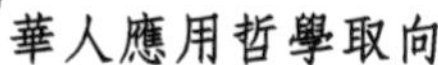

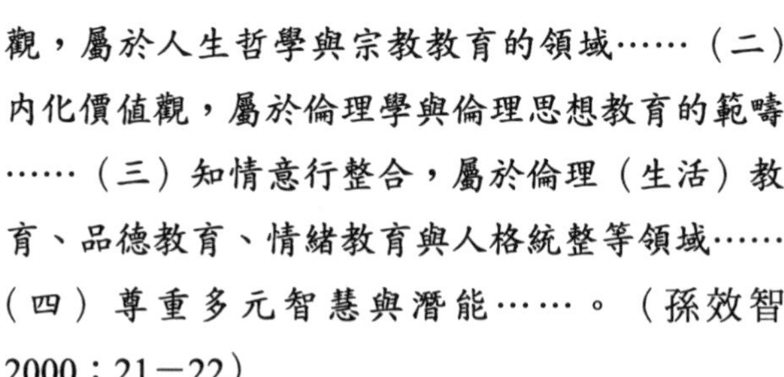

> 觀，屬於人生哲學與宗教教育的領域……（二）內化價值觀，屬於倫理學與倫理思想教育的範疇……（三）知情意行整合，屬於倫理（生活）教育、品德教育、情緒教育與人格統整等領域……（四）尊重多元智慧與潛能……。（孫效智 2000：21－22）

如今第三與第四方面，轉變成爲以超個人心理學爲基礎的「靈性發展」論述，我們只希望它不致陷入超個人心理學的可能弊病之中。車文博便一針見血地評論：

> 誠然，超個人心理學有其正面意義和獨特價值，但是由於它本身缺乏堅實的理論基礎和可靠的科學根據，往往幻想多於現實、激情多於理智，概念含混，思想晦澀，整個理論尚處於不成熟無體系化的狀態之中。因此，超個人心理學的問題不少，缺陷也很明顯。（車文博，2003：520）

他更進一步指出，超個人心理學的兩大缺陷爲理想主義和神秘主義；其神秘主義傾向：

> 除神秘的表述和解釋外，還同一些因課題研究的晦澀、費解所導致的神秘感有關。（車文博，2003：523）

由於我們一直主張通過「華人應用哲學」來追求清風明月

式的人生觀，因此對於宗教教義採取存而不論的態度，至於用科學外衣包裝神秘內容的「僞科學」，則一律敬而遠之。

正本清源地看，以「靈性發展」作爲「人格統整」更上層樓的高階境界並不爲過，只是我們認爲它的內涵若能向哲學靠攏，而非依附在一些擬似科學的心理學之上，會顯得更恰當。本書主張「後科學、非宗教、安生死」的「中國人文自然主義」之「華人應用哲學」，其理想人格乃是「儒陽道陰、儒顯道隱、儒表道裏」的「後現代儒道家」。其中儒家一面的人學雖有性善性惡之爭，但對於道德意識與修養卻都執持「存天理去人欲」的態度；至於道家一面則相信由天道稟承而來的「無知無欲」自然本性，才是生命的根本脈動（鈕志祥，2002）。儒家的天理指向理想的人道，道家的天道則指無意志的自然之道，「靈性發展」在此一脈絡下的意義乃是「自然而然地發展」，用以取代〈本科綱要〉所介紹諸如「冥想與開悟」、「舞蹈與儀式」、「宗教的尋求」等體驗靈性成長途徑的方式。

值得一提的是，生命教育「靈性發展」的主流論述，一方面順著西方超個人心理學的理路而興生，一方面又追隨東方佛教的法門而實踐。〈綱要〉提出：

> 慈悲與智慧的交互爲用，是通往意義與眞實快樂的重要途徑。（核心能力八，二，2）

並進一步說明：

> 慈悲使人能認識眞實的自己、他者與世界，此一認識即爲智慧；而智慧又敦促人按自己、他者與世界的眞實來接受他們，此即慈悲。（核心能力八，二，2-2）

慈悲觀源自佛教「慈悲喜捨四無量心」之說，主張依於本心本性自證自覺，從而度己度人。這種大乘佛教式的小我與大我之關係，可以在古典儒道二家的人生實踐中找到呼應之處。由於佛教思想與中華文化已有兩千年相互激盪的因緣，彼此早已充分磨合，如今我們只要秉持「中體外用論」的清明意識，將外來思想爲己所用，仍然可以開出適於華人社會的「靈性發展」道路。

綜合討論

平心而論，陳義甚高的「靈性發展」，就高中職甚至大學生來說，恐怕會出現曲高和寡的情形；但是對於臨終病患而言，則可能是一種眞實的需求。〈本科綱要〉希望：

> 透過學習活動及個人生命反省，使學生經歷愛、信心、超越、希望、饒恕、心靈治癒等靈性發展內涵。（核心能力七，二，1-2）

此與臨終靈性照護的內涵幾乎是一致的：

> 靈性需求是建立及維持與「主宰者」關係之要素，此處所謂的「主宰者」，可以是個人生命中的重要他人或事，是完全由個人賦予其定義的。這些建立和維持與「主宰者」之間關係的要素包括：寬恕與被寬恕、接受、愛與他人及神的連結感、希望、生命的意義與目的等。（楊克平，2003：417）

一旦人們可以對生命的「主宰者」自行賦予定義，則生命在無形之中就會變得更爲海闊天空。

「靈性」的說法一般較少單獨使用，通常是「身、心、靈」相提並論，像〈綱要〉的結論即表示：

> 時時醒覺與悲智雙運是一種持續的修練功夫，此一功夫……能使人逐漸邁向人格的統整與身心靈的提升。（核心能力八，二，3-1）

而臨終關懷更屬於「身心靈」全人照護。一群醫護工作者對此提出了他們的看法：

> 臺灣近幾年參考西方安寧療護之醫療模式，積極推展並強調要提供癌末病人「身心靈」的全人照顧，綜合西方文獻，認爲靈性是一種賦予有機體生命及生生不息，但又不可觸摸的法則，此生命原則滲透全人（包括生理、心理情緒、社會道德

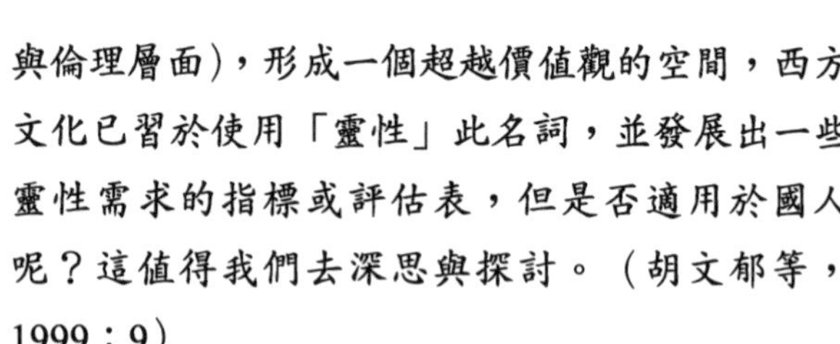

> 與倫理層面)，形成一個超越價值觀的空間，西方文化已習於使用「靈性」此名詞，並發展出一些靈性需求的指標或評估表，但是否適用於國人呢？這值得我們去深思與探討。（胡文郁等，1999：9）

從生命教育理論鋪陳的背景來看，「靈性」無疑是個十分西化的概念。〈本科綱要〉列出外國研發靈性發展的書籍中，探討靈性成長經驗的四項主題：自我的探索、實現生命的承諾與義務、個人自我及世界的關係、生命的使命與價值，並表示這「四個主題的設計可供我們設計國內靈性發展相關教材之參考」。我們對此建議應保持審慎的態度，因爲要把這些主題融入本土文化和在地脈絡中，必須經過恰當的轉化過程。本書主張先將第三項主題轉化爲「個人自我及民族文化的關係」，再向前向後整合其他主題，整個「靈性發展」便得以透顯出相當的景深。受到女性主義「意識覺醒」的啓蒙，我們認爲不同性別、族群、階級都需要先行建立自己的主體性，再尋求與其他主體進行主體際溝通。以此觀之，「靈性發展」實無逃於天地之間，沒有理由不回歸民族文化的命脈之中。

必須加以強調，我們不是坐井觀天、食古不化的「我族中心主義者」，而是站在後現代尊重多元、肯定主體的立場，明白指出臺灣生命教育主流論述，具有「外來化—西化—現代化—全球化」的傾向，因此提供「本土化」

反思與批判作爲平行論述。生命教育本土化可視爲一套文化建設，大陸哲學學者牟宗鑒爲二十一世紀中國文化的發展設計了大方向：

> 文化建設最根本也是最困難的任務是重建中華民族的主體信仰。說信仰重建是最根本的任務是由於信仰體現一個民族的奮鬥理想和價值趨向，民族的文化生命有賴於信仰而有導向和朝氣，道德的重建和其他文化的建設皆繫於信仰的建立。（牟宗鑒，2001：20）

倘若生命教育對這類民族文化論述毫無回應，則不免陷入劃地自限的窘境。

本科的目標之一爲「從靈性成長的角度探討尋求生命的意義和價值的途徑，建立學生正向積極的人生觀」，這其實就是要建立人生信仰或信念。對此本書推薦牟宗鑒的觀點：

> 要重視傳統信仰，特別是儒學與道家，通過創造性的詮釋與轉化，使之重新成爲中國人的重要信仰。根據歷史經驗，知識分子往往以儒道互補作爲人生價值取向，今後有可能重演歷史。儒道互補是一種大智慧，其高明之處在於指導人生在現實與超越、前進與迂迴之間取得恰當的平衡，使人得以安身立命。一方面要「盡性參天」、「成

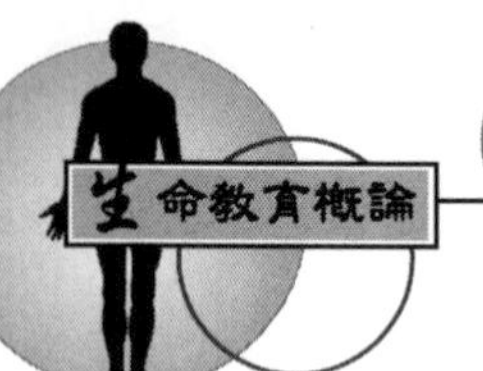

己成物」，兼修「仁、智、勇」三達德，成就道德與事業；另一方面要「返璞歸眞」、「順應自然」、「超脫瀟灑」，保持一個開放的又屬於自己的精神空間。一些知識分子由於採取儒道互補作爲自己的人生觀，便不需要到宗教裏尋找精神家園。（牟宗鑒，2001：21－22）

這可說是我們提倡的「知識分子生活家」典型人格的最佳寫照。

主體反思

1.臺灣曾流行過自美國傳入的「新時代運動」，由精神科醫師撰寫的《前世今生》即屬此中產物，甚至蔚爲暢銷書。請從「靈性發展」觀點，對這些現象加以評論。

2.西方人主張由小我發展進入大我，華人卻通過大我找到小我，請問這是各行其道，還是殊途同歸？爲什麼？

3.在華人社會裏，中國儒家思想與西方個人主義，都屬於道德教育及生命教育的一環，請以個人體驗，反思二者融會貫通的可能與限制。

4.請根據自己的學習成長體驗，闡述並印證「多元智能」的確存在，並且能夠有效發揮。

5.臨終關懷非常強調靈性照護，以你所學所知，臨終病人有何靈性需求？如何得以實現？

6.我們主張「靈性發展」即是個人信仰或信念的建立，並且可以「後現代儒道家」爲依歸，請對此加以評論。

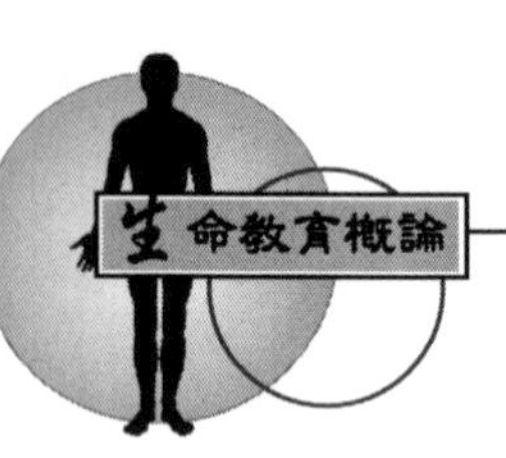

心靈會客室

知識分子生活家

我從「吾十有五」有識之日起，就有心成爲一個「知識分子生活家」，無奈成長至今，在這兩方面皆做得不夠得體，只能以「雖不能至，心嚮往之」自況。我不是個早熟的孩子，上高中以前一切均懞懞懂懂，以後則漸有體悟，卻走過頭成爲「造反派」。不怕別人笑，我高中時代最大的夢想是「革命」，一心希望「反攻大陸」。由於進的學校是臺大法學院附近的成功高中，因緣際會看見大學生爲了保衛釣魚臺和退出聯合國而走上街頭，我也熱血沸騰躍躍欲試。擔任校刊主編時盡寫些「反動」文章批評現狀，還曾經被訓育組長威脅要記過退學；但是我的內心深處卻強烈追求閒雲野鶴的出世生活，以致考大學完全不考慮前途出路，一心只想念追尋人生奧義的哲學系或心理學。

高中時期外務太多，心浮氣躁，功課奇差，壓根兒不想考大學，結果分數只夠念三專。重考勉強擠進哲學系，還托作文得高分之福。印象裏四十分的作文我拿了三十六分，多少註定以後要靠耍筆桿吃飯，事實上我也眞的做過三年雜誌記者。還記得當年大學聯考作文題目奇長，曰：「曾文正公云：『風俗之厚薄奚自乎？繫乎一二人心之所嚮。』試申其義。」我確知此「一二人」指的是在位者，乃就「上樑不正下樑歪」的道理引申發揮，相信搔著癢處而得高分。如今回想起來，竟然驚覺這個題目對今日現狀而言，是多麼地如實貼切！身處於

心靈會客室

是非顛倒、價值混淆的逆境濁世，要對著莘莘學子講授生命教育課程，我唯有寄望年輕人追求做個「知識分子生活家」的理想。

可惜現實之中經常事與願違。像我長期開授人生哲理方面的通識課程，在臺上講得口沫橫飛時，只見學生個個在下面振筆疾書，埋頭苦幹；當時以為他們勤作筆記，後來才搞清楚是在演算會計習題，因為每週下午都要小考。可愛的大學生什麼時候才會抬頭起來報以欣賞的微笑呢？當然是我勉強擠出一個笑話之際。二十年過去了，我依然站在講臺上推銷「知識分子生活家」的理想人格境界，但是已經能夠不在意學生是否認同接受。畢竟已盡了力，縱使我無法「兼善天下」，至少能夠「獨善其身」。近來我越發期望遠離人群，回歸自我。當然教書面對年輕人不是壞事，但是同儕之間的往還則越少越好。盡可能簡化、淨化自己的生活，生命才得以美化、純化。

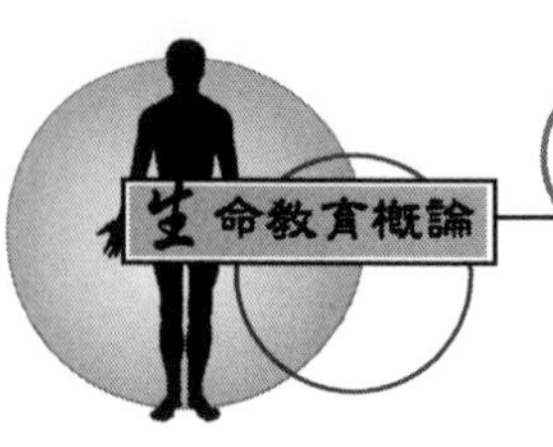

參考文獻

方東美（1985）。**《中國人生哲學》**。臺北：黎明。

牟宗鑒（2001）。〈21世紀中國文化發展戰略六題〉。載於馮天瑜主編，**《中國文化的昨天、今天和明天——名家演講集》**，18－33。武漢：武漢大學。

但昭偉（2002）。**《道德教育——理論、實踐與限制》**。臺北：五南。

車文博（2003）。**《人本主義心理學》**。杭州：浙江教育。

祁志祥（2002）。**《中國人學史》**。上海：上海大學。

胡文郁、邱泰源、釋惠敏、陳慶餘、陳月枝（1999）。〈從醫護人員角度探討癌末病人之靈性需求〉。**《臺灣醫學》**，3（1），8－19。臺北：臺灣醫學會。

孫效智（2000）。〈生命教育的內涵與哲學基礎〉。載於輔仁大學教育學程中心主編，**《生命教育與教育革新研討會論文集》**，1－24。臺北：輔仁大學。

馬小虎（2004）。**《魏晉以前個體「自我」的演變》**。北京：中國人民大學。

郭永玉（2003）。〈人本主義心理學的新進展——超個人心理學〉。載於郭本禹主編，**《當代心理學的新進展》**，127－162。濟南：山東教育。

楊克平（2003）。〈靈性層面之照護〉。載於楊克平主編，**《安寧與緩和療護——概念與實務》**（第二版），415－435。臺北：華杏。

劉竑波、張　敏（譯）（2003）。**《多元智能與學生成就：六所學校的成功案例》**（L. Campbell與B. Campbell合著）。北京：教育科學。

第十六章　生命教育的前瞻

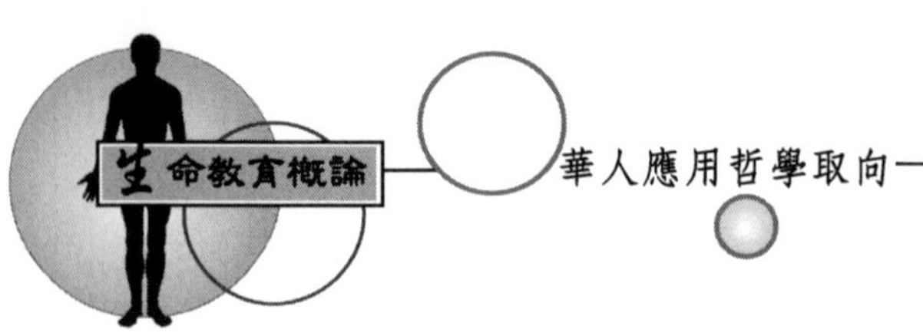

引　言

「生命教育」是一個內涵多樣、外延紛歧的概念，可以有廣義、狹義之分，也呈現通稱、特稱之別。本書針對狹義、特稱的「生命教育」而發，採取「截斷眾流、正本清源；劃地自限、自圓其說」的方式，探討臺灣在地生命教育之內涵，希望有助於拓展華人本土生命教育之外延，基本上屬於一套「局部知識」的建構。所謂狹義、特稱的「生命教育」，係指臺灣官方自1997年下半年開始推動的一系列教育活動；它先是由臺灣省政府教育廳主導，至1999年中因爲精省告一段落，其後則由教育部接手實施至今。兩份相關重要文件乃是2001年中頒布的〈中程計畫〉及2004年中定案的一套八科〈課程綱要〉；本書作爲師資培育參考用書，主要即根據這兩種文本加以反思與批判。

本書以《生命教育概論——華人應用哲學取向》爲名，一方面爲普通高中「生命教育類」課程各專門類科的師資培育，提供一種具有本土文化意識和多元批判觀點的入門教材，一方面也希望嘗試建構以「後現代儒道家」爲核心思想的生命教育哲學理論。臺灣有機會普及推廣生命教育，無疑要拜過去十年教育改革造成課程鬆綁的機會條件之賜。事實上教育改革乃是全球性的趨勢，連大陸都幾乎跟我們同步在進行教改。但是不幸的是，臺灣的十年教改卻受到政治權力和意識型態的宰制，不斷走向「去脈絡化」、「去中國化」的道路（黃光國，2004）。我們對此一趨勢感到憂心，更見到生命教育的官方主流論述也不自覺地處處瀰漫著「去脈絡化」的傾向，乃發心扭轉乾坤，寄望能夠通過生命教育哲學理論的建構，以達到撥雲見日的效果。

概念分析

我們標幟「後現代儒道家」思想，有必要就「後現代」概念先行釐清。教育學者對此其實有著兩極化的看法，負面觀點可以林生傳爲代表：

> 「後現代主義學者」……放棄共同理性而重視主體理性，輕理性而重感性，不重統觀全局，而專注局部，輕共同性而重差異性，否定可能共識，而肯定異議……；認爲知識是主觀的，功能性的，對參與者的意義，因此每個人、每個群體、每個學生、每位教師、每個學校、每個社區都可以建構自己的知識……。這種主觀的、自我的、紛歧的、無是無非、零散的、變幻的、感性的思想潮流宛如黴菌一樣傳染快速，無孔不入。（林生傳，1999：22）

倘若後現代精神果眞如上述這般惡質，我們也覺得理當敬而遠之；但事情確屬如此嗎？其實有待商榷。

周珮儀自批判上述觀點背後的心態出發，揭示了身處後現代精神下的可能作爲：

> 現代教育往往預設了人是理性的……，知識是政治中立的、價值中立的……，以文字和論述爲表徵工具……；然而，這種學校教育中正當化的知識，運用在外在社會時越來越顯得侷促。教育與社會變遷的落差使得教育者不是將學校世界與外在社會的生活邏輯二分來獲得安全感，就是感到心慌意亂或迷惘難解。因此，……從社會變遷的脈絡探討置身於後現代文化中的教育者如何發展一種結合知識、權力和愉悅的表徵教育論，重建教育的相關概念，正視教育與社會文化中蘊涵的權力與慾望，並教導學生如何去分析與運用自身的知識、權力和慾望……。（周珮儀，2002：16）

我們認爲，這同樣也是深具現代精神的生命教育官方主流論述必須正視的現狀。

後現代精神不一定有錯，錯的是有心人的誤導及濫用。一位曾任師範學院校長的教育學者歐用生痛心疾首地指出：

> 在後現代性別籠罩的臺灣社會，九年一貫課程從一誕生就認定了它乖舛和悲慘的命運。……後現代消費主義要求效率和速度結合，一套嶄新的九年一貫課程不到兩年就打造完成，概念尚未澄清就迫不及待的實施……，社會賢達和民間團體掌控了課程決策權，……導致新課程在理論上、概念上的拙劣……。

但是他仍然對於教育改革寄予厚望：

> 要做的事情很多，一定要大家一起來，課程本來就是發展出來的，「K－12一貫」正等著我們呢！（歐用生，2002：序3－4）

高中生命教育課程正是今後「從幼兒園到十二年級一貫課程」的體現，沒有後現代式的教育改革，它根本不可能成爲中學生課表上的正式課程。

〈綱要〉述及規劃理念時，同樣對生命教育寄予厚望：

> 此次高級中學課程綱要修訂將生命教育納入規劃，可以說開創我國教育史上的新里程。期望本課程之落實能在人生觀的探索與價值觀的內化上，補強傳統課程之不足。

我們對生命教育終於能夠以正式課程的面貌出現感到相當

欣慰，因此始有本書之撰寫。雖然在我們看來，生命教育主流論述表現出高度「去脈絡化」的特質，但是我們並無意加以否定，而無寧希望提出一套平行的另類論述作爲互補。本書的立場乃是以漢民族所主導中華文化脈絡內的「後現代儒道家」思想，亦即「中國人文自然主義」；由此形成的「華人應用哲學」，適足以作爲建構生命教育哲學的基礎。

生命教育課程進階七科，至少涉及哲學、宗教學、生死學、心理學四門學問，其中宗教學和生死學具有跨學科性質。我們主張通過「中體外用論」方法學綱領，建構奠基於中華文化的後現代華人哲學、宗教學、生死學以及心理學論述，並以哲學爲論述的核心。華人哲學不全然等於中國哲學，但是以中國哲學爲「體」，外國哲學爲「用」，其最大特點便是「從人生看宇宙」、「以人文御科學」，同時表現爲「託古論今」。傳統時期的古典儒道二家思想是生命教育哲學的活水源頭，後現代時期融會貫通下的儒道家思想則屬具體表徵。「後現代儒道家」的精神是「後科學、非宗教、安生死」的；長期影響華人生活的儒家和道家思想，各自經歷過兩千五百年時代洗鍊，至後現代融通爲一，相信仍足以作爲二十一世紀華人社會的人生指引。

批判思考

「中體外用論」並非復古而是創新，創造新的文化意識與民族精神。大陸哲學學者湯一介曾引介香港學者的觀點：

> 我們過去……比較早地講中學爲體、西學爲用……。「五四」以後出現全盤西化的觀念。二十世紀八十年代又有人提出西學爲體、中學爲用，還有人提出中西互爲體用。……還是應該中學爲體、西學爲用。任何一個民族都有它的民族魂，它的民族魂即是它的體，其他文化都是拿來爲它所用的，爲它的體即民族魂所用。（湯一介，2001a：97－98）

這正是本書所堅持的一貫態度：生爲華人，身處華人社會，我們肯定自家民族文化的主體性，這是一種「族群民族主義」的體現，亦即以文化標準爲基礎而爲社會所界定的族群團體，所表現出來對民族的忠心（吳祖田，1993）。

上一章介紹「靈性發展」時，曾提及這是一種從小我超越至大我的境界提昇；我們相信，認同民族魂或民族文化精神，便是在華人社會促進靈性發展、落實生命教育的表現。華人社會有九成四屬於漢民族，總人數約占世界人口五分之一，早已形成一套以儒家傳統為主、不假外求的「漢哲學思維」；美國漢學家郝大維（David Hall）與安樂哲（Roger Ames）對它的詮釋為：

> 儒家傳統基本上一直滿足於這樣一種形成中國民族性的敘述：它似乎不依賴任何一種關於世界根源的思辨。這就是說，儒家傳統不需要從某種超越的根源尋找一種最初的開始。儒家中國的、形成其民族性的「神話」是這樣一種敘述：它顯示了漢朝（公元前206－公元220年）的統一的文化這一構造。（施忠連，1999：序1）

後現代課程設計不應當忽略社會文化因素，教育學者楊洲松指出：

> 課程不應是獨立於學生的學習脈絡與整個社會文化背景之外，課程設計者必須重視課程的縱向一貫與橫向統整，同時必須將其置於整個社會文化脈絡之中來加以處理，由學生與社會文化脈絡的互動中去主動建構有意義的學習活動。（楊洲松，1999：37－38）

生命教育課程設計理當作如是觀，而以本書所提倡的「中體外用論」後殖民論述為出發點，追隨女性主義「意識覺醒」的途徑，去重構本土文化的主體性（薛曉華，

2002)。事實上，本書寫作的重要價值觀之一，正是女性主義；至於建構華人生命教育哲學的整個理論資源，則是以「存在主義、女性主義、社會主義」三者指向「外用」，「民族主義、人文主義、自然主義」三者歸於「中體」(鈕則誠，2004a)。

本書嘗試通過「中體外用論」以建構「華人生命教育哲學」，這可視爲一種「華人應用哲學」的知識建構。言及知識建構，必須瞭解建構主義知識學；大陸教育學者秦金亮寫道：

> 由於建構主義認識論認爲知識不是外在於世界之中，而是內在於人的心靈之中，知識是人的心靈在與外界相互作用的過程中從內部生成的，這就決定了建構主義學習理論將「學習是人的心靈的內部生成過程」作爲其基本信條，它主張學習過程是主動建構的過程，是對事物和現象不斷解釋、理解的能動過程。(秦金亮，2003：307－308)

由建構知識到建構學習和建構教學，都強調教師與學生的開放性對話。生命教育作爲通識教育、情意教育以及全人教育，我們希望它成爲眞正的民族文化生命之體現。

〈計畫〉有「各級學校應……建立以生命教育爲教育核心之共識」的指示，但是這種理想在高中職以上至大專階段並不易立即落實，理由爲知識走向分立和教育出現專門；「生命教育類」選修課程在高中歸於通識課程便是明證。通識教育乃與專門教育相對，臺灣於1984年起在大學正式實施，其目的「在預防學術研究專門化所易導致眼光狹小，以及本位主義之缺點」；大陸也有類似的作法，即爲自1995年起在大學開展的文化素質教育。一位曾任北京大學副校長的物理學者王義遒指出：

> 開設通識課程是文化素質教育的主渠道。……通識課程要使學生學會怎樣做人，樹立做一個健全的、有益於社會的人所應有的基本態度。（王義遒，2003：234－235）

對於生命教育進行前瞻性的策略規劃，我們建議高中職及大專校院，「建立以生命教育爲通識教育核心之共識」。

意義詮釋

要想對生命教育的未來發展從事前瞻性的思考，首先必須確認所討論的主題，究竟落在本章引言所分判的廣義與狹義、通稱與特稱那一部分。否則眾說紛紜、莫衷一是，討論起來就可能失之毫釐、差之千里了。像有些學者認爲：

> 生命教育分生命科學與生命哲學，……彼此不分軒輊，成爲學術研究等值學科。（詹棟樑，2004：5）

就是取其廣義、通稱來看待。本書的視角正好相反，是取其狹義、特稱部分進行反思與批判。換言之，我們是針對官方主流論述〈計畫〉和各科〈綱要〉而發；由於〈計畫〉相對顯得籠統而不夠具體，故以八科〈綱要〉定本及草案作爲主要文本。這些高中選修科目在性質上屬於通識教育課程，我們的構想則是努力將其發揮爲高中職與大專通識課程的主軸，並且以「華人應用哲學」爲其核心價值。

根據應用哲學學者葉保強的分析：

> 人類社會文化得以延續至今及發展，除了反映了實際的問題獲得解決之外，同時亦表示了理解問題的解決。……應用哲學……基本內容及對象，是對社會文化制度及個人所引起的現實問題，作概念性及規範性批判及反省。其目的是釐清問題、審查論證及建立理性標準。（葉保強，1991：10）

簡單地說，應用哲學是一種「退一步想」的努力，這使得它跟心理學、生死學、宗教學等學科比較起來，是站在不同層次探討問題。哲學不但跟其他科學或科際學科一道處理人生課題，同時也退一步站在後面，省視本身以及其他

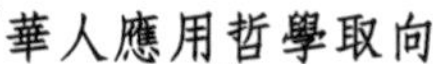

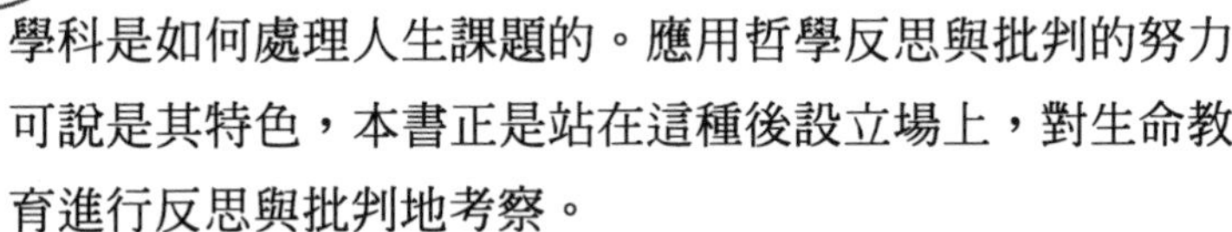
學科是如何處理人生課題的。應用哲學反思與批判的努力可說是其特色，本書正是站在這種後設立場上，對生命教育進行反思與批判地考察。

「華人應用哲學」的思想內容為「後現代儒道家」的「中國人文自然主義」，這是一套將古典儒道二家思想的精義，在後現代華人社會加以融會貫通的新興產物，可視為儒道互補的結果。對於儒道互補，郝大維與安樂哲發現：

> 儒學與道家之間長期保持的關係是一種實例，說明了哲學上的互補性是如何表現人類經驗之複雜性的。生活太豐富多彩了，太容易變動了，以至於不可能完全由儒家比較實際的、制度化的貢獻加以說明，也不可能完全靠道家重自然、創造的感悟方式來加以解釋。（施忠連，1999：序13）

儒道互補的途徑大致有三：一是哲學思維方式的途徑；二是倫理學和人生哲學的途徑；三是文學藝術的途徑（邵漢明，2003）。本書主張兼容並蓄，自哲學思辨出發，通過倫理實踐，創造生活美學，其理想人格境界乃是「知識分子生活家」。

作為知識分子必須正視社會主義的人道理想，這也是為什麼我們把社會主義與女性主義及存在主義並列為三大「外用」的原因。大陸哲學學者張汝倫指出：

> 從歷史角度看，社會主義是近代自由主義邏輯的

延伸。……實際上自由主義要的只是政治平等，……而社會主義則對這種政治平等的理想提出了挑戰，並加以拒絕。……社會主義不但要實現激底的自由，也要實現激底的平等。正是這種崇高的理想吸引了一代又一代的志士仁人爲之奮鬥不息。（張汝倫，2001：247）

對此我們推薦倡議民主社會主義的新儒家哲學家張君勱（1887—1969），作爲後現代華人的效法對象。張君勱的一生「志於儒行，期於民主 」，爲復興儒家思想和推行民主憲政都曾作出重大貢獻，包括成爲中華民國最早的憲政文獻「五五憲草」的起草人（顏炳罡，1998）。

不過儒家涉足現實政治，往往失望者居多，孔子本人即是一例，當代的張君勱也不例外。湯一介有所反思：

我認爲現代新儒家或者自己提出了過高的要求，……今日之世界，今日之人心是否可以用儒家思想拯救呢？這點頗可懷疑。但是，儒家思想……仍有很大用處。它的用處在於儒者可以用以「自救」，爲自己找個安身立命之處。（湯一介，2001b：155）

這裏指出知識分子向生活家轉型之道，即使不投入道家的懷抱，也可以在儒家內部找到歸宿：

現今應將「生命的儒學」，轉向「生活的儒學」。

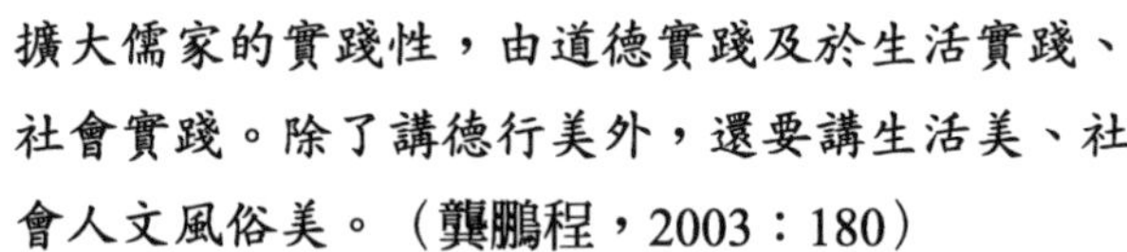
擴大儒家的實踐性，由道德實踐及於生活實踐、社會實踐。除了講德行美外，還要講生活美、社會人文風俗美。（龔鵬程，2003：180）

生命教育倘若能夠在「後現代儒道家」的生活美學上做工夫，相信更能得到年輕人的認同。

綜合討論

走筆至本書的最後一節，我們打算把焦點收斂至一個關鍵性問題：生命教育將何去何從？這項問世已有七年的臺灣在地教育實踐，正面臨理論建構與本土化的瓶頸。教育學者簡成熙（2002）認為，本土教育理論的建構，必須扣緊「美好的生活」、「人的特性」、「社會發展」三個主題。至於本土化的進程，目前臺港兩地華人社會雖然共同使用「生命教育」之名，不過香港的生命教育在英國統治時期即另有傳承；而大陸則鮮聞其名，但在素質教育中有所體現（吳庶深、胥嘉芳，2003）；這些多少可作為建構華人本土生命教育的現實基礎。萬丈高樓平地起，本土生命教育的統整需要在地生命教育的落實，而落實的第一步即是師資培育。本書作為師資培育方面的參考用書，秉持「態度必須公正，立場不必中立」的精神，祝願相關教師能夠充分受用。

未來中學以下「K－12一貫」的生命教育推展能夠順利成功，有很大一部分因素是繫於師資培育能否落實。目前中小學及幼兒園師資，都是在大學校院中培育來自各系所的大學生及研究生，以修習一定學分「教育學程」的方式爲之。教育學程的內容包括有關教育的基礎及專門科目，以及學生未來任教領域的教材教法等。而在市場導向的現實情況下，學生本身所學的專門領域，倘若日後在中小學沒有發揮空間，即使修畢教育學程，也不一定有機會擔任教職。好在現在高中規劃有「生命教育類」選修課程，將來擁有各種背景的師資生，只要修畢一定學分的「生命教育副學程」，取得專門類科的認證，即可以講授相關科目；而現任教師也可以經由在職進修方式，獲取與生命教育有關的第二專長任教資格（鈕則誠，2004b）。

〈計畫〉頒布時發函說明第二項即明示：

> 各師資培育機構及各地方政府之教師研習中心應納入生命教育課程，提升教育人員人文素養。

而其對現況考察則發現：

> 在師資培育課程方面，除少數學校自行開授「生命教育課程與教學」相關課程外，仍缺乏系統性培育工作。

有待檢討改進的現象乃是：

> 目前大專學生在人生價值觀方面的素養普遍低落，而大學卻是培養中小學師資的搖籃，故而現行中小學教師普遍缺乏生命教育的素養。……生命教育要能成功，適當的師資爲關鍵的因素。目前大部分學校老師的教育背景，欠缺生命教育理念，亟需進修有關生命教育課程。

由此可見，生命教育在性質上屬於人文教育，我們建議相關師資培育，可以通過「套餐式」的通識課程選修，以及「副學程式」的第二專長培訓，雙管齊下，藉收立竿見影之效。

有關生命教育師資培育的相關課程究竟包含哪些內容，在2001年中〈計畫〉頒布時仍渾沌未明：

> 至目前爲止，學術界對生命教育之範圍與內函，仍未有具體共識，亦未能發展出統整性之理論架構與課程。

至2004年初〈綱要〉草案問世後則具體可見：

> 生命教育類選修課之整體規劃包含三個環環相扣且彼此交互爲用的領域，它們分別是終極關懷與實踐、倫理思考與反省、人格統整與靈性發展……。「哲學與人生」、「宗教與人生」、「生死關懷」三科屬於終極課題之探討。至於「道德思考與抉擇」、「性愛與婚姻倫理」、「生命與科技倫

> 理」則屬於倫理議題之批判反省。……「人格統整與靈性發展」的目的在於探究人格統整與靈性修養的議題，期能達到知行合一的理想。

未來各大學即可依照此一架構，開授相關通識課程及第二專長副學程。

在教學方面，〈綱要〉指示：

> 教材中之學理課程部分應占60—70%，教師可採用講演法、啓發法、問題教學法、價值澄清教學法、討論教學法、協同教學法等各種合適之教學方法，以期達成教學目標。……活動課程部分宜占30—40%，教師可採用座談、參觀、訪問、調查、演練、競賽、辯論、分組討論、角色扮演等教學方法來進行。

這是指十五歲以上高中職至大專生的生命教育教學，至於國民中小學九年一貫課程，則參考「綜合活動學習領域」實施要點中指定內涵第二項：

> 生命教育活動：從觀察與分享對生、老、病、死之感受的過程中，體會生命的意義及存在的價值，進而培養尊重和珍惜自己與他人生命的情懷。

我們相信，最後這段話已經言簡意賅地點出生命教育的眞諦；至於如何落實，則有待大家身體力行、躬行實踐了。

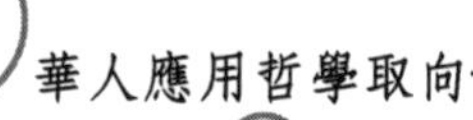

主體反思

1.有學者指責十年教改已出現「去脈絡化」、「去中國化」的弊病，你是否同意？請舉實例作出印證或反駁。

2.「後現代狀況」是教育改革所面臨的眞實狀況，還是一些「後現代主義學者」所建構的事物？

3.請以個人體驗，對本書所倡議「後現代儒道家」的「後科學、非宗教、安生死」精神加以評論。

4.生命教育教師在大學本科教育階段，都有學習通識教育課程的經驗，請反思此一經驗與生命教育的關聯性。

5.臺灣在地教師的成長經驗中，理當還包括「三民主義」的學習，請對孫中山認同社會主義的時代背景與理想心態加以闡述。

6.請提出你對生命教育師資培育的建言，並給予本書一個總體評價。

心靈會客室

理論與實踐

參與推動生命教育至今已有六年光陰，回首過去，放眼未來，我自忖可以做的事情，乃是理論反思與知識建構的工作；至於實踐方面，將僅限於正式課程的講授、推展理念的演講，以及指導研究生撰寫論文等；其他社團性活動，則儘量減少，以至完全不涉足。六年積極投入，使我逐漸認清，自己沒有那種團隊合作的熱誠和宗教奉獻的情操，只有一份擇善固執、閉門造車的生命情調和學問理想。我相信這跟自己年輕時執著於念哲學系，有著直接的關聯和呼應：哲學重在反思批判，可以反身而誠，自由發揮，不假外求；最重要一點，它讓我擁有獨善其身的能力。尤其當上教授以後，讓我得以不爲升等折腰，大可洋洋灑灑走自己的路，開創始終十分嚮往的「人生哲學」盛景。

我承認自己並非學術中人，長期從事學術研究的目的，並非追求眞理，而是爲己所用。我沒有窮究六經的興趣，但是歡迎六經爲我註腳。說穿了，哲學實踐不過是在爲我的人生存在找理由，因此我最欣賞的哲學家便是叔本華；他雖然被批評爲「最偉大的二流哲學家」，以示其生活不健全、人格不統整，但這也正是他吸引人之處：成爲另類，發人所未發。我當然沒有他那麼偉大，但是身處邊緣、成爲另類，使我找到自己。我懷疑自己有完美主義傾向，而當我看見大學同學中，爲追求完美到寫出一首詩立刻焚燒掉的奇才，如今卻已成爲

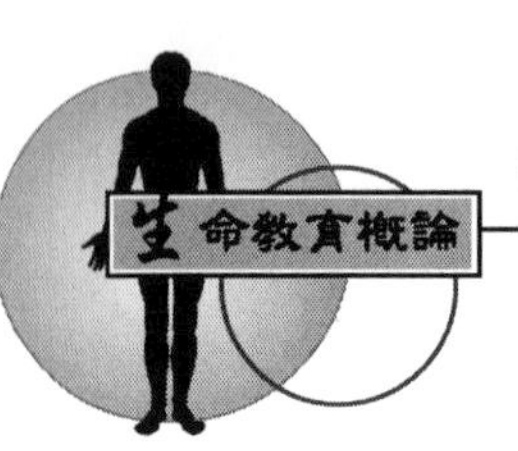

「甘爲孺子牛」的快樂爸爸，不由使我確信自己眞的跟別人不一樣。我認爲生命教育的目的，正是使每一個人認識到自己的無與倫比，並且尊重其他人也都是獨一無二的個體。

父親節當天我結束了這部生命教育專書的寫作，回想起過去三天的幾則新聞：十二億的彩券高額獎金吸引全民下注，副總統卻警告若發生戰爭一切均化爲烏有；阿妹北京開唱風波傳回臺灣，副總統又說藝人並非小孩不能不懂政治；中日足球比賽大陸吃敗仗，北京市民反日情緒高漲在街頭抗議鬧事……等等，不禁擲筆興嘆。心想自己花了半個暑假，寫了一本十二萬字討論生命教育的書，卻不知如何拿書中道理，去處理這些生命中無時無刻不存在的政治張力，更不用提教導學生怎樣在濁世中安身立命。不過我還是肯定自己在臺灣生命教育的理論與實踐兩方面都可以有所貢獻；因爲當我深深感受到，官方主流論述所散發出那股全盤西化與去脈絡化的中產階級溫情主義意識型態，我就知道自己在這方面仍舊大有可爲了。

參考文獻

王義道（2003）。**《文化素質與科學精神——談學論教續集》**。北京：北京大學。

吳祖田（1993）。〈族群團體。族群民族主義〉。載於中華民國民族主義學會編，**《民族主義基本概念的解釋（二）》**。臺北：中華民國民族主義學會。

吳庶深、胥嘉芳（2003）。〈生命教育的意義與內涵——中港臺兩岸三地初探〉。**《學生輔導》**，88，126－131。臺北：教育部。

周珮儀（2002）。〈知識、權力和愉悅的三位一體：後現代文化中的表徵教育論〉。載於財團法人國立臺南師範學院校務發展文教基金會、臺灣教育社會學學會主編，**《九年一貫課程與教育改革議題：教育社會學取向的分析》**，3－19。高雄：復文。

林生傳（1999）。〈九年一貫課程的社會學評析〉。載於中華民國課程與教學學會主編，**《九年一貫課程之展望》**，1－28。臺北：揚智。

邵漢明（2003）。〈道家文化研究〉。載於邵漢明主編，**《中國文化研究二十年》**，15－78。北京：人民。

施忠連（譯）（1999）。〈漢人：敘述的理解——中文版作者自序〉（D. L. Hall與R. T. Ames合著）。載於施忠連譯，**《漢哲學的文化探源》**，序1－14。南京：江蘇人民。

秦金亮（2003）。〈學習理論的新進展——建構主義學習理論〉。載於郭本禹主編，**《當代心理學的新進展》**，295－328。濟南：山東教育。

張汝倫（2001）。**《現代中國思想研究》**。上海：上海人民。

湯一介（2001a）。〈對中國傳統哲學的哲學思考〉。載於馮天

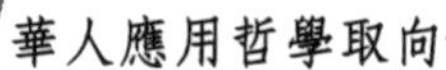

瑜主編，**《中國文化的昨天、今天和明天——名家演講集》**，95－112。武漢：武漢大學。

湯一介（2001b）。**《和而不同》**。瀋陽：遼寧人民。

鈕則誠（2004a）。**《教育哲學——華人應用哲學取向》**。臺北：揚智。

鈕則誠（2004b）。**《生命教育——學理與體驗》**。臺北：揚智。

黃光國（2004）。〈意識形態的批判與抗拒〉。**《應用心理研究》**，22，5－12。臺北：五南。

楊洲松（1999）。〈國民中小學九年一貫課程綱要之哲學分析——後現代的觀點〉。載於中華民國課程與教學學會主編，**《九年一貫課程之展望》**，29－51。臺北：揚智。

葉保強（1991）。〈應用哲學的涵義、範圍與實踐〉。**《鵝湖月刊》**，16（7），7－15。臺北：鵝湖雜誌社。

詹棟樑（2004）。《生命教育》。臺北：師大書苑。

歐用生（2002）。〈序〉。載於中華民國課程與教學學會主編，**《新世紀教育工程——九年一貫課程再造》**，序3－4。臺北：揚智。

薛曉華（2002）。〈抵殖民化的知識論與主體重構——女性主義教學論在後殖民論述上的蘊義〉。載於財團法人國立臺南師範學院校務發展文教基金會、臺灣教育社會學學會主編，**《九年一貫課程與教育改革議題：教育社會學取向的分析》**，219－235。高雄：復文。

簡成熙（2002）。〈本土教育理論之建構：教育哲學工作者的反省〉。**《教育科學期刊》**，2（2），36－61。臺中：中興大學。

顏炳罡（1998）。**《當代新儒學引論》**。北京：北京圖書館。

龔鵬程（2003）。〈邁向生活儒家的重建——儒家飲饌政治學新探〉。載於吳光主編，**《當代新儒學探索》**，180－204。上海：上海古籍。

後　記

今年我先後完成了四種以「生命教育」爲名的著述，唯有這部是量身打造的專書，其餘則爲過去十餘年所撰寫相關論文和雜文的結集。對我而言，「生命教育」便是「人生哲學教育」，只是近年「生死學」，「生命教育」的說法蔚爲流行，我也學會從善如流。

記得去年簽約規劃寫作本書時，訂定的主題還是「生死教育」，今年初看見高中生命教育課程綱要草案出爐，覺得可待商榷之處甚多，乃決定以此爲反思與批判對象進行書寫，眞正動筆已屆暑假。這期間我除了爲碩士專班開授一門「生死學研究」暑修新課外，就把全幅精力放在本書的寫作上面，初稿總共費時七七四十九天順利完成，整個過程不啻爲一段豐富的自我教育。

我是一個懷抱現世主義的世俗中人，近年發覺教學和寫作漸能帶來生活中的喜悅，於是樂得持續爲之，希望華人世界的讀者喜歡它。

寫於2004年8月8日結婚十九週年

生命教育概論——華人應用哲學取向

作　　者／鈕則誠
出 版 者／揚智文化事業股份有限公司
發 行 人／葉忠賢
總 編 輯／林新倫
執行編輯／姚奉綺
登 記 證／局版北市業字第1117號
地　　址／台北市新生南路三段88號5樓之6
電　　話／(02)2366-0309
傳　　真／(02)2366-0310
郵撥帳號／19735365　户名：葉忠賢
網　　址／http://www.ycrc.com.tw
E-mail／service@ycrc.com.tw
印　　刷／鼎易印刷事業股份有限公司
法律顧問／北辰著作權事務所　蕭雄淋律師
I S B N ／957-818-691-6
初版一刷／2004年12月
定　　價／新台幣 400元

國家圖書館出版品預行編目資料

生命教育概論：華人應用哲學取向／鈕則誠著.
-- 初版. -- 臺北市：揚智文化，2004〔民93〕
面： 公分.
ISBN 957-818-691-6（平裝）

1. 生命教育

528.59　　　　　　93021150